黃金有價書無價
時勢遷流我不流

中国文化泛言

（增订本）

南怀瑾 著

人民东方出版传媒

东方出版社

图书在版编目（CIP）数据

中国文化泛言/南怀瑾著.—增订本—北京：东方出版社，2022.1

ISBN 978-7-5207-1241-5

Ⅰ.①中… Ⅱ.①南… Ⅲ.①中华文化-文集 Ⅳ.①K203-53

中国版本图书馆 CIP 数据核字（2019）第 238871 号

中国文化泛言（增订本）

南怀瑾 著

责任编辑：王夕月 杨 灿

出 版：东方出版社

发 行：人民东方出版传媒有限公司

地 址：北京市西城区北三环中路 6 号

邮 编：100120

印 刷：北京明恒达印务有限公司

版 次：2022 年 1 月第 1 版

印 次：2022 年 5 月第 2 次印刷

开 本：650 毫米×960 毫米 1/16

印 张：24.5

字 数：274 千字

书 号：ISBN 978-7-5207-1241-5

定 价：55.00 元

发行电话：（010）85924663 85924644 85924641

编者的话

南怀瑾先生是享誉国内外，特别是华人读者中的文化大师、国学大家。先生出身于世代书香门第，自幼饱读诗书，遍览经史子集，为其终身学业打下了扎实的基础；而其一生从军、执教、经商、游历、考察、讲学的人生经历又是不可复制的特殊经验，使得先生对国学钻研精深，体认深刻，于中华传统文化之儒、道、佛皆有造诣，更兼通诸子百家、诗词曲赋、天文历法、医学养生等等，对西方文化亦有深刻体认，在中西文化界均为人敬重，堪称"一代宗师"。书剑飘零大半生后，先生终于寻根问源回到故土，建立学堂，亲自讲解传授，为弘扬、传承和复兴民族文化精华和人文精神不遗余力，其情可感，其心可佩。

序者，引也。作为一种古已有之的传统文体，书序内涵丰富，风格多样，关涉"书里""书外"，见证版本流变。或揭示作品梗概，或介绍创作背景，或剖析作者思想，引导读者深入理解和欣赏作品，起到创作、研究、推介等多重功能。

多年来，南怀瑾先生亲笔为各书撰写了大量序、跋、前言、介辞、后记、创刊词等，曾以《序集》为名在台湾出版。一九九二年再版时，因考虑到此书涉及中国文化方方面面，"为更切合实际"，改名为《中国文化泛言》，且篇目增至七十二篇，分为儒家、易经、道家、经义、禅宗、密宗、健身、历史及其他等九大类。

此增订本除对原书中个别文字稍加更正外，又经著述整理团队辛苦工作，增加了《序说〈虚云老和尚年谱〉致净慧长老》《〈李执中居士遗著〉后记》《〈醉古堂剑扫集〉介辞》等三十三篇书序跋文，共计一〇五篇，成为名副其实的《中国文化泛言（增订本）》。分类上，删繁就简，由原来的九类改为儒家、道家、佛家、健身、历史及其他六大类。

本书收录的序文中，有自序，如《〈论语别裁〉前言》《〈禅海蠡测〉再版自序》《〈大圆满禅定休息清净车解〉前叙》等；也有他序，如《序焦金堂先生〈一日一禅诗〉》《书杜忠诰著〈汉字沿革之研究〉》《〈传家〉小言》等。自序记录了南怀瑾先生几乎每一部著述的创作缘由和文本沿革，对其内容有提要钩玄之力；他序则主要为绍介作品，奖掖后辈。作为南怀瑾先生作品的重要组成部分，此一〇五篇序文，从时间上见证了南先生的思想变迁，从内容上反映了南先生的思想脉络，是后人研究南怀瑾先生其人其事、其思其想的重要依据，并使读者可以清晰且直观地感受南怀瑾先生融会各家、贯通古今的大师风采。

我社与南怀瑾先生结缘于太湖大学堂。出于对中华优秀传统文化的共同认识和传扬中华文明的强烈社会责任感、紧迫感，承蒙南怀瑾先生及其后人的信任和厚爱，独家授权，我社遵南师遗愿，陆续推出南怀瑾先生作品的简体字版，其中既包括世有公论的著述，更有令人期待的新说。对已在大陆出版过的简体字版作品，我们亦进行重新审阅和校订，以求还原作品原貌。作为一代国学宗师，南怀瑾先生"通古今之变，成一家之言"，毕生致力于民族振兴和改善社会人心。我社深感于南先生的大爱之心，谨遵学术文化"百花齐放，百家争鸣"之原则，牢记出版人的立场和使命，尽力将大师思想和著述如实呈现读者。其妙法得失，还望读者自己领会。

东方出版社

二〇二一年十二月

目　录

儒家之部

道家之部

佛家之部

健身之部

历史之部

其　　他

再版说明

　　本书原名《序集》，收集了南怀瑾先生多年来为各书所写的序。现于再版之际，为更切合实际，爰斟酌其内容，更名为《中国文化泛言》，并予分门别类，重新编排，俾读者检阅方便，对同一问题，不必翻竟全书，即可获得更为广泛、深入之概念；同时另增加《中国医药学术与道家之关系》等篇，以充实其内容，增加其篇幅，较之原书有足者。

　　本书内容触涉庞多，如能细心读之，无论于儒、释、道各家学说，乃至中西文化、社会发展、历史经验等，咸能摄要钩玄、举其纲领、撷其法要，学者读此一书，于诸家学说，非独可窥全貌，且有登泰山而小天下之感，所谓纲举目张，条贯井然旷然在目矣。

编辑室

一九九一年九月

儒家之部

《孔学新语》自序

髫年入学，初课四书；壮岁穷经，终惭三学。虽游心于佛道，探性命之真如；犹输志于宏儒，乐治平之实际。况干戈扰攘，河山之面目全非；世变频仍，文教之精神隳裂。默言遁晦，灭迹何难。众苦煎熬，离群非计。故当夜阑昼午，每与二三子温故而知新。疑古证今，时感二十篇入奴而出主。讲述积久，笔记盈篇。朋辈咐嘱灾梨，自愧见囿窥管。好在宫墙外望，明堂揖让两庑。径道异行，云辇留连一乘。六篇先讲，相期欲尽全文。半部可安，会意何妨片羽。砖陈玉见，同扬洙泗之传薪。讽颂雅言，一任尼山之挂杖。是为序。

（公元一九六二年孔圣诞辰，台北）

《孔学新语》发凡

我们作为现代的一个人，既有很沉痛的悲惨遭遇，也有难逢难遇的幸运；使我们生当历史文化空前巨变的潮流中，身当其冲地要负起开继的责任。但是目前所遭遇的种种危难，除了个人身受其苦以外，并不足可怕。眼见我们历史传统的文化思想快要灭绝了，那才是值得震惊和悲哀的事！自从五四运动的先后时期，先我们一辈而老去了的青年们，为了寻求救国之路，不惜削足适履，大喊其打倒孔家店。虽然人之将死，其言也善，有些人到了晚年，转而讲述儒家的思想，重新提倡孔孟之学，用求内心的悔意，可是已形成了的风气，大有排山倒海之势，根本已无能为力了！

其实，孔家店在四十年前的那个时代，是否应该打倒，平心而论，实在很有问题，也不能尽将责任推向那些大打出手的人物。原因是孔家店开得太久了，经过两千多年的陈腐烂败，许多好东西，都被前古那些店员们弄得霉烂不堪，还要硬说它是好东西，叫大家买来吃，这也是很不合理的事。可是在我们的文化里，原有悠久历史性的老牌宝号，要把它洗刷革新一番，本是应该的事，若随便把它打倒，那就万不可以。这是什么原因呢？我有一个简单的譬喻：我们那个老牌宝号的孔家店，他向来是出售米麦五谷等的粮食店，除非你成了仙佛，否则如果我们不吃五谷米粮，就要没命了！固然面包牛排也一样可以吃饱，但是它到底太稀松，不能长日充饥，而且我们也买不起，甚至不客气地说，还吃得不太习惯，常常会患消化不良的毛病。至于说时令不对，新谷已经登场，我们要把本店里的陈霉烂货倒掉，添买新米，那是绝对可以的事。

因此，就可了解孔家店被人打倒是不无原因的。

第一，所讲的义理不对；第二，内容的讲法不合科学。我们举几个例子来说：（一）"三年无改于父之道，可谓孝矣。"几千年来，都把它解释作父母死了，三年以后，还没有改变父母的旧道路，这样才叫作孝子。那么，问题就来了，如果男盗女娼，他的子女岂不也要实行其旧业三年吗？（二）"无友不如己者。"又解释作交朋友都要交比自己好的，不要交不如自己的人。如果大家都如此，岂不是势利待人吗？其实，几千年来，大家都把这些话解错了，把孔子冤枉得太苦了！所以我现在就不怕挨骂，替他讲个明白，为孔子申冤。这些毛病出在哪里呢？古人和今人一样，都是把《论语》当作一节一节的格言句读，没有看出它是实实在在首尾连贯的关系，而且每篇都不可以分割，每节都不可以肢解。他们的错误，都错在断章取义，使整个义理支离破碎了。本来二十篇《论语》，都已经孔门弟子的悉心编排，都是首尾一贯，条理井然，是一篇完整的文章。因此，大家所讲的第二个问题，认为它没有体系，不合科学分类地编排，也是很大的误解。

为什么古人会忽略这一点，一直就误解内容，错了两千多年呢？这也有个原因：因为自汉代独尊儒学以后，士大夫们"学成文武艺，货与帝王家"的思想，唯一的批发厂家，只有孔家一门，人云亦云，谁也不敢独具异见，否则，不但纱帽儿戴不上，甚至，被士大夫所指责，被社会所唾弃，乃至把戴纱帽的家伙也会玩掉，所以谁都不敢推翻旧说，为孔子申冤啊！再加以到了明代以后，科举考试必以"四书"的章句为题，而"四书"

的义解，又必宗朱熹的为是。于是先贤有错，大家就将错就错，一直就错到现在，真是冤上加错！

现在，我们的看法，不但是二十篇《论语》，每篇都条理井然，脉络一贯，而且二十篇的编排，都是首尾呼应，等于一篇天衣无缝的好文章。如果要确切了解我们历史传统文化的思想精神，必须先要了解儒家孔孟之学和研究孔子学术思想的体系，然后才能触类旁通，自然会把它融合起来了。至于内容方面，历来的讲解，错误之处，屡见不鲜，也须一一加以明辨清楚，使大家能认识孔子之所以被尊为圣人，的确是有其伟大的道理。如果认为我是大胆得狂妄，居然敢推翻几千年来的旧说，那我也只好引用孟子说的："予岂好辩哉！予不得已也！"何况我的发现，也正因为有历代先贤的启发，加以力学、思辨和体验，才敢如此作为，开创新说。其次，更要郑重声明，我不敢如宋明理学家们的无聊，明明是因佛道两家的启发，才对儒学有所发挥，却为了士大夫社会的地位，反而大骂佛老。我呢？假如这些见解确是对的，事实上，也只是因为我在多年学佛，才悟出其中的道理。因深感世变的可怕，再不重整孔家店，大家精神上遭遇的危难，恐怕还会有更大的悲哀！所以我才讲述二十年前的一得之见，贡献于诸位后起之秀。希望大家能秉宋代大儒张横渠先生的目标——"为天地立心，为生民立命，为往圣继绝学，为万世开太平"，为今后我们的文化和历史，承担起更重大的责任。我既不想入孔庙吃冷猪头，更不敢自己杜塞学问的根源。

我们要了解传统文化，首先必须要了解儒家的学术思想。要讲儒家的思想，首先便要研究孔孟的学术。要讲孔子的思想学术，必须先要了解《论语》。《论语》是记载孔子的生平讲学和弟子们言行的一部书。它虽然像语录一样用简单的文字，记载那些教条式的名言懿行，但都是经过孔门弟子们的悉心编排，自有它的体系条贯的。自唐以后，经过名儒们的圈点，沿习成风，大家便认为《论语》的章节，就是这种支支节节的形式，随便排列，谁也不敢跳出这传统的范围，重新加以注释，所以就墨守成规，弄得问题丛生了！这种原因，虽然是学者因袭成见，困于师承之所致。但是，最大的责任，还是由于汉、宋诸儒的思想垄断，以致贻误至今！

我们传统的历史文化，自秦汉统一以后，儒家的学术思想，已经独尊天下。生当汉代的大儒们，正当经过战国与秦汉的大变乱之后，文化学术，支离破碎，亟须重加整理。于是汉儒们便极力注重考据、训诂、疏释等的工作，这种学术的风气，就成为汉代儒家学者特有朴实的风格，这就是有名的"汉学"。现在外国人把研究中国文化的学问也统名叫作"汉学"，这是大有问题的，我们自己要把这个名词所代表的不同意义分清楚。唐代儒者的学风，大体还是因袭汉学，对于章句、训诂、名物等类，更加详证，但对义理并无特别的创见。到了宋代以后，便有理学家的儒者兴起，自谓直承孔孟以后的心传，大讲其心性微妙的义理，这就是宋儒的理学。与汉儒们只讲训诂、疏释的学问，又别有一番面目。从此儒学从汉学的范畴脱颖而出，一直误认讲义理之学便是儒家的主旨，相沿传习，直到明代的儒者，仍然守此藩篱而不变。到了明末清初，有几位儒家学者，对于平时静坐而谈心性的理学，深恶痛绝，认为这是坐致亡国的原因，因此便提倡恢复朴学的路线，但求平实治学而不重玄谈，仍然注重考据和训诂的学问，以整治汉学为标榜，这就是清儒的朴学。由此可知儒家的孔孟学术，虽然经汉、唐、宋、明、清几个时代的变动，治学的方法和路线虽有不同，但是尊崇孔孟，不敢离经叛道而加以新说，这是一仍不变的态度。虽然不是完全把它构成为一宗教，但把孔子温良恭俭让的生平，塑成为一个威严不可侵犯的圣人偶像，致使后生小子，望之却步，实在大有瞒人眼目之嫌，罪过不浅！所以现代人愤愤然奋起要打倒孔家店，使开创两千多年老店的祖宗，也受牵连之过，岂不太冤枉了吗？

现在我们既要重新估价，再来研究《论语》，首先必须了解几个前提。（一）《论语》是孔门弟子们所编记，先贤们几经考据，认为它大多是出于曾子或有子门人的编纂，这个观念比较信实而可靠。（二）但是当孔门弟子编辑此书的时候，对于它的编辑体系，已经经过详密的研究，所以它的条理次序，都是井然不乱的。（三）所以此书不但仅为孔子和孔门弟子们当时的言行录，同时也便是孔子一生开万世宗师的史料，为汉代史家们编录孔子历史资料的渊源。由此可知研究《论语》，也等于直接研究孔子的生平。至于效法先圣，自立立人以至于治平之道，那是当然的本分事。（四）可是古代书册是刻记于竹简上的，所以文字极需简练。后来发明了纸张笔墨，也是以卷幅抄写卷起，但因古代的字体屡经变更，所以一抄再抄，讹误之处，不免有所脱节，因此少数地方，或加重复，或有脱误，或自增删，都是难免的事实。（五）古代相传的《论语》有三种，即《鲁论》二十篇和《齐论》二十二篇，又在孝武帝的时期，传说鲁恭王坏孔子故宅的墙壁，又得古文《论语》。但古文《论语》和《齐论》，到了汉魏之间，都已逐渐失传，现在所传诵的《论语》，就是《鲁论》二十篇了。（六）至于《论语》的训诂注疏，历汉、唐、宋、明、清诸代，已经有详实的考据，我们不必在此另做画蛇添足的工作。至若极言性命心性的微言，自北宋五大儒的兴起，也已经有一套完整的努力，我们也不必另创新说，再添枝叶。

最后举出我们现在所要讲的，便是要入乎其内，出乎其外的体验，摆脱两千余年的章句训诂的范围，重新来确定它章句训诂的内义。主要的是将经史合参，以《论语》与《春秋》的史迹相融会，看到春秋战国时期政治社会的紊乱面目，以见孔子确立开创教化的历史文化思想的精神；再来比照现代世界上的国际间文化潮流，对于自己民族、国家和历史，确定今后应该要走的路线和方向。因此，若能使一般陷于现代社会心理病态的人们，在我们讲的文字言语以外去体会，能够求得一个解脱的答案，建立一种卓然不拔，矗立于风雨艰危中的人生目的和精神，这便是我所要馨香祷祝的了。

（公元一九六二年，台北）

《论语别裁》前言

回首十五年的岁月，不算太多，但也不少。可是我对于时间，生性善忘，悠悠忽忽，真不知老之将至。现在为了出版这本《论语》讲录，翻检以前的记录，才发觉在这短短的十五年历程中，已经讲过三四次《论语》。起初，完全是兴之所至，由于个人对读书的见解而发，并没有一点基于卫道的用心，更没有标新立异的用意。讲过以后，看到同学的笔记，不觉洒然一笑，如忆梦中呓语。"言亡虑绝，事过无痕。"想来蛮好玩的。

第一次讲《论语》，是一九六二年秋天的事。当时的记载，只有开始的六篇，后来出版，初名《孔学新语：论语精义今训》，由杨管北居士题签。又有一次再于有关单位讲了半部《论语》，没有整理记录。再到一九七四年四月开始，一次在信义路鼎庐，固定每周三下午讲两小时，经过近一年时间，才将全部《论语》讲完。而且最可感的是蔡策先生的全部笔录。他不但记录得忠实，同时还替我详细地补充了资料，例如传统家谱的格式，另外还有对传统祭礼的仪范。可惜他事情太忙，未能全部补充。蔡君在这段时间，正担任《中央日报》秘书的职务。一个从事笔政工作的人，精神脑力的劳碌，非局外人可以想象，而他却毫无所求地费了十倍听讲的时间，完成这部记录，其情可感，其心可佩。

此外，这本讲录，曾经承唐树祥社长的厚爱，在《青年战士报》慈湖版全部发表（自一九七五年四月一日开始，到一九七六年三月十六日止）；同时《人文世界》刊登大部分。又蒙李平山先生见爱，资助排印成书。不过，这部《论语》的讲述，只是因时因地的一些知见，并无学术价值。况且"书不尽言，言不尽意"，更谈不到文化上的分量。今古学术知见，大概都是时代刺激的反映，社会病态的悲鸣。谁能振衰补敝，改变历史时代而使其安和康乐？端赖实际从事工作者的努力。我辈书生知见，游戏文章，实在无补时艰，且当解闷消愁的戏论视之可也。

至于孔子学说与《论语》本书的价值，无论在任何时代、任何地区，对它的原文本意，只要不故加曲解，始终具有不可毁、不可赞的不朽价值。后起之秀，如笃学之，慎思之，明辨之，融会有得而见之于行事之间，必可得到自证。现在正当此书付印，特录宋儒陈同甫先生的精辟见解，以供读者借镜。

如其告宋孝宗之说："今世之儒士，自以为得正心诚意之学者，皆风痹不知痛痒之人也。举一世安于君父之仇，而方低头拱手以谈性命，不知何者谓之性命。"而于《论语》，则说："《论语》一书，无非下学之事也。学者求其上达之说而不得，则取其言之若微妙者玩索之；意生见长，又从而为之辞曰：'此精也，彼特其粗耳。'呜呼！此其所以终身读之而堕于榛莽之中，而犹自谓其有得也。夫道之在天下，无本末，无内外。圣人之言，乌有举其一而遗其一者乎！举其一而遗其一，则是圣人犹与道为二也。然则《论语》之书，若之何而读之？曰：用明于心，汲汲于下学，而求其心之所同然者。功深力到，则他日之上达，无非今日之下学也。于是而读《论语》之书，必知通体而好之矣。"

本书定名为"别裁"，也正为这次的所有讲解，都自别裁于正宗儒者经学之外，只是个人一得所见，不入学术预流，未足以论下学上达之事也。

（公元一九七六年三月，台北）

《论语别裁》再版记言

本书自今年端午节出版之后，蒙广大读者的爱好，现在即须再版。这实在是始料所不及的事。

由此可见社会人心的向背。孔子学说的可贵，毕竟是万古常新，永远颠扑不破。因此反而使我深为惭愧，当时并未加以严谨的发挥，未免罪过。当初版问世之时，承蒙朋友们的盛意，纷纷惠示意见，希望继续开讲《孟子》等经书，俾使儒家一系列的学说，以现代化的姿态出现。此情极为可感。无奈青春顽劣，白首疏狂的我，向来只图懒散。况且先孔子而生，非孔子无以圣；后孔子而生，非孔子无以明。我辈纵有所见，亦无非先贤的糟粕而已，真是何足道哉！何足道哉！因此当时便写了一首总答朋友问的诗："古道微茫致曲全，由来学术诬先贤。陈言岂尽真如理，开卷倘留一笑缘。"际此再版，同学们要我写点意见，便记此以留一笑之缘可也。

（公元一九七六年冬月，台北）

《孟子旁通》前言

　　生为二十世纪的中国人，正当东西方文化潮流交互排荡撞击的时代，从个人到家庭，自各阶层的社会到国家，甚至全世界，都在内外不安、身心交瘁的状态中，度过漫长的岁月。因此在进退失据的现实环境中，由触觉而发生感想，由烦恼而退居反省，再自周遍寻思，周遍观察，然后可知在时空对待中所产生的变异，只是现象的不同，而天地还是照旧的天地，人物还是照旧的人物，生存的原则并没有变；所变的，只是生活的方式。比如在行路中而迷途，因为人为的方向而似有迷惑，其实，真际无方，本自不迷。如果逐物迷方，必然会千回百叠，永远在纷纭混乱中忙得团团而转，失落本位而不知其所适从。

　　我是中国人，当然随着这一时代东方的中国文化命运一样，似乎是真的迷失了方向，也曾一度跟着人们向西方文化去摸索，几乎忘了我是立足在本地方分上的一个生命，而自迷方向。《周易·序卦》说："穷大者必失其居，故受之以旅。旅而无所容，故受之以巽。巽者，入也。入而后说之，故受之以兑。兑者，说也。"我们自己的文化，因几千年来的穷大而一时失去了本分的立足点，因此而需要乞求外来的文明以自济困溺，所谓："他山之石，可以攻错。"这是势所难免的事实。然而一旦自知久旅他方而无以自容于天地之间，那便须知机知时而反求诸己，唤醒国魂，洗心革面以求自立自强之道。正因为如此的心情，有些西方的朋友和学生们，都认为我是顽固的推崇东方文化的倔强分子，虽有许多欧美的友人们，屡加邀请旅外讲学而始终懒得离开国门一步。其实，我自认为并无偏见，只是情有所钟，安土重迁而已。同时，我也正在忠告西方的朋友们，应该各自反求诸己，重振西方哲学、宗教的固有精神文化，以济助物质文明的不足，才是正理。

至于我个人的一生，早已算过八字命运——"生于忧患，死于忧患"。每常自己譬解，犹如古老中国文化中的一个白头宫女，闲话古今，徒添许多啰唆而已。有两首古人的诗，恰好用作自我的写照。第一首唐人刘方平的宫词："朝日残莺伴妾啼，开帘只见草萋萋。庭前时有东风入，杨柳千条尽向西。"诗中所写是一只飘残零落的小黄莺，一天到晚陪伴着一个孤单的白头宫女，凄凄凉凉地自在悲啼，毫无目的地怆然独立，恰如我自况的情景。偶尔开帘外望，眼前尽是萋迷芳草，一片茫然。有时忽然吹过一阵东风，却见那些随风飘荡的千条杨柳，也都是任运流转，向西飘去。第二首是唐末洞山良价禅师的诗偈："净洗浓妆为阿谁？子规声里劝人归。百花落尽啼无尽，更向乱峰深处啼。"这首诗也正好犹如我的现状，长年累月抱残守缺，滥竽充数，侈谈中国文化，其实，学无所成，语无伦次，只是心怀故国，俨如泣血的杜鹃一样，"百花落尽啼无尽，更向乱峰深处啼"。如此而已。每念及此，总是沓然自失，洒然自笑不已。

但是人生的旅程，往往有不期然而然的际遇，孟子曾经说过人有"不虞之誉，求全之毁"。一个人的一生，如果在你多方接触社会各层面的经验中，就会容易体会到孟老夫子的话，并非向壁虚构，确是历练过来的至理名言。当在一九七五年，我因应邀讲完一部《论语》之后（事见《〈论语别裁〉前言》），由蔡策先生悉心记录，复受社会各阶层的偏爱，怂恿排版出书。但我自知所讲的内容，既非正统的汉、唐、宋儒的学术思想，又非现代新儒家的理路，到底只是因应时代潮流的乱谈，属于旁门左道，不堪入流，因此便定名叫它《论语别裁》，以免混淆视听，惑乱后学。谁知出书以后，却受到广大读者的爱好，接连出了十二版，实在弥增惶恐，生怕误人。因为徒手杀人，罪不过抵死而已，如果以学问误人，便是戕人慧命，万死不足以辞其咎。此所以在我们固有文化的传统中，学者有毕生不愿著书，或者穷一生学力，只肯极其谨严地写几篇足以传世的文章而已。这就是以往中国文化人的精诚，当然不如我们现代一样著作等身、妄自称尊的作风。

但继此以后，友人唐树祥先生，在他担任《青年战士报》社长的时期，极力邀请在其报社继续再讲《孟子》《大学》《中庸》等所谓四书之学。唐社长平时说话极为风趣，尤其对我更是畅所欲言，不拘形迹。当他担任中正理工学院政战部主任的时期，常来拉我去讲课，而且劝我说：在这个时期，大家都忙得没有时间读书，你写书写文章有什么用？多来讲课，教授青年学子，还比较有意义。总之，我在他的盛情不可却的压迫下，只好被他拖上讲台。但当他调任报社社长的时期，他便说：多讲还不如多写的好。希望我多写点东西，好交他在报上披露。他的能言善道，我对他真是莫可奈何。其实，我对讲学则言不异众，写作则语不惊人，可以说一窍不通，毫无长处。但毕竟挡不住他的热情，终于在一九七六年的秋天，开始在《青年战士报》的楼上开讲《孟子》。那个时候，也正是我思念在苦难中的父母，心情最难排遣的时期。讲到孟子，就自然而然地联想到千秋母教仪范的孟母，因此开章明义，便引用了黄仲则的诗："搴帷拜母河梁去，白发愁看泪眼枯。惨惨柴门风雪夜，此时有子不如无。"当然，这种情怀，不只我一人是如此，在当时现场的听众们，大多数也有所同感。同时，蔡策也对讲"四书"的记录工作，极有兴趣和决心。他一再强调，这是他一生中最有意义的一件事。《孟子》讲稿的因缘，就在唐、蔡两位的鼓励下完成。

后来因为俗务累积太多，自己没有真正安静的时间看记录稿，因此，积压多年无法完帙。目前，老古文化图书公司的出书业务，正由陈世志同学来担任。他站在现代青年的立场，又一再催迫出书，我常笑他犹如宗泽的三呼渡河，左季高的大喊儿郎们出击一样，壮气如山，无奈太过冒昧！然而他毕竟强人所难地做了，还要催我写序。事实上，《孟子》的序言，实在不好写，因此只是先行略抒本书问世的始末因由，暂且交卷。书名"旁通"，却又暗合宋代的桂瑛及元代的杜瑛两位先生所撰的佚书命题。但我所以定名"旁通"的本意，仍如《论语别裁》一样，只是自认为旁门左道之说，大有别于正统儒家或儒家道学们的严谨学术著作而已，并非旁通各家学说的涵义。

（公元一九八四年端阳节，台北）

印行《二顾全书》前记

近世卓识之士，抱经世之志，究文武之略，相聚而论学术之实用，必曰《二顾全书》。然以二顾之巨著，非游心于史实而踪迹于山川形势者，终难引古证今而学以致用也。

溯自司马子长唱言"究天人之际，通古今之变"，皆知实修之学非读万卷书、行万里路，博识弘达，无可以语此道。唯明清变革以还，昆山顾亭林，常熟顾祖禹二先生，足以当此而无愧。虽曰不得见于当时反正之事功，而立言彰教，影响炎黄后裔于百世之下，足有余裕。

抗战军兴，余亦蜀山行役，萧条行李，跋涉艰难，唯珍袭二书，终不忍舍。孰意四十余年后，朝夕摩挲之卷帙，翻随陆沉。时迍世变，弥切怀旧鉴新之思。近年坊间虽有出版，或顾此而失彼，终难并得《二顾全书》而再细读之。

顷间门人陈得清电告于海外觅得《二顾全书》完帙，不禁幡然兴起，喜不自胜。因此筹付印行，庶得流传广布，以供仁人志士建国之资，岂非万亿之幸乎！书成，采附《清史稿》二顾先生之传记，虽未尽详实，亦秉述而不作之旨，留待后贤之参证已耳。

且闻之昔日遗老所言，亭林先生挟经世之学，怀复国之志，行脚遍宇内，随处而别成室家以防不测，哲人有后，隐晦不宣，盖为避世而藏也。《清史稿》及诸家所载，大多言其无子，其然乎？岂其然乎！附志于此，不没旧闻，其亦兴灭继绝之师意焉。

至若先生所著《天下郡国利病书》之旨，如其诗所谓"十年天地干戈老，四海苍生痛哭深""感慨河山追失计，艰难戎马发深情"之意，不复赘言之矣。

（公元一九八一年仲夏，台北）

《四书人物串珠》前介辞

　　《四书人物串珠》是研究汉学、理学、经学的一部必要典籍，也是研究中国儒家文化十三经及诸子百家相关资料的汇编；尤其是从南宋末期开始，以四书为中心，作为元、明、清六七百年间，考秀才、举人、进士三级科第功名必须参考熟习的辞典。如果用现在联考制度来作譬，等于是联考习题猜题的总汇，但它的学术价值，超过现在联考习题的作用万万倍。而在这里所谓的"汉学"，是指汉朝对于十三经等训诂、小学、考据的学问，不是现代西方人对中国旧文化所称的汉学。理学，是指由宋朝开始，由濂、洛、关、闽四大学系，以及南宋以后，专以程、朱学派的见解注释四书五经为主的儒家学说。经学，是指清朝开始，重新解释十三经，并重新以考据为主的儒学。

　　明、清两朝五百余年的三级功名考试，既以程、朱注释四书为主要中心，考卷的文章，又特别规定以八股程序。考试所出的命题，始终都在四书、五经中挑出要点作题目。应考的人，便须先从承题、破题来开始，然后针对命题，用对仗文字的笔法，正说一股，反说一股，理由相当，起、承、转、合，步步合于规格，才是一篇合于八股文体的文章。这种文体的别名叫制艺，它是全国的统一制度的公式文章。并且书写文章的字体，规定要用正楷法式，一般习惯，叫它是台阁体。我们只要翻开《文渊阁四库全书》，每本每页多数是那些翰林院的进士，用台阁体正楷抄写出来的字迹，所以古人曾感叹地说："销磨天下英雄气，八股文章台阁书。"读书一辈子，考取进士，入了翰林院，名义上有无比的光荣，结果只是为皇帝抄书，终老此生而已，这是多么讽刺的事啊！其实，何止读书人是如此，古今中外多少人的一生，仔细考察，计算结果，也都是为了追求配合主子老板们的需要，然后达到自己个人封妻荫子，以及吃喝玩乐来销磨生老病死的人生而已。

但是读书考功名，并非是一件很容易的事，无论古代或现在，考生为了考试，都不免有挟带的意图。我在童年的时候，在家里的藏书中，亲眼看到过《王凤洲纲鉴》《纲鉴易知录》两部书，每一册书，长不过十七公分，宽不过九公分，全部《纲鉴》十册，叠起来高不过八公分，书页三面，都用油漆涂过，以防破损，每个字只有零点二公分大。还有《诗韵合璧》一书，不过手掌心那么大，真好玩，也真奇怪，问我父亲，才知道那是便于当年考生进考场挟带用的。但我为了方便携带和兴趣，在十三岁时，半年不到，读完全部《纲鉴》，便是用这部蝇头小字来完成的。现在手边保有这部《四书人物串珠》，也和当年所读过的一部《纲鉴》大小一样，就是前清考生们用来挟带的本子，实在很珍惜它，但不把它当古董来欣赏，是真正珍重它编集的内容，是真学问、真功夫，是人们要研究儒家十三经学识的宝典汇书。因此咐嘱谢锦扬设法使之放大，以广流传，既可保存前修者的心血功德，又可便利后学，珍藏不必在我，这又何乐而不为！

至于作者臧志仁先生，更是使我尊敬而且极为同情的人物，可是直到现在，仍然未能找到他生平的详细资料。只是由本书凡例上知道，他是嘉庆时代一位有名宿儒，大概文章憎命达，蹭蹬场屋，并未有功名之份而坐馆终身，岂不思之慨然！也许他的门人们，可能有功名显达之士，但又少见于其他文辞之间。我很惭愧，读书不多，未能尽到褒扬前修的遗德，谨此致敬而已。

　　场屋，是古代考场的别称，俗名也叫考棚。中国虽在宋朝开始，便有书院的设立，但书院毕竟还不是全国普及的教育学府。直到光绪末年以前，一般民间，一家或几家凑集一些学生，请一位对八股制艺有研究的老师宿儒，在家开设学馆，教授学生，读书学文的叫文馆，学武的叫武馆。坐馆，是指那位教书先生的职称代号。臧志仁先生，费数十年的心力汇编这部汇书，在当时看来，只是一部场屋的撼言而已，但从现在来看，他为中国传统儒家的学术，做了一件大事，也可说是孔、孟之教的功臣。本书出版付印之先，又经周勋男协助谢锦扬为之修补缺漏，并此以志其劳绩。

（公元二〇〇一年一月，南怀瑾）

《周易今注今译》叙言

《易经》，是中国文化最古老的典籍，历代正统派的学者，用许多不同的文字赞扬它，大致说来，推崇它为"群经之首"，致予无上的敬意。相反地，也有人认为它仅是古代的一部卜筮之书，近于巫祝的诬词，卑不足道，只是经过孔子传述《周易》以后，又加上历代许多学者穿凿附会，才有了后世的盲从和崇敬。甚之，近代以来，还有许多类似轻薄的讥刺。

无可否认，《易经》原是上古卜筮的学术，但到了商、周之际，经过文王的整理和注述，把它由卜筮的范围，进入"天人之际"的学术领域，由此《周易》一书，便成为中国人文文化的基础。自东周以来，再经过孔子的研究和传述，同时又散为诸子百家学术思想的源泉，这是无可否认的事实。

因此，如要研究中国文化，无论是春秋、战国时期的儒、道、墨和诸子百家，乃至唐、宋以后的儒、佛、道等诸家之学，不从《易经》探研，便有数典忘祖之慨了。

《易经》与三易

通常我们提到《易经》，就很自然地知道是指《周易》这本书。因为中国文化，自经孔子删《诗》《书》，订《礼》《乐》，著《春秋》以后，冠以《周易》一书，统称"六经"。经是天地的大准则，也是人生的大通道。称《周易》等书为六经，便是说明经过孔子所整理过的这六部书，它是包括中国传统文化"天人之际"所有学问的大原理、大法则。

自秦、汉以后，研究易学的，对于《易经》一书命名的内涵问题，就有"三易"之说的异同出现了。

第一，属于秦、汉以后正统儒家学派的理论，根据《易纬·乾凿度》这本书的观念，认为"易"的内涵，包括三个意义：

（一）易。就是简易、平易的意思。因为天地自然的法则，本来就是那样简朴而平易的。

（二）变易。认为天地自然的万事万物以及人事，随时在交互变化之中，永无休止。但是这种变化的法则，却有其必然的准则可循，并非乱变。

（三）不易。天地自然的万事万物以及人事，虽然随时随地都在错综复杂、互为因果的变化之中，但所变化者是其现象。而能变化的，却本自不易，至为简易。

第二，属于秦、汉以后儒、道两家学者通用的观念，根据《周礼·大卜》篇对于三易的涵义，是指上古以来直到周代初期之间的《易经》学术思想，约分为三个系统：（一）《连山易》；（二）《归藏易》；（三）《周易》。

据说，伏羲时代的易学，是《连山易》。首先以"艮卦"开始，象征"山之出云，连绵不绝"。

黄帝时代的易学，是《归藏易》。首先以"坤卦"开始，象征"万物莫不归藏于其中"。意思是指人类的文化和文明，都以大地为主。万物皆生于地，终又归藏于地。

周代人文文化的开始，便以现在留传的《周易》为宝典，首先从"乾""坤"两卦开始，表示天地之间以及"天人之际"的学问。

但东汉的大儒郑玄，认为夏代的易学是《连山》；殷代的易学是《归藏》；当然，周代的易学便是《周易》了。

又另有一说，认为上古的神农氏世系名"连山氏"，又名"列山氏"；所谓"连山"，便是"列山"的音别；黄帝的世系又名"归藏氏"。

因此两说，又有异同的问题存在其间。如果认为夏代所宗奉的易学便是《连山易》；殷代所宗奉的易学便是《归藏易》；到了周代，经过文王的整理，才构成为《周易》体系的易学。那么关于这两个分歧的意见，也就没有太大的出入了。

但以考据学者的观点来看《易纬·乾凿度》和《周礼·大卜》篇这两种文献资料，应该都有值得怀疑的地方。历来考据学家们，认为《易纬·乾凿度》等书，纯出汉末或魏晋人的伪作，假托是上古的传承。这种观念，并非完全无理，也的确值得研究、考虑。

可是两汉以后的学者，硬性舍弃《周礼·大卜》的观念而不采信，偏要采用更有问题的《易纬·乾凿度》之说，认为"简易、变易、不易"为天经地义的易学内涵，这便是后世以儒理说易的根据。那是不顾考据，只取所谓三易原理的内义，用之说明易学的大要而已。

此外，关于"连山、归藏、周易"的三易之说，在汉、魏以后道家的学术思想中，便又发生了两种观念。

（一）认为《连山》《归藏》这两个系统的易学，早已失传。

（二）认为汉、魏以后的象、数易学，便是《连山》《归藏》的遗留，颇为合理。而且《连山》《归藏》易学的精义，确已成为秦、汉以后道家学术思想的主干。如十二辟卦之说，便是以《归藏》的"坤"卦为主。卦气起"中孚"之说，便是以"艮卦"的半象为用。

易名的定义

后世有人从《易经》内容所举例的动物，如龙啊、马啊、象啊、豖啊、鹿啊，等等着眼，并且采用《系辞传》所说，我们的老祖宗伏羲开始画卦时有"远取诸物"的说明，认为原始的"易"字，便是取其象形飞鸟的观念。不过，此说并未引起重视。

到了近代，有人认为"易"便是蜥蜴的简化。蜥蜴这种生物，它的本身颜色随时随地变化多端，当它依附在某种物体时，它的颜色，便会变成与某种物体的色相相同。《易经》是说明天地间事物的必然变化之理，所以便取蜥蜴作象征，犹如经书中的龙、象等一样。但总不能叫它是"蜴经"，因此便取名为"易"。主张此说的，以日本的学者中最为强调。这等于在第二次大战前，说"尧"是香炉、"舜"为蜡烛台、"禹"是爬虫，同样地都含有轻薄的恶意诬蔑，不值得有识者的一笑，不足道也。

那么《易经》的"易"字，究竟是什么意义呢？根据道家易学者的传统，经东汉魏伯阳著《参同契》所标出，认为"日月之谓易"的定义，最为合理。"易"字，便是上日下月的象形。《易经》学术思想的内涵，也便是说明这个天地之间，日月系以内人生与事物变化的大法则。

并且从近世甲骨文的研究的确有象形上日下月的"易"字。因此更足以证明道家传统和魏伯阳之说"日月之谓易"的定义之准确性。目前《易经》的学术思想，在西方欧美各国，逐渐大加流行，我们自己对国家民族祖先文化准确的定名和解释，绝对不能跟着人云亦云，含糊混淆，自损文化道统的尊严。

《易经》的作者

"易更三圣",这是秦、汉以后的作者,对于上古形成易学传统者公认的定说,也是我们现在开始研究易学者必须先得了解的问题。

秦、汉以后,儒家学者的共同认定,开始画八卦的,是我们的老祖宗伏羲氏;演绎八卦的,当然是周文王;发扬易学精义的,便是孔子。因此说"易更三圣"就是指画卦者伏羲、演卦者文王、传述者孔子。事实上,文王演卦而作"卦辞",他的儿子周公又祖述文王的思想而发扬扩充之,便著了《爻辞》,为什么三圣之中却不提到周公呢?据汉儒的解说,根据古代宗法的观念,父子相从,因此三圣之中便不另外提到周公了。关于这个问题,如此结案,是否公允而有理,还是很难认定。

开始画卦的,当然是伏羲,这是毫无疑问的事。经过文王演卦、周公祖述、孔子发扬以后,硬要赖掉周公在文化学术上的功劳,恐怕孔子梦对周公时,于心难安。同时,又轻易地溜掉"更三圣"的这个"更"字,也不应该。古文"更"字又有"曾经"的意思,所谓"易更三圣"者,是指易学经过三位圣人学者的整理,才得发扬光大。

由伏羲画八卦开始,到了商、周之际,再经过文王、周公、孔子三圣的研究和著述,才建立了《周易》学术思想的系统。因此可知"易更三圣"一语,严格地说,应该是对《周易》一书而言。如果说对所有的易学系统来说,硬拉下伏羲来凑合三圣,似乎有点牵强。连带这个问题而来的,便是"文王演易"和重复演绎为六十四卦的问题了。

伏羲画卦,这是古今公认的事实。由八卦演绎成六十四卦,却有四种说法：

（一）认为六十四卦也是伏羲所排列的。

（二）有的认为六十四卦也是文王的演绎。

（三）认为由八卦重复排演成六十四卦的，是神农氏。

（四）认为重复演卦的人是夏禹。

主张第一说的，以王弼（辅嗣）等为最有力。主张第二说的是司马迁等。主张第三说的是郑玄等。主张第四说的是孙盛等。

要把这四种说法加以考据确定，实在不容易，而且几乎是绝对不可能的事。至于认定重复卦象的人是周文王，大概是从"文王演易"这个"演"字的观念来推定。其实，这个"演"字，不能硬说就是演绎六十四卦的涵义，只能说是对《周易》一书六十四卦排列的次序和方式，以及《周易》书中对卦爻辞的演义而言。这是无可否认的，都是文王的杰作。至于伏羲画出的卦象，它的原来次序程式究竟是如何排演的？为什么《连山易》的排列以"艮卦"为首，为什么《归藏易》的排列以"坤卦"为首等问题，都是值得研究的。王辅嗣的主张，认为重复排演六十四卦者，仍是伏羲的创作，这是最为有理的。

"十翼"的作者及其他

研究易学，都须知道有汉儒郑玄所提出的"十翼"之说。"翼"，当然是羽翼的意思。《周易》一书的内容，有十种论著，都是辅翼易学、发扬而光大之主要著作。这便是：（一）上经的《彖辞》。（二）下经的《彖辞》。（三）上经的《象辞》。（四）下经的《象辞》。（五）《系辞上传》。（六）《系辞下传》。（七）《文言》。（八）《说卦传》。（九）《序卦传》。（十）《杂卦传》。

这是郑氏对于《周易》内容所作的分类范围，凡欲研究易学者，应当先加了解。

至于有关"十翼"的作者问题，大致说来，又有三种异同的见解。

一般地认定，"十翼"都出于孔子的手笔。这是传统的观念，完全从尊孔的意识出发。

其次，认为文王作《卦辞》，当然没有问题。但是《象辞》也是周公的著作，并且根据《左传》中"韩宣子适鲁，见易象"说"吾乃知周公之德"的话，更为有力的佐证。汉末的学者马融、陆绩等，都同意主张此说。

事实上，《象辞》与《彖辞》对卦象的论断，有许多地方，彼此互有出入，实在难以确认同是一人的观点。复次，除了《象辞》《彖辞》以外，关于《系传》以及《序卦》《说卦》等篇，不但它的文辞、思想，处处有先后异同的论调，严格说来，绝对不能认为都是孔子的手笔。其中有许多观念，可能都是孔子以后后人的著作。或者可以说是孔门弟子们的著作，统统归并于夫子的名下，那也是古代著述中常有的事。

易学的传承及其他

在中国文化的领域中，自经孔子删《诗》《书》，订《礼》《乐》之后，由他编著了六经，赞述《周易》以来，关于《周易》易学的传承，在司马迁的《史记》、班固的《汉书》以及范晔的《后汉书》中，都记载有孔子以下易学传承的系统。

但自唐、宋以后，我们所读的《周易》，关于"十翼"的排列程序，事实上，大多都是根据汉末王弼的排列。他把"乾""坤"两卦的文言，拿来放在本卦下面，同时把《系传》的中间次序，有些地方也照他自己的意思来颠倒安排。等于我们现在读的《大学》一书，那是经过宋儒的安排，并非原本的《大学》的次序。现在对于研究《周易》来讲，这点应当注意及之。

自孔子至战国末期的易学：孔子授商瞿，商瞿授（鲁）桥庇子庸，子庸授（江东）馯臂子弓（其人是荀卿之子），子弓授（燕）周丑子家，子家授（东武）孙虞子乘，子乘授（齐）田何子庄。此其一。

又：孔子殁，子夏也讲易学于河西，但受到孔门同学们的驳斥，认为他对于易学的修养不够，所以子夏以后的传承，并无太准确的资料。唯后世留传有《子夏易传》一书，真伪难辨，但确具有古代"易学"思想上的价值。此其二。

西汉的易学：田何授（东武）王同子中、（洛阳）周王孙、（梁）丁宽、（齐）服生。四人皆著《易传》数篇，但后世已散佚。

其次：自（东武）王同子中一系，再传（菑川）杨何，字元敬。元敬传京房，房传梁丘贺，贺传子临，临传王骏。

丁宽一系，又再传田王孙，王孙传施雠，雠传张禹，禹传彭宣。

以上都是著名专长易学学者的传承。至于阴阳、纳甲、卦气等易学，自田何到丁宽之后，又另有一系。

主阴阳、卦气之说的，由王孙传孟喜。喜再传焦赣，字延寿，著有《易林》一书，迥然打破《周易》的蹊径。又另一京房，承传焦延寿的易学，著有《京房易传》一书，开启象数易学的阴阳"纳甲"之门。

东汉与后汉的易学：西汉的易学，到了东汉时期，其间的传承似乎已经散失不备，因此象数之学与易理的分途，也便由此而形成了。后汉的易学，传承的系统更不分明。此时的著名易学大家，便有马融、郑玄、荀爽、刘表、虞翻、陆绩以及魏末的王弼等人。

其中荀爽的易学，曾经有后人采集当时的九家易学合成一编的论述，故在后世研究易学中，经常有提到"九家易"或"荀九家"的名词，就是对此而言。

郑玄的易学，开始是学京房的象数，后来才舍离京学，专学费直之说，以孔子《易传》来解说易学。

汉末的易学，大概都跟着荀爽、虞翻的脚跟而转，愈来愈加没落，因此才有青年才俊王弼的起来别走一途，专从老、庄玄学的思想而说易了。最为遗憾的，后世的易学，大体上又一直跟着王辅嗣的脚跟在转，不能上穷碧落，下极黄泉，直探羲皇之室。

两派十宗及其他

由秦、汉以后直到现在，大致综合易学发展的系统，我过去曾胪列它为两派六宗。所谓两派：

（一）即是以象数为主的汉易，经唐、宋以后，其间贯通今古的大家，应当以宋代邵康节的易学为其翘楚。又别称为道家易学系统的，这便是道家易学的一派。

（二）宋儒崛起，间接受到王辅嗣等易注的影响，专主以儒理来说易的，这便是儒家易学的一派。

所谓六宗：

（一）占卜。（二）灾祥。（三）谶纬。（四）老庄。（五）儒理。（六）史事。

"占卜""灾祥""谶纬"等三宗易学，其实都是不脱象数的范围。以"老庄"来说易的，开始于魏、晋之初，由阮籍、王弼等开其先声。继之而起，便有北魏以后的道教，套用东汉魏伯阳著《参同契》的观念，彼此挹注，杂相运用"易"与"老庄"的道理。"儒理"说易，大盛于南北宋时期，如司马光的《潜虚》、周敦颐的《太极图说》、程颐的《易传》，以至于朱熹的《易本义》等，大抵都属于这一范围。史事一系，也由宋儒开始，如杨万里的易学，便偏重于这一观点。

事实上，我以前所提出的六宗之说，还不能尽概两千余年易学关连的内容。如果加上由象数易学的发展，包括术数的杂易等，应该可归纳为十宗，除了以上所说的六宗以外，另有四宗，便是：

（七）医药。（八）丹道。（九）堪舆。（十）星相。

至于明末清初，佛教中的大师，如蕅益和尚所著的《周易禅解》、道盛和尚的《金刚大易衍义》等，都从唐末曹洞宗的爻象思想所开发，虽别有会心之处，但究竟不能列入易学的正宗。但上述四宗所涉及的易学，都以象数为主，比较偏向于固有的科学性质，素来不为寻章摘句、循行数墨的学者所能接受，因此在过去的学术专制时代中，便被打入江湖术士的方伎之流，无法有所增益与发明，颇为可惜。

事实上，《易经》学术思想的根源，如果离开象数，只是偏重儒理，对于中国文化来说，未免是很大的损失。古人所谓"象外无词"，也便是这个意思。如果潜心研究象数的易学，配合科学思想的方法，相信必有更新的发现，很可能会替中国文化的前途，开发更大的光芒。古人虽然也有这种企图，但始终不敢脱离前人的窠臼。例如焦延寿的《易林》、京房的《易传》、南宋以后邵康节的《皇极经世》，以及假托邵康节所著的《河洛理数》、明代术数家们所著的《太乙数统宗》等易书。虽然对于象数易学，别有心得，完全不采用《周易》的原意，大胆地创设卦爻辞例，但仍困于灾祥休咎的观念，只作人事吉凶的判断，并未扩充到仰观天文，俯察地理，中通万物之情的境界。

清代的儒者，研究易学的风气颇盛，如王船山、惠栋、江永、焦循等，都有专著，唯仍多依违于汉、宋儒易的范围，为清代的经学生色不少，如近人杭辛斋、尚秉和颇得象数的效用，亦自成家。

易学的精神

唐、宋以后的易学研究，应该说又建立了另一"三易"之说。这个新的"三易"观念，也是说明秦、汉以后以至现代的易学内涵之范围。换言之，唐、宋以后所谓易学的内涵，它大要包括有"理、象、数"的三个要点。如果用现代的观念来说：

"理"，便是类似于哲学思想的范围。它是探讨宇宙人生形上、形下的能变、所变与不变之原理。

"象"，是从现实世界万有现象中，寻求其变化的原则。

"数"，是由现象界中形下的数理，演绎推详它的变化过程，由此而知人事与万物的前因后果。反之，也可由数理的归纳方法，了解形而上的原始之本能。

再来综合这三种内涵的意义，便可知"易理"之学，是属于哲学性的；"象、数"之学，是属于科学性的。总而言之，完整的易学，它必须要由"象、数"科学的基础而到达哲学的最高境界。它并非属于纯粹的思想哲学，只凭心、意识的思维观念，便来类比推断一切事物的。

宇宙万象，变化莫测。人生际遇，动止纷纭。综罗易学"理、象、数"的内涵，无非教人知变与适变而已。知变是"理"智的结晶，适变是"象、数"的明辨。《礼记·经解》中，提到易学的宗旨，便说"絜静精微，易教也"。所谓"絜静"的意义，是指易学的精神，是具有宗教哲学性的高度理智之修养。所谓"精微"的意义，是指易学"絜静"的内涵，同时具有科学性周密明辨的作用。但在明辨理性之间，倘使不从沉潜静定的涵养而进入易学的境界，稍一走向偏锋，便会流入歧途，自落魔障。故《经解》中，又说到易学的偏失，很可能会"使人也贼"。

从"理、象、数"的精华来看易学，由"乾""坤"两卦开始，错综重叠，旁通蔓延，初从八卦而演变为六十四卦。循此再加演绎，层层推广，便多至无数，大至无穷，尽"精微"之至。

如果归纳卦爻内在的交互作用，便可了解六十四卦的内容，只有"乾、坤、剥、复、睽、家人、归妹、渐、姤、夬、解、蹇、颐、大过、未济、既济"十六卦象。在六十四卦的内在交互中，这十六卦象，每卦都出现四次。

再由此十六卦而求其内在交互的作用，便只有"乾、坤、既济、未济"四卦，每卦各出现四次。

复由此类推，就可了知在此天地之间，除了"乾、坤、坎、离"代表阴、阳的元本功能以外，凡宇宙以外的物理或人事，无论如何千变万化，它的吉凶观念价值的构成，唯有"既济、未济"两个对待的现象而已。

由此而精思入神，便可了解一画未分以前，阴、阳未动之初的至善真如之境界，可以完全体认大易"絜静精微"的精神，就能把握到自得其圜中的妙用了。

本书译事的经过

本书的完成，说来非常惭愧。远在三年前，有一天，程沧波先生对我说：商务印书馆要翻译《周易》为白话，这个工作，原来是由刘百闵先生担任。刘先生承诺以后，忽然作古，所以王云五先生与程先生谈起，想叫我来担任这个工作，我与百闵先生也认识，当时听了，便冲口而出承担了此事。在我的想法，如果没有别的打扰，每天翻译一卦，至多半年可以完成。谁知开始着手翻译时，才发现许多难以解决的问题。例如：

一、译本的原文是《周易》，必须要尽量与原文原意不离谱。不可以随便说自己的易学见解，也不能独取某一家的易学见解为准。

二、上古的文字，一个字或两三个字便可代表一句话或几句话的语意。如果已经了解了古文的内涵，《周易》原文的本身，本来就是白话，用不着更加语译。现在既要用现代语来译出，既不能离经一字，又必须要加上解释字义、考证原意等工作。有时原文只用一个字，但我们需要用好多字来表达它，而且还不能做到尽善尽美。因此便要在"今译"以外，再加"今释"，才能了解。

三、历代学者对于"五经"的著述和研究，包括"四库"以后的著述，除《皇清经解》《续皇清经解》等书以外，要算有关《易经》的著述为最多，而且各家都别有会心，甚至互相矛盾的也不少。

我们当然也不能忽略这些资料而不顾，究竟如何取裁也是一个很大的问题。

我当时的立意，是以汉易为原则，尽量避开宋易的解释。因为易学的内涵，虽然以"理、象、数"为主，如果真能懂得了注重"象、数"的汉易，其"理"自然便在其中了。"象外无词"，原是研究易学的笃论。

有了这些问题横梗在前，所以开始翻译乾坤两卦时，便费了一个半月的时间。其余每一个卦，原意计划用一个星期把它翻译出来，结果还是不能如愿以偿。

在这一段时间，除了手边原有收藏有关《易经》的书籍以外，还得王新衡先生的帮助，送我一套文海出版社《国学集要》第十种中有关《易经》这一全部的书籍，盛意可感，至今还欠上这笔情债。

跟着，我的俗事和课务纷至沓来，实在无法闲坐小窗翻《周易》了，所以一拖再拖，翻到"观"卦时，便搁笔迟延，一直没有继续工作。中间曾经写信向王岫老商量，希望另请高明完成此事，结果岫老又坚持不便改约。

去年春天，徐芹庭来看我，谈到《易经》译稿的事，他看我忙得可怜，便愿意替我完成其事。我当时也想叫他试试看。因为芹庭刚进师大的那一年，便认识我。除了欣赏他诚朴的气质以外，还有很多难能可贵的善行，不是一般人能做到的。他是一个孝子，每个星期都要赶回苗栗乡下，赤脚耘田，帮助父母去种地。所以我就叫他先从《来注易经》入手，希望他对《易经》下番工夫，结果他的硕士论文照着这个目的来完成，博士论文则研究汉易。他目前偏重"来易"和汉易。从我研究"象、数"方面的朱文光博士，又远在国外，不能和他互相切磋。

半年以后，芹庭送来全部译稿，他从"噬嗑卦"以后，一气呵成的成绩。我看过以后，便对他说："很可惜，你仍未脱离'来易'及'汉易'的范围。"但是，有了这样的成就，的确很不容易。

这样一搁又是一年。到了年底，程沧波先生又催我交卷。我也觉得实在说不过去了，再去信和岫老商量，希望能采用芹庭的译稿，而且由芹庭负起这本书的著作责任。结果得到岫老的勉强同意，但说必须注明是我和芹庭的合著。因此才有本书的问世。

　　但我仍以至诚，向商务印书馆和王云五先生以及读者，致无限的歉意。才力和精力有限，未能达成想象中的任务，希望将来能够好好地完成一部《易经》的研究，贡献给大家以作补偿。这是否能成为"既济卦"或"未济卦"的祝词，便很难预料了。

（公元一九七四年，台北）

《周易今注今译》再校后记

商务印书馆在王岫老主持今注今译经部第一集之时,《周易》一书,因刘百闵先生逝世,辗转交由我来语译,其间经过,已略于叙言。然我所从事者,仅上经二十卦(由乾卦至观卦)而已。

《周易今注今译》出版发行以后,经诸学子发现有漏今译今释者,已悔付托非人,狂简从事,愧疚不已。近年以来,又经诸学子陆续发现误译及谫陋之处者,更加惶悚。乃转请商务印书馆负责诸公,再付校雠。俾稍能补阙以交卷,待他日真得息影专心时,当为易学尽本分之贡献。今由蔡策、朱文光二人审核今译部分,差已完整。至于今释部分,后续者偏于虞(翻)易之处,及未能完全语译详明者,不及尽能更正,至以为憾。

民国三十三年(一九四四年)暑期,我过四川嘉定乌尤寺复性书院,晋访马一浮先生,谈及先生之著述,承告“深悔昔年轻率著书,拟欲尽毁其版而不尽能”云云,言下颇为不快。而我意谓先生谦抑自牧,或未必然。然读蔡元培先生自述传略,有云“孑民在青岛不及三月,由日文译德国科培氏《哲学要领》一册,售稿商务印书馆。其时无参考书,又心绪不宁,所译人名多诘屈。而一时笔误,竟以空间为宙,时间为宇。常欲于再版时修正之”等语。方知人生非年事经历不到处,决不能深悉悔恨前非之心情。今特志于卷首，庶明向读者发露忏悔之意，并待他日自能善于补过也。

（公元一九八四年，台北）

《易经数理科学新解》序言

　　《易》之为书，深密难穷，为群经之宗祖。河洛精蕴无尽，范围品物而无遗。与其精蕴深密，昧者浅尝点滴，诩为悉知千古秘学；达者韬光守晦，艰其薪传。于是历世愈久，支离愈甚，易有随时偕进之义，诚如是乎！倘未然也。

　　传统易学，约其演变，有汉易、宋易之分。综其支流，有占卜、機祥、象数、老庄、儒理、史事诸宗。古太卜掌占卜而断之以易，此占卜之宗也。汉儒去古未远，推衍象数、阴阳五行之说，统入其学，此象数之宗也。京房、焦赣诸贤，专言機祥，图谶之言迭兴，此機祥之宗也。扬子云著《太玄》，以九畴之数，合卦象而言天道，应为别裁。王弼、王肃以老庄言易，开两晋玄学之风，此老庄玄易之宗也。魏伯阳著《参同契》，隐含卦气、变通、爻辰、升降、纳甲之义，参合老庄之说，以言丹道，儒者未之或信，然开千古丹经援易之风，实自此始。宋儒胡瑗、程颐以儒理言易，此儒理之宗也。邵康节以易统造化，出入儒道，别树学幢。李光、杨万里以史事言易以明人事之变，此以易论史事之宗也。僧肇引易理而入佛，曹洞师弟，据卦爻立五位君臣之义，以理心性之修证，开后世以易拟佛之渐。明清以还，治易诸儒，代有辈出，卓尔名家者颇有其人，要皆不出汉、宋诸学遗绪，回翔于谈玄实用之间。迨乎清末，西学东渐，学术文物，于兹丕变，易学衰歇，不绝如缕。先圣有言："作易者其有忧患乎！"稽之往史，每当世运遭屯悔吝之际，必有贤者奋起，荷负开继，或述而不作，或作而不传，其感于忧患而望于治平者，诚有是于斯言也。

今世治易诸贤，信而好古者有之，疑而讥嫌者有之。或从传统，或言男女，或轻记事，或匹科学。以逻辑（Logic）符号说易者有之，以自然科学释易者有之。潮流所趋，夹珠玉泥沙而俱来，虽未前迈古人，易学日新，此亦时势所必然也。余潜心学易有年，智浅识陋，未尽探赜索隐之妙，欲求寡过，亦须天假之年，庶几可望。平居偶为新进诸子论易，徒涉皮毛已耳。今覩薛氏宿讲易经河洛著述，观其所由，乃比以现代自然科学之数理而相互发明，故原名其书曰《易经科学讲》，曰《超相对论》。诸生有研读其书者，率议重梓，以广流传，俾粗言自然科学之拟易者，资为借鉴。倘温故知新，有所发现，亦为天地立心，生民立命之意欤。爰为言之如是。

（公元一九六四年，台北）

《周易尚氏学》前言

　　余自少年玄尚易学，壮岁行脚四方，孜孜以访求易学经师，参寻术数高士为乐。中间世易国变，而向学之志靡懈。今已皎皎华发，于学于易，终未敢云窥其堂奥。久闻尚秉和先生湛深于易学，所著《周易尚氏学》，响誉士林，惜乎终未得见。顷间汪君忠长游美乍返，见赠是书，喜能得偿夙愿。展读感佩，固甚尚矣。其学引经注经，阐发千古幽隐易象，昔无出其右者。唯于数理玄阃，惜未抉赜为憾。然其取法之诚谨，能不肃恭礼敬之耶！发扬前修绝学，启迪后贤新智，是为宿志。故为之记而付印行焉。

（公元一九八一年，台北）

《读易劄记》序

《易》之为书，周流六虚，变动不居，是其大要。与其不居于一隅，于是范围天地而不过，曲成万物而不遗，如百川入海、万学同睐、千彩丽空、十方异见。道并行而不相悖，何一而非《易》，何一而赅《易》焉。《四库全书》睐类十三经历代之疏注，唯《易》四百七十六部，都四千一百十九卷，远超春秋百家之言。乾嘉以后，犹不预其数。近代作者尤众，一得十抱，意迈前贤，而终未能意得忘象、鱼脱筌遗也。虽然，分河饮水、别树门庭，而资生解渴、各取所需，庸何伤哉，抑何碍耶！

休宁汪君忠长，学《易》于知命之年，睐志于摄生之道，于是糅诸家理象之旨，汇成一家之言，著书立说，题曰《读易劄记》，固是观成，且亦学效，唯其将有远行，属为之言，适余春假期中，督众禅悦，因循时日，稽延应命。今因梓工将竣，亟起援笔为书。秉老氏赠人以言之趣，为之记曰：

> 羲皇之上，未画无形。几动象生，数具理神。敷陈万类，截决要津。悟通心易，不着点尘。成师无朕，慎莫师心。

（一九八二年孟春，台北）

闫著《易经的图与卦》序

　　吾国上古之世，文武本不分途，及至春秋，孔门七十子之徒，文武兼资，习以为常，亦多可考可证。时代愈降，文韬武略，渐至分途，积弊所至，常以不学无术以视革胄之士，亦由来久矣。故在吾国军事史上，以书生从戎，功遂名就而彪炳史册者，莫盛于清代中兴之际，然亦仅曾、左、彭、胡麾幕之佐。君子豹变，殊不多觏。故论军中学术之盛，人才辈出者，较之往史，尚莫过于国民革命军之后期，如此时此地之辉煌灿烂也。

　　闫君修篆，以书生而从军有年，其在军书旁午，狼烟锋镝之间，终不辍学忘读，不敢或忽学以补不足之训。前者君之博士学位论文，即以《周易论卦》而卒业。今复以《易经的图与卦》一书，嘱以为序。忝属先闻，诚不可却，乃强为之言。

　　夫以易学之渊源幽远，浩博综罗，两汉以还，有关经学之注释，多莫过于《易经》。自唐虞世南有言："不读《易》，不可为将相。"于是有用世之志，济世之才者，尤孜孜有索于《易》矣。然迄宋、元、明、清以降，纵览易学之作，图文并茂，万象森罗。但云山虽同，蹊径各别，是非纷然，非羲皇上人，孰敢确其一是。唯从易简而视之，则古今修途，仍皆画限于《易》之图变、《易》之数演。甚至，亦如数学中之游戏数学，虽慧思奇奥，终莫出此数学公式之范畴，而究之实用，及今虽穷人类之智术，犹未探得其足资利用之源，可以开物成务之功也。不然，则析理于人伦日用之间，坐谈心性，徒托空言而已。此实为易学圣明之痼病，更有甚于《礼记·经解》篇中所论《易》之弊也之说矣。或有说曰：《易》所统摄三玄之言，皆时兴于衰变之世。今者，易学勃兴，虽曰受国际学者注重中国文化之影响，然不期而合于世道衰变之际，可不惧哉！曰：是何伤乎，苟谓三玄之学，皆起于衰世，则孔孟之说，岂作于盛平之时耶？人事有代谢，世道有兴衰，而学则永固。隋末有河汾讲学之后，即有盛唐之崛起，庸何伤哉！唯望今时学者，志心于图卦之说，苟能舍其筌象，而得其圜中以应用无穷，则为幸矣。是为序。

（公元一九七七年，台北）

《太乙数统宗大全》序

　　术数之学，原出于阴阳之官。阴阳设官，始著于三代，盖职掌星象，顺适农时，因应人事者也。然溯其源流，旷渺幽远，书载犹阙，稽之初民，智识朴实，茫茫世事，欲逆料而知来者少，于是托赖占卜，以决休咎。继而文明进展，人事纷繁，卜筮之术，枝蔓流衍，同异互见。然原始要终，不外五行、八卦、九宫、历算。随之据星象而纳甲于八卦，引九宫而遁伏于奇门，于是太乙、六壬、丁戊、紫白、方伎竞起，各擅胜筹。

　　秦汉之间，援易象数而为术，谶纬之说，弥漫上下，有学无学，咸准为式，虽通儒硕学，亦所难免。唐宋之际，佛道学说，参杂并陈，自希夷传太极图象，邵子宗河洛理数，会三元于往复，列四象而为元会运世，于是托古图谶，附会预言者，屡出不鲜。佞之者奉为天则，辟之者嗤为妄诞，要皆未明天时人事之机枢，虽曰天命，岂非人事；固为人谋，亦应天运。欲穷其奥，此乃天心所秘，非聪明睿智，至诚通慧者所难知也。苟有其人，则知未必言，言又放诞，神秘理事，流散支离，群以江湖小术而目之矣。

　　固知人事有代谢，往来无古今，物情递变，虽微渺而不可思议，而先圣有言，数往者顺，知来者逆。居易以俟命，极言其大象细则，未尝不可测知。第学之未至，知之不逮耳，盖术数之学，实据于天文、地理，物情演变之妙而定其准则，虽小道，亦有可观者矣。苟扩而充之，启发慧知，方之今日科学，大有互相发明之处。昔儒囿于传统，目为杂学，置而不论。吾尝有言：欲言中国文化，如不通杂家之说，殆难窥其全貌。今英人著有《中国科学技术发展史》（*Science and Civilisation in China*）者，其所引用，多为杂家之学，适符斯语，能不慨然。

黄陂胡玉书夫子，沉潜易象数之学五十余年，余尝从之执经问难，多所启迪，犹未悉尽其学。宋今人君欲将《太乙数统宗大全》梓版，征之于余，乃举以质之夫子，咸嘱为言。夫太乙之说，原于天干之名数，而胎息于方伎者流，道家论天地星辰消息，列述太乙之神，汉代刘向校书于天禄阁，托太乙燃藜而为奇。医有太乙之针，兵有太乙之术，异名愈出，恍惚难测。实皆寓阴阳于象数，寄变化于神奇。太乙数者，虽不类同于河洛法则，参合三元运转，述象数之变而推知人事之理者，其揆一也。会之者，应用之妙，存乎一心。昧之者，但存阙闻阙疑，留待后昆，或可随时偕进于文明之途欤！是为序。

（公元一九六五年岁次乙巳腊月，南怀瑾序于台北）

朱文光著《易经象数的理论与应用》代序

东西文化幕后之学

人类的思想与行为，乃形成文化的主体。到目前为止，人类的文化汇成东西两大系统。但这两大文化系统，除了人文科学与自然科学的种种，无论东方文化或西方文化，都有一种不可知的神秘之感存于幕后。例如宇宙与一切生物的奥秘，人生的命运和生存的意义等问题，仍然是茫然不可解的一大疑团，还有待于科学去寻探究竟的答案。将来科学的答案究竟如何，现在不敢预料。但在东西双方文化的幕后始终存在着一个阴影，有形或无形地参加文化历史的发展，隐隐约约地作为导演的主角。无论学问、知识有何等高深造诣的人，当他遭遇到一件事物，实在难以知其究竟，或进退两难而不可解决的时候，便本能地爆发而变成依赖于他力的求知心，较之愚夫愚妇，并无两样。

术数与迷信

在中国五千年文化的幕后，除了儒、佛、道三教的宗教信仰以外，充扮历史文化的导演者，便以"术数"一系列的学说为主。由于"术数"的发展而演变为各式各样求预知的方法，推寻个人的、家庭的、国家的、宇宙的生命之究竟者，分歧多端，迷离莫测。世界上有其他学识的人虽然很多，但对于这些学识未

曾涉猎者，由于自我心理抗拒"无知"的作祟，便自然地生起
"强不知以为知"的潜在意识，贸然斥拒它为"迷信"。其实，
迷信的定义，应指对某一些事物迷惘而不知其究竟，但又盲目地
相信其说，才名为"迷信"。如果自己未曾探讨便冒昧地指为迷
信，其实反为迷信之更甚者。相反地，自犹不知其究竟而深信其
说为必然的定理，当然属于迷信之尤。但在中国过去三千年来的
帝王将相和许多知识分子，以及一般民间社会，潜意识中都沉醉
于这种似是而非的观念里，以致埋葬了一生，错乱了历史上的作
为，事实俱在，不胜枚举。那么，这一类的"术数"学识，究
竟有无实义？究竟有无学问的价值？而且它又根据些什么来凭空
捏造其说呢？这就必须要加以慎思明辨了。

西方文化吹起了新术数的号角

最近，一个学生自美国回来探亲，他告诉我目前正在加州大
学选修"算命"的学科，而且说来津津有味，头头是道，但大
体都是根据大西洋学系和埃及学系的"星相学"而来，与中国
文化的渊源不深。年轻的国家，文化草昧的民族，正以大胆的创
见，挖掘、开发自己文化的新际运，不管是有道理或无道理，加
以研究以后再作结论。但本自保有祖先留下来五千年庞大文化遗
产的我们，却自加鄙弃而不顾，一定要等到外人来开采时才又自
吹自擂地宣传一番了事，这真是莫大遗憾的事。

一九七一年朱文光博士自美国回来任教台大农学院客座副教
授的一年期间，在其讲学的余暇，不肯浪费一点时间，秉着他回
国的初衷，帮助我整理有关这一类的学科。可惜的是时间太短，
经费又无着落，未能做到尽善尽美的要求，他又匆匆再去国外搜
集资料。因此只能就初步完成的草稿，交付给我，算是他这次回

国研究工作的部分心得报告。有关解释和未完的事，又落在我的肩上。偏偏我又是一个"无事忙"的忙人，实在不能专务于此。况且对科学有认识、有造诣的助手难得，肯为学问而牺牲自我幸福的人更不易得。科学试验的设备和图书资料等问题，都一筹莫展，也只有把未完的工作，留待以后的机缘了。

术数之学在中国文化幕后的演进

在中国五千年文化的幕后，有关"术数"一门学识，不外有五种主干，综罗交织而成：一、"阴阳""五行"。二、"八卦""九宫"。三、"天干""地支"。四、天文星象。五、附托于神祇鬼怪的神秘。这五种学说，开始时期，约有两说：（一）传统的传说，约当西历纪元前两千七百年之间，也就是黄帝轩辕氏时代。（二）后世与近来的疑古学派，宁愿将自己的历史文化"断鹤续凫"式地截断缩短，而认为当公元前一千七百年左右，也就是"商汤"时代之后，才有了这些学说的出现。反正历史的时间是不需花钱的无价之宝，它不反对任何人替它拉长或缩短，它总是默默无言地消逝而去。我们在它后面拼命替它争长，它也不会报以回眸一笑以谢知己。即使硬要把它截短，它也是悠然自往而并不回头。

但由于这五类主干的学说，跟着时代的推进而互相结合，便产生了商、周（公元前一一五〇至公元前二五六年）之间"占卜"世运推移的学识了。历史上有名的周武王时代，"卜世三十，卜年八百"之说，便开启后世为国家推算命运之学的滥觞。到了东周以后，也正是孔子著《春秋》的先后，占卜风气弥漫了春秋时代的政治坛坫。战国之间，自邹衍的阴阳之说昌盛，谈天说地的风气，便别立旗帜，异军突起于学术之林。尽管卿士大夫的缙绅先生们（知识分子）如何地排驳或不齿，但贤如孟子、荀子等人，也或多或少受其影响而参杂于其学问思想之间，历历有据可寻。秦、汉之间，五行气运与帝王政治的"五德相替"之说，便大加流行，左右两汉以后两千多年的中国政治思想和政治哲学。尤其自秦、汉以来，"占卜"、"星相"、"阴阳"、"择日"、"堪舆"（地理）、"谶纬"（预言）等学，勃然兴起，分别饮水而各据门庭，即使两汉、魏、晋、南北朝而直到唐、宋以后两千多年来的历史演变，幕后都弥漫着一股神秘而有左右力量的思潮，推荡了政治和人物的命运，其为人类的愚昧，抑或为天命固有所属，殊为可怪而更不可解。在这中间，正当汉、魏时期的佛学输入，又渗进了印度的神奇"星象"学说。到了隋、唐之际，又加入了阿拉伯的天文观念。因此参差融会而形成了唐代"星命"之学的创立，产生李虚中的四柱八字之说和徐子平的"星命"规例。

星命和星相与心理的关系

人类本来就是自私的动物，人生在世最关心的就是自己的幸福和安全。其次，才是关心与六亲共同连带的命运。因此自有子平"星命"之学的出现以后，人们便积渐信仰，风行草偃而习以为常了。但是子平的"星命"之学的内容，一半是根据实际天文的"星象"之学，一半又参杂有京房等易象数的"卦气"之说的抽象"星象"观念，同时又有印度抽象"星象学"的思想加入而综合构成。如果精于此术的推算结果，大致可以"象其物宜"，可能在百分之九十的相似。否则，墨守成规，不知变通的，便承虚接响，或少有相似而大体全非了。

从隋唐、五代而到北宋之际，有关"占卜"的方法，便有

《火珠林》等粗浅的书籍留传。它所用在"占卜"的方式，大体仍是脱胎于京房的卜算，但又不够完备、精详。有关国家历史命运的预言，脱胎于两汉的"谶纬"之说的，便有李淳风《推背图》的传说，风行朝野，暗地留传在历史文化的幕后，左右个人、家庭、社会、国家等种种措施的思想和观念。同时"相人"之术——通常人们习惯相称的"看相"，也集合秦、汉以来的经验，配上"五行""八卦"等抽象的观念，而逐渐形成为专门的学识。人处衰乱之世，或自处在艰难困苦的境遇中，对于生命的悲观和生存前途的意义和价值之怀疑，便油然生起，急想求知。俗语所谓"心思不定，看相算命"，便是这个道理。

宋代以后的术数

这种学识的内容，历经两三千年的流传，自然累积形成为不规则的体系。从宋代开始，便随着宋朝的国运与时代环境的刺激，自然而然有学者加以注意。因此有了邵康节易理与象数之学的兴起，出入于各种术数之间而形成《皇极经世》的巨著了。邵氏之学虽如异军突起崛立于上下五千年之间，但为探寻它的究竟，学虽别有师承，而实皆脱胎于术数而来，应当另列专论。自此以后，中国的"星命""星相""堪舆""谶纬""占卜"等之学识，或多或少，都受邵氏之学的影响而有另辟新境界的趋向。此类著作，或假托是邵氏的著述，或撮取邵氏之学的精神而另启蹊径。

由此而到了明代，"星命"之学，便有"河洛理数""太乙数""果老星宗""紫微斗数""铁板数"等方法的繁兴；"堪舆"之学，便有"三合""三元"等的分歧。但"九宫（星）""紫白"等方法，又通用于"星命"与"堪舆"等学说之间。

其余如"占卜""选择"之学，则有"大六壬"神数，与"奇门遁甲"等相互媲美。综罗复杂，学多旁歧，难以统一。且因历代学者儒林——传统的习惯观念，对于这些"术数"学识多予鄙弃，并不重视。专门喜爱"术数"的术士或学者，又限于时代环境的闭塞，读书不多，研究意见不得交流融会。故步自封而敝帚自珍的处处皆是，因此驳而不纯，各自为是地杂乱而不成系统。到了清初，由康熙朝编纂的《古今图书集成》，罗列资料，颇具规模，但并未研究整理成为严谨的体系，而且没有加以定论。乾隆接踵而起，除了搜集选择"术数"等有关的著作，分门别类，列入《四库全书》以内，又特命"术数"学家们，编纂了《协纪辨方》一书，以供学者的参考。对于学理的精究，毕竟仍然欠缺具体的定论。但是，它在中国文化思想的幕后具有的影响力量，依然如故。只是人人都各自暗中相信、寻求，但人人又都不肯明白承认。人心与学术一样，许多方面，都是诡怪得难以理喻，古今中外，均是如此。所以，对于幕后文化明贬暗褒的情形，也就不足为怪了。

（公元一九七二年南怀瑾先生讲述，朱文光记录于台北）

附：邵康节的历史哲学

一个人天才和气质的禀赋，虽然各有所长，但气质的禀赋，对于学问，实在有很大的关系。在北宋时代，与邵康节同时知名的苏东坡，曾经说过"书到今生读已迟"的名言，这句话虽然有点过于神秘之感，但在强调天才和气质的关系上，实在含有深意。中国文化史上知名的北宋五大儒之一——邵康节，有出尘脱俗的禀赋和气质，加以好学深思的工力，和温柔自处的高深修养，所以尽他一生学问的成就，比较起来，就有胜于"二程"和张载诸大儒。后来朱晦翁（熹）对他甚为崇拜，并非纯为感情用事。北宋诸大儒的学问出入佛老之后，创建了"理学"而不遗余力地排斥佛道之说。此外，不讲"理学"，留情佛老之学如苏东坡、王安石等人，又因各人对于世务上有了意见的争执而互相党同伐异，彼此攻讦不已，自误误国，与魏、晋谈玄学风的后果，可以说迹异而实同。其间唯有邵康节的学养见识，综罗儒、佛、道三家的精英，既不佞佛附道，亦不过分排斥佛老，超然物外，自成一家之言。单就这种态度和见解来讲，殊非北宋诸大儒所能及的。他的见地修养，除了《观物外篇》与《击壤集》，有极深的造诣，对《易经》"象数"之学，更有独到的成就。综罗汉、唐之说而别具见解，以六十四卦循环往复作为"纲宗"的符号，推衍宇宙时间和人物的际运，说明"历史哲学"和人事机运的演变，认为人世事物一切随时变化的现象，并非出于偶然，在在处处，"虽曰人事，岂非天命！"因而他对

"历史哲学"的观念，认为有其自然性的规律存在，本此著成《观物内篇》的图表，与《观物外篇》合集而构成《皇极经世》的千古名著。《观物内篇》的内容，好像是历史的宿命论，而又非纯粹的宿命论。可以说是中国历史上谶纬预言之学的综论或集成，同时也可以说是《易经》序卦史观的具体化。

中国文化星象历法的时间观念

年月日时的区分：根据《尚书》的资料，中国的历史文化，自唐尧开始，经过虞舜而到夏禹，早已秉承上古的传统，以太阴历为基准，确定时间的标准。一年共分为十二个月；每月均分为三十天；每天分为十二时辰——子、丑、寅、卯、辰、巳、午、未、申、酉、戌、亥；一时又分三刻。这种星象历法的时间观念，由来久远，相传远始于黄帝时代，这事是否可信，另当别论。但都是以太阴（月亮）为基准，所以代表十二时辰的十二个符号，便叫作"地支"。扩充"地支"符号的应用，也可以作为年的代号，例如子年、丑年而到亥年以后，再开始为子年、丑年等循环性的规律。

二十四节气的区分：古代的"星象历法"，同时也以太阳在天体的行度作标准，所以中国过去采用的阴历，实际上是阴阳合历的。除了一年十二个月，一个月三十天的基准以外，根据太阳在天体上的行度与地面上气象的变化和影响，又以"春、夏、秋、冬"四季，统率十二个月，也等于《易经》"乾卦"卦辞所谓"元、亨、利、贞"的四种德性。并且除了以四季统率十二个月外，又进一步划分它在季节气象上的归属，而分为二十四个节气，例如"冬至、小寒十二月节大寒，立春正月节雨水，惊蛰二月节春分，清明三月节谷雨，立夏四月节小满，芒种五月节夏至，小暑六月节大暑，立秋七月节处暑，白露八月节秋分，寒露九月节霜降，立冬十月节小雪，大雪十一月节"等二十四个名号。这廿四节气的标准，是根据太阳与地球气象的关系而定，并非以太阴（月亮）的盈亏为准。

五候六气的划分：除了四季统率十二个月、二十四节气以外，又以"五天为一候""三候为一气""六候为一节"作为季节气候划分的基准。根据这种规例，推而广之，便可用在以三十年为一世，六十年为两世，配合《易经》六爻重画卦的作用；缩而小之，则可用在一天十二个时辰、刻、分之间与秒数的微妙关系。

这种上古天文气象学和星象学，以及历法的确立，虽然是以太阴（月亮）的盈亏为基准，但同时也须配合太阳在天体上的行度，以及它与月亮、地球面上有关季节的变化。可是上古中国天文星象学除了这些以外，再把"时间"扩充到天体和宇宙的"空间"里去，探究宇宙时间的世界寿命之说，不但并不完备，实在还很欠缺。只有在秦、汉以后，逐渐形成以天文星象的公式，强自配合中国地理的"星象分野"之学，勉强可以说它便是中国上古文化的"时""空"统一的观念。很可惜这种"时""空"统一的学说仍然只限于以中国即天下的范围，四海以外的"时""空"，仍然未有所知。况且"星象分野"之学，在中国的地理学上，也是很牵强附会的思想，并不足以为据。青年同学们读国文，看到王勃《滕王阁序》所谓的"星象翼轸"，便是由于这种"星象分野"的观念而来。

邵子对"时""空"思想的开拓

汉末魏、晋到南北朝数百年间，佛学中无限扩充的宇宙

"时""空"观进入中国以后，便使中国文化中的宇宙观，跃进到新的境界。但很可惜的，魏、晋、南北朝数百年间的文化触角，始终在"文学的哲学"或"哲学的文学"境界中高谈形而上的理性，并没有重视这种珍奇的宇宙观，而进一步探索宇宙物理的变化与人事演变的微妙关系。甚之，当时的人们，限于知识的范围，反而视之为荒诞虚玄而不足道（关于佛学的宇宙观和世界观的补充说明，必须要另作专论，才能较为详尽）。直到北宋时代，由邵康节开始，才撷取了佛家对于形成世界"成、住、坏、空"劫数之说的观念，糅入《易》理"盈、虚、消、长""穷、通、变、化"的思想中，构成了《皇极经世》的"历史哲学"和"易学的史观"。其实，邵子创立《皇极经世》"易学史观"的方法，我想他的本意，也是寓繁于简，希望人人都能懂得，个个都可一目了然，因此而"知天""知命"，"反身而诚"，而合于天心的仁性；并非是故弄玄虚，希望千载之后的人们，"仰之弥高"钻之不透的。无奈经过后世学者多作画蛇添足的注解，反而使得邵子之学，愈来愈糊涂。

在邵康节所著尽人皆知的《皇极经世》一书中，最基本的一个概念，便是他把人类世界的历史寿命，根据易理象数的法则，规定一个简单容易记录的公式。他对这个公式的定名，叫作"元、会、运、世"。简单地讲，以一年的年、月、日、时作基础。所谓一元，便是以一年作单元的代表。一年（元）之中有十二个月，每个月的月初和月尾，所谓晦朔之间，便是日月相会的时间，因此便叫作"会"。换言之，一元之间，便包含了十二会。每个月之中，地球本身运转三十次，所以一会包含三十运。但一天之中又有十二个时辰，每一个时辰，又有三十分。因此把一运之中包含十二世，一世概括三十分。扩而充之，便构成了"三十年为一世，十二世之中，共计三百六十年为一运；三十运之中，共计一万八百年为一会；十二会之中，共计十二万九千六百年为一元"。一元便是代表这个世界的文明形成到毁灭终结的基数，由开辟以后到终结的中间过程之演变，便分为十二会，每一会中又有运世的变化。这种观念大致是受到佛学中"大劫、中劫、小劫"之说的影响而来。如果把它列成公式，便如：

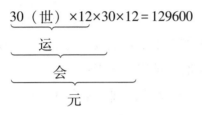

$$30（世）\times12\times30\times12=129600$$

但是这种算式，在一般没有算学素养的人是不容易记得的，因此便把一元之中的十二会，用子、丑、寅、卯等十二地支作数字的符号，便于记忆。由世界开辟到终结，便分成了十二会。于是"天开于子，地辟于丑，人生于寅"的观念，便由邵氏的"元、会、运、世"之学中形成为后世阴阳家们的共通观念了。

邵子创立了"元、会、运、世"之学，用来说明自开天辟地以来，到达最后的"亥会"，合计为一十二万九千六百年。但邵子所说的天地始终之数，并非就是地球由出生到毁灭的寿命。这个"元、会、运、世"的数字之说，只是大致相当于佛学所说的一个"小劫"，是说世界人类文明的形成到毁灭的一段过程。佛学只用"刀兵""饥馑""瘟疫"等人类社会的活动现象作说明，邵子却以数字配合卦象作代表。至于循环之说，又与轮回的道理，默相契合，颇堪玩味。

（公元一九七二年南怀瑾先生讲述，朱文光记录于台北）

《未来预知术》出书记

人生世事，假使划分过去、现在、未来为三分段，则过去多追悔，未来不可知，所谓现在，亦但随逐时势运会而转，极少能尽如人意者。于是上下亿万年，纵横九大洲之人类，莫不设想未来，求其先知以为快。故无论宗教、哲学、科学如何发展，所谓先知者及预言者，终为世人所向往。我国先民求预知之道，相同于世界各民族祖先文化，大致多假借依通之术聊当神通，如占卜、卦筮之斑斑可考也。

迨周文王显扬《周易》以来，寖假而汇通于春秋后出之阴阳家言，因之以占卜而求预知之学，辄成一家之术者，如东汉时代焦赣之《易林》，京房之《易传》等作，相继问世。一变再变，而形成《火珠林》卜卦等术数，大异《周易》之趣。然深邃焦京术数之易学者，固知其因时移世易，用原始《周易》之术数，已不足以概人事日繁之世，故不背易理而新创随时之说者也。

魏晋以降，"关朗易传"，犹继焦京等易学而再变，差可应世。迨乎宋代，邵子康节乘时崛起，融贯易理、阴阳、风角诸术，别成一家之言。其大著如《皇极经世》，小术如后人托名之《河洛理数》等书，不一而足，风行数百年。明朝中叶以后，则复有《太乙数统宗》等术，比翼邵子之学而并行，唯作者自邀其名，考证为难。

清朝以还，继周易筮法，焦京余绪，邵子"河洛理数""太乙术数"等法则，愈演愈趋小径，大多皆以"卜筮正宗"之金钱卜法为准，实为《火珠林》之遗术也。

晚清末造，占卜灵验之术，所见所知，颇有多家新著，然皆并行不悖，难论轩轾。要之，变而通之，神而明之，在乎其人，不在其定式。

近日旅居海外学人陈君得清，遥寄《未来预知术》一书见赠，乃自搜购于域外之绝本，阅而不觉为之展颜。其术其辞，简明扼要，有如《易林》之隽永，有如《河洛理数》之平言，复有如神庙签诗之俚句，融通雅俗，颇堪玩味。作者虽不可考，然其玩索易理而有得者，亦至幽且深矣。与其秘作枕中鸿宝，何如公之于世，庶使昔人心力，不沉埋于未来，亦足乐也。是以付印，并为之记。

（公元一九八〇年冬月，台北）

《皇极经世书今说》序

《皇极经世书》为北宋邵康节先生所撰，其时，邵子与周敦颐、程颢、程颐、张载等四人，为世所称五大儒者。嗣后加朱熹、陆象山、吕祖谦三人，共为学术界继往开来宋代之八大儒，构成理学一派；唯八家学术各有特点，各自独立。

即以邵康节而言，其学说虽源出道家一脉，但其主旨亦远承尧、舜、禹、汤、文武、周公、孔孟之道统，另兼具道家自然法则之意涵，故博大而精深。

纪昀在《四库全书》中论及邵子之《皇极经世书》，谓其"立意正大，垂训深切，是《经世》书，虽明天道，而实责成于人事"。纪昀之论，应属深入而中肯。

邵子与二程，皆籍河南伊川，程伊川（程颐）之名，亦缘此乡里之故。

唯《皇极经世书》，自来除少数专家外，能彻明其理者甚鲜，故自乾隆年代以还，对该书释注发扬者，颇为罕见，实属遗憾。

今者，有闫君修篆先生，亦为邵子伊川乡里人氏，其耗时三载，撰写《皇极经世书今说》之书，宏扬邵子学术，用心良苦。

缘闫君自幼于乡里嬉戏于邵子安乐窝祠，耳濡目染，倾心于邵子及其学说。及长，入塾习儒，对《易经》之学情有独钟。抗战中期，闫君投笔从戎，转战各地。来台后数十载，历经军政要职，然公务之余，仍孜孜于易学，并有著作问世。

闫君后以少将阶退役，转任商界，但对易学之研究，始终如
一、迄未稍懈。

数年前，闫君摒离世缘，发愿专心致力于邵子《皇极经世
书》之阐释，一则以宣扬我中华文化，一则于此特殊时代，发
挥邵子之学，提升智慧及理性判断之功能；再者，亦乡里孺慕之
情所依也。

闫君所著此《皇极经世书今说》一书，又名《邵子全书》，
初期完成百万字，洋洋大观，其中列举先辈学者之观点论述，再
加个人研究心得见解，极为详尽丰富，难能可贵。

邵子曰："天下将治，则人必尚义也；天下将乱，则人必尚
利也。尚义则谦让之风行焉，尚利则攘夺之风行焉。"时值尚利
之风遍野，天下势将趋乱，正此时也，闫君不畏艰苦，宏扬邵子
学说，如能收挽狂澜之效，则众生幸甚，中华文化幸甚。

唯一般世俗认知，因邵子学术亦涉占卜，故谬列其入术数之
类属。对此，纪昀曾云："洵粹然儒者之言，固非谶纬术数家所
可同年而语也。"其然乎？其不然乎？故置不论。

今值闫君撰述出版之际，乐为之序。

（南怀瑾，癸未夏月）

道家之部

推介中国传统文化主流之一《道藏》缘启

　　中国文化，为东方学术思想之主流，此为世界学者所知之事。而中国文化之中坚，实为道家之学术思想，此则往往为人所忽略。盖自秦汉以后，儒道与诸子分家，儒家学术，表现其优越成绩于中国政治社会间者，较为明显。道家学术则每每隐伏于幕后，故人但知儒术有利于治国平天下之大计，而不知道实操持拨乱反正之机枢。更何况后世之言治术与学术思想者，虽皆内用黄老，外示儒术，而故作入主出奴之笔，使人迷惑其源流。复因历代修纂历史学者，与乎明清两代编集群书，如《永乐大典》《四库全书》等，主持之编纂者，大抵皆极力标榜儒术而偏斥道家。于是冠以经、史、子、集为正统传统文化之经纬，外若道家学术，若不冠以异端偏说之论，即漫存少数于子部之中。虽贤如纪晓岚亦有明言评其内容为"综罗百代，博大精微"之语，要皆囿于传统学者之习见，不敢明扬而推广之，殊为遗憾。因此而使后世学者，不知中国文化主流之一之道家学术思想为何事，仅以老子、庄子、列子等数人学说，即以概道家学术之全体，岂但贻人浅陋之讥，实亦不悉周秦以前儒道本不分家之渊源脉络与其演变为百家学说之因由，至为可惜。至于清代以后之道家者流，高明之士，大都高蹈远引，不预世务。粗浅之辈，多半孤陋寡闻，师心是用，抱残守缺，自以鸣高，尤堪浩叹。

　　然以中国往昔历代古人，对于固有文化学术之重视，虽因见仁、见智，各有不同，而具有远大胸襟，不避世俗讥议，修集道家学术思想为一大藏，仿效印度佛教传入中国以后之整编工作，有明正统万历间，相继纂修，以千字文为次，自"天"字至"群"字为汇刻旧藏之目；自"英"字至"缨"字，为明人新续之目，总为五千四百八十五卷，即为传世之《正统道藏》正续编。固已将自周秦以前以迄明清为止之五千年来，凡有关于道家学术思想之撰述，真伪精粗，均已一并罗列俱存，使后世之人，欲穷先民学术思想之根源，以及黄帝子孙，欲了然于列祖列宗博大精微之思想者，确已藏集无遗。虽如长炬明灯，自来皆埋光于幽室之间，然终将有时烛照天下，透其五千年来智慧结晶之光辉于无间也。

　　前人保存将护此一文化学术之巨帙，固已历尽艰辛，而后世子孙能加发扬而光大之者，尤当责无旁贷。但自民国初年，由康有为、梁启超师弟为之号召，促成当时大总统徐东海主衔其事，曾经影印北平白云观版之《道藏》及《续藏》全部以外，至今仍如暗室幽灯，隐晦不明。故有心之士，身际此时此地，当此民族文化存亡续绝之秋，宁不见义勇为，为之重新铸版而阐扬之耶！近年以来，即有自由出版社萧天石先生首倡影印《道藏》精华中有关丹道之古本以来，今有艺文印书馆严一萍先生，独力具此壮志，不计成败利钝，毅然从事重印，岂独为经营而牟利？实亦泣血椎心，有不得不姑作牺牲之怀抱也。何况正当此时，又得侨居海外学者及国际友人等之鼓励，岂可让此中国文化之主流，湮没而不彰乎！

　　然因世人不知《道藏》之内蕴为何事，往往误以画符炼咒，捉妖拏怪之法术，即谓此为道家与道教之学术思想，卑陋浅薄如原始之巫医而不足道者，诚为可怪。假设《道藏》为一毫无价值之丛书，试想历三千年来我辈之先贤，皆为有目无珠，胸无点墨，而盲然为此者乎？积数千年前人学者之累积，而不经悉心研究阅读，动辄斥为卑陋，恐贻识者有非狂即愚之诮矣！宁不见每当国家板荡之秋，若干命世之才，其匡时救世之韬略兵机，阴阳钩距，纵横捭阖，建功立业而措变乱于安定者，靡不学宗道术，德操中和，重如伊尹、姜尚、张良、孔明以及刘秉忠、姚广孝、刘基等辈，此皆彰明较著者；他若功成身退，没世而名不称者，比比皆有。至如南面君人之术，无为至治之道，若不知黄老之学，未有成功而不败者。故须略加说明其内容，望吾民族国人与国际人士之有明见者，应当更加珍惜而推广流传之。上则可以对先民及吾列祖列宗在天之灵，下则使我后世人类之子孙，或可由此藏帙中温故而知新，借得启发而光大之，对于人类生存之未来大计，将大有裨益矣。

盖《道藏》中所列诸经，汪洋渊博，只须去其宗教神话色彩之外衣，则可由此了解东方古代文化思想中，对于宇宙形而上之形成万物根元，早已另有发现。此则凡研究东西方哲学与宗教之士，不得不读。

其中有关于天文推步，日月星宿运行之原理与现象，要亦为东方原始天文气象学之渊源。故凡研究天文学说，以及了解印度、阿拉伯与中国天文之沟通者，不得不读。

其中有关于阴阳术数，五行八卦，奇门遁甲等学。故凡研究奇术异能者，此中尤多原始渊府，不得不读。

其中有关于河渎名山，神仙洞府，则为中国三千年前对于地球物理之基本观念。故研究自然科学如地球物理，欲参考先民远见之资料者，不得不读。

其中有关于五金八石，烧铅炼汞，捣药凝丹，则为三千年前人类远祖之化学端绪。故研究药物化学与矿物学者，不得不读。

其中有关于灵芝奇卉，本草仙葩，足以治疗身心寿命。故研究中国医药以及医学与药物发展史者，不得不读。

其中有关于符篆咒术，神通天人之际。故研究三千年前中国音声瑜伽与印度梵文以及埃及符篆之关系，与乎催眠术与心灵学者，不得不读。

其中有关于修身养性，志存长生不老之仙道，坎离交媾，姹女婴儿会合，河车旋运，九转丹成等。故研究神仙丹道者，不得不读。

其中有关于堪舆风水，奇门择日，九宫紫白等术。故研究山川地理与地质学、气象学者，不得不读。

其中有关于日月奔璘，飞腾变化。故研究三千年前中国学术思想之追求太空宇宙与探寻其他星球之理想者，不得不读。

至若研究周秦以前儒道同根之源头，与欲了解汉魏以下，佛教思想传入中国以后，其与固有儒道学术之沟通踪迹，对于中国文化儒、佛、道三家之汇通者，尤其不可不读。

此皆举其荦荦大者而言，其他如穷究东方神秘世界之玄妙，与乎人类原始神人思想之学术，语多怪异，文多奇诡者，尤其难以尽述。至如文章奇丽，辞藻清新，瑶苑琳台，霞迷云拥，其为想象难闻者，则为道家文学之特质，不待介说可知。今即约略言之如上，可知道家学术思想所形成两汉以后之道教原因，并非无故。盖因秦汉以后，因人文思想独揽社会风气之大权，将此五千年来固有传统之有关于物理世界之学术思想，一概摒弃，故唯如神龙见首而不见其尾，但能附形寄影于宗教外衣之下而建立依存于道教之中，宁非我民族国家文化学术上一大不幸与一大遗憾者乎！是故望天下有心人，应当共同奋起，加以推广，借以保此先民文化与我历史传统文化之巨帙，俾使其与《四库》《佛藏》

同辉千古，实为无量功德，岂仅为吹嘘艺文印书馆为文化服务之微意哉！是为启。

（公元一九六三年七月一日，台北《新天地》
月刊第二卷第五期）

《略论中国医药学术与道家之关系》序

　　吾闻论中国医药者，皆云渊源于道家，而言道家之学术，则云综罗百代，博大精微，然则医药所宗之道家者，为方伎神仙之道？抑为形而上太极玄微之道？则似优侗未定其界说，故有扑朔迷离之惑。如折衷其旨，宜归于方伎神仙家之道较为互同。方伎神仙家之为道术也，以养生为宗，以修炼内外金丹为用，但言其术者，动辄推尊黄老，而黄帝之学，世谓其书大都出于后人之伪托，老子之学，已明白具于五千言，其间显见为医药之文者，未之见也。有之，唯黄帝《灵枢》《素问》，世并称之谓《内经》，以及道家之《黄庭》内外景经与丹书杂学，确为养生医药渊源之新本，姑不论其问世时代之远近，信为秦汉间之著述，当无疑义，由此可见中国医药之源流，其由来久远，而昌明于周秦之际。实则无论有无文化之民族，其生老病死之过程，莫不殊途而同归，有生老病死之人生现实存在，亦必有医药随之以俱来，唯其学其术有精微粗率之别，而无有无之分也。中国医药，既云渊源于道家，而道家又以精微博大著称，其学术自当别具高明，奈何近世以来，一遇西洋医药输入，举国之人，几视其为陈腐朽败不经之学，将欲尽弃而勿论之耶？吾甚疑之，故喜涉猎其中，探寻其迹，乃知古之习医学者，必以《灵枢》《素问》，《内》《难》二经为其初基，再次而研习《伤寒》《金匮》《本草》《脉诀》，然后博通群籍，融会诸学，方可以言医。至若粗知《本草》，略记药性，读《汤头》《脉诀》或专于科方针砭者，即骤自行医，实为医家之左道，人群之危人也。晚近有研求金元四大家之学，或探《医宗金鉴》之集，已可称为此中巨擘，既谓五运六气之说，徒有名言，概无实义，观摩止此，其他何足论哉。

夫《灵枢》《素问》《内》《难》之旨，先须详知人身气化之本，经脉血气与天地阴阳盈虚消长之理，然后效法以养生，应用以医世。神仙方伎，故奉之为修炼之宝典，但研读之者，苟未识小学训诂，不知天文物理，且乏文学之修养者，则往往被其阴阳名目之迷而益滋烦惑，反视为虚玄谬说矣。至若《难经》之五行六运之说，辄取《周易》八卦之理则，智者知其为人生物理学术之最高原则，浅者反视为一派胡言乱统而已。何况《黄庭》内外景与丹书所言，龙虎水火、婴儿姹女，尤迹近神妙，苟不好学而深思之，必不易知其设喻所指之真谛也。须知《内》《难》二经等所言生老病死之变迁，并天地间物理与人生之关系，统纳法则于《易经》，而易学之理，则本于天文地理人事物理之自然规律，其学术秉承，渊源有本，确非空言妄构，徒为虚玄也。老子有言曰："人法地，地法天，天法道，道法自然。"盖谓人之生存于天地之间，其生命本能现象，与天地自然规律之气化，固有息息相关者存焉，识知天地生物盈虚消长变通之理，然后方可以言养生与医药，中国医药之学术，其根本基础实秉此而来，则较之西洋医学，徒以人身为本位，以卫生医疗药物理论等为专科，大有不同者在焉。

人生天地之间，生活起居，不离地域，日月运行，寒暑迁改，皆与人有俯仰往来密切之影响，穷探此自然规律之来源，则须以本系星球中心之太阳为准则，古称五行以日元为主，即此意也。而所谓五行者，谓太阳辐射能之及于地球，互为吸引排荡而生变化，其间并感受其他四大行星互相放射之作用，地球上生物与人，即受行星间各种辐射能而生存，复皆借地气之中和而受其变化之妙用。行者，即为旋转运行不息之意，强名谓金木水火土，亦为代表显示其现象之名词，并非谓金即金铁，木即林木也。如食古不化，死守成文，则剑过已远，刻舟何用。至于九宫八卦，六壬推步，乃效法天地生物演变之一种固定法则，以卦显其演变之现象，以宫定其变迁之部位，六壬记其次序，推步述其过程，详知四时寒暑代谢之间，生物之成坏有序；昼夜明暗之际，精神之衰旺不同。例如七日来复，为天地气化同人身气血盈亏之规律；春生冬藏，为热胀冷缩心身互用之情形。良知疾病之由来，非但为外界传染与饮食起居之所致，即太阳系内各星球之影响人类生存者，随时间空间而互变，更有大且甚者。医药所以为养生，养之医之而不穷究其本元在此，徒为术耳，未足以言学也。

由此研究人身之本能，法则天地造化之奥秘，其微密精细，如出一辙，古称人身为一小天地，亦决非夸张其辞，丹书所谓："日出没，比精神之衰旺；月盈昃，喻气血之盛衰。"则知精神与气血，并为生命之中心；五脏之互相关系，有同于五行之运转；六腑之流通，有同于天地气机之往来；血管神经，同于江河之流注；情意畅抑，同于气象之阴晴；奇经八脉，为本能活动气化之径道；丹田命门，为能量储藏之机枢。此皆为生之学，从生命存在而可验其状况，并非有固定之质，不能于死后解剖可知其究竟。余如认窍穴以针灸，为佛道两家之特长，炼神气以长生，乃神仙方伎之专业。秉其学而致用为医药之术，则有一针二灸三砭四汤医之分，辅之以精神治疗，如祝由符咒之神异，见之以本能力量，有推拿气功之妙用。其他如辨药性，须知地理地质气象性能之互变；究物理，须知有化朽腐为神奇之妙用。总此方得言医，岂非综罗百代，集学术精微之大成者耶！

中国医药之所长既在此，而近世不知而辟之者亦正以此，每况愈下，乃不能会中西医药之精华，而发扬光大之，徒持门户之争，而蒙文化之羞，不亦事有必致，理所固然者乎？须知中国医药，其源流由来虽久，而于东汉南北朝间，已随时代文化而一变，其间吸收古印度与西域诸国之所长，至盛唐而别具其光芒，历宋金元明，虽间有小变，但皆秉此余绪，出入乘除。现代一切文明，既与西洋文物接触，其交光回互，发扬精辟，正为此一时代有心者之职责，应当急起直追，融会而贯通之，实无暇闭户称尊，彼此拒纳也。西洋医药，寄精细于解剖，穷详证于物理，假手机械之神明，试临床之实验，其小心仔细，确非泛知虚玄理论之空言也。但其囿于生物之理，而昧于宇宙大化之机，视人如物而忽视其气化之精神，此则较之中国医药，似有逊色。若能截长补短，互相熔化于一炉，苟日新而日日新之，岂仅为民族之光，进而可为人群世界造大幸福，则所谓自亲亲，自仁民，而及于爱物，直致于大同之世者，实有厚望焉。

吾愧才疏学浅，有志于医药而限于智力所未能，今因此书编者坐索为言，乃不辞谫陋，略抒鄙见所及之处为论其概要，并引大医孙思邈真人之言以证吾知。如云："凡欲为大医……须妙解阴阳禄命、诸家相法，及灼龟五兆、周易六壬，并须精熟，如此乃得为大医。若不尔者，如无目夜游，动致颠殒。……又须涉猎群书，何者？若不读五经，不知有仁义之道；不读三史，不知有古今之事；不读诸子，睹事则不能默而识之；不读《内典》，则不知有慈悲喜舍之德；不读《庄》《老》，不能任运体真，则吉凶拘忌，触涂而生。至于五行休王、七耀天文，并须探赜。若能具而学之，则于医道无所滞碍，尽善尽美矣。"苟医能若此，则其为儒为道，实不得而分，直为圣人之智，吾不得而识其精微博大之涯际矣。是为序。时岁在庚子，月在太簇。

（南怀瑾序于台北）

《历史的经验》（一） 前言

历史本来就是人和事经验的记录，换言之，把历代人和事的经验记录下来，就成为历史。读历史有两个方向：

一是站在后世——另一个时代，另一种社会型态，另一种生活方式，从自我的主观习惯出发，而又自称是客观的观点去看历史，然后再整理那一个历史时代的人事——政治、经济、社会、教育、军事、文学、艺术等各个不同的角度去评论它、歌颂它、或讥刺它。这种研究，尽管说是客观的批判，其实，始终是有主观的成见，但不能说不是历史。

二是从历史的人事活动中，撷取教训，学习古人做人临事的经验，作为自己的参考，甚之，借以效法它、模仿它。中国自宋代开始，极有名的一部历史巨著，便是司马光先生的《资治通鉴》。顾名思义，司马先生重辑编著这一部历史的方向，其重点是正面针对给皇帝们——领导人和领导班子们的政治教育必修的参考书。所谓"资治"的涵义，是比较谦虚客气的用词。资，是资助——帮助的意思。治，便是政治。合起来讲，就是拿古代历史盛衰成败的资料，帮助你走上贤良政治、清明政治的一部历史经验。因此，平常对朋友们谈笑，你最喜欢读《资治通鉴》意欲何为？你想做一个好皇帝，或是做一个顶天立地的大臣和名臣吗？当然，笑话归笑话，事实上，《资治通鉴》就是这样一部历史的书。

我讲《历史的经验》，时在一九七五年春夏之间，在一个偶然的机会，一时兴之所至，信口开河，毫无目的，也无次序地信手拈来，随便和"恒庐"的一班有兴趣的朋友谈谈，既不从学术立场来讨论历史，更无所谓学问。等于古老农业社会三家村里的落第秀才，潦倒穷酸的老学究，在瓜棚豆架下，开讲《三国演义》《封神榜》等小说，赢得大众化的会心思忖而已。不料因此而引起许多读者的兴趣，促成老古文化出版公司搜集已经发表过的一部分讲稿，编排付印，反而觉得有欺世盗名的罪过，因此，联想到顾祖禹的一首诗说："重瞳帐下已知名，隆准军中亦漫行。半世行藏都是错，如何坛上会谈兵。"我当忏悔。

（公元一九八五年端阳，台北）

《历史的经验》（二） 前记

吾国学术，自汉武帝罢黜百家，一尊儒术，千载以还，致使百家之文，多流散佚，诸子之说，视若异端。此风至宋、明尤炽。然纵观两千余年史迹，时有否泰，势有合分。其间拨乱反正之士，盛平拱默之时，固未特以儒术鸣也。明陈恭尹读《秦纪》有言："谤声易弭怨难除，秦法虽严亦甚疏。夜半桥边呼孺子，人间犹有未烧书。"盖指张良受太公兵法于圯下，佐高祖一统天下也。近世梁启超先生，治学有宗，亦以忧世感时，愤儒家之说，难济艰危，曾赋言以寄："六鳌摇动海山倾，谁入沧溟斩巨鲸。括地无书思补著，倚天有剑欲长征。抗章北阙知无用，纳履南山恐不成。我欲青溪寻鬼谷，不论礼乐但论兵。"目今世局纷纷，人心糜诈，动关诡谲，道德夷凌。故谋略一词，不仅风行域外，即国内亦萍末飓风，先萌朕兆。波澜既起，防或未迟，故有不得已于言者。

史迁尝论子贡曰："田常欲作乱于齐，惮高国鲍晏，故移其兵，欲以伐鲁。孔子闻之，谓门弟子曰：夫鲁，坟墓所处，父母之国。国危如此，二三子何为莫出？子贡请行，孔子许之。……故子贡一出，存鲁，乱齐，破吴，彊晋而霸越。子贡一使，使势相破，十年之中，五国各有变。"又曾子亦有言："用师者王，用友者霸，用徒者亡。"夫二子者，孔门高弟，儒林称贤。审曾子之言，析子贡之术，皆钩距之宗纲，长短术之时用也。故时有常变，势有顺逆，事有经权。若谓儒学皆经，是乃书生之管见，自期期以为不可。此其一。

谋略之术，与人俱来。其学无所不包，要在人、事两端。稽诸历史，亦人也，亦事也。入世之学，有出于人、事者乎？其用在因势利导，顺以推移。故又名"长短术"，或曰"钩距术"，亦称"纵横术"，皆阴谋也。阴者，暗也，险也，柔也。故为道之所忌，不得已而用之。"君子得之固穷，小人得之伤命。"若无深厚之道德以为基，苟用之，未有不自损者也。故苏秦殒身，陈平绝后。史迹昭昭，因果不昧，可不慎哉。此其二。

近世教育方针，受西风影响至巨。启蒙既乏应对之宜，罔知立己修身之本。深研复无经济之学，昧于应世济人之方。无情岁月，数纸文凭。有限年华，几场考试。嗟呼！一士难求，才岂易得。故大风思猛士，大厦求良材。此千古一调，百世同所浩叹也。或云时代之流风，岂非人谋之不臧。廿世纪末世界文化趋向，起复于东方，历史循环反复，殆无疑义。既光固有文化，岂限一尊？欲建非常功事，何妨并臻。此其三。

老子有言："以正理国，以奇用兵，以无事取天下。"际此太白经天，兵氛摇曳。爰检《素书》、《太公兵法》（俗称《三略》，古之《玉钤》），详为阐述。或旁征采博，用明其体。或记事论人，欲证其用。总君臣师三道之菁英，概三千年来历史人事。或奇或正，亦经亦权。非为自诩知见，但祈逗诱来机。只眼既具，或可直探骊珠，会之于心。倘能以德为基，具出尘之胸襟而致力乎入世之事业，因时顺易，功德岂可限量哉！

是书讲述之时，有客闻见之而谓曰："三略之书，虽云太公、黄石所传，亦有谓宋相张商英所撰，考之皆系伪托。子以盲接引，穷极神思，得毋空劳乎？"师笑曰："子之论似是而非。昔者，林子超先生喜藏字画，然多赝品，人莫能辨。有识者诘之，则答曰：'书画用娱心目，广胸次，消块垒。虽赝品，其艺足以匹真，余玩之，心胸既畅，虽然赝，庸何伤哉？’余爱其言也。”客称善焉。

（公元一九七五年南怀瑾先生讲述，冯道元记于台北）

《正统谋略学汇编初辑》前言

　　谋略之学，道家所长，儒者所忌。道家喜谈兵而言谋略，儒者揭仁义而力治平。道家如良医诊疾，谈兵与谋略，亦其处方去病之药剂，故世当衰变，拨乱反正，舍之不为功。儒者如农之种植，春耕秋割，时播百谷而务期滋养生息，故止戈而后修齐以致治平，舍此而莫由。若时势疾病，不事药剂之疗治则病将何瘳。如药到病除，则此牛溲马勃皆可藏之他山，封之后世，但知而不用，唯事休养生息而已矣。然则，儒道虽异其治，而其致同归也。今者老古出版社有鉴于侈言谋略之多歧也，思从传统文化儒道两家之古籍中，择其有益于拨乱反正之思维者而为书，嘱为拣选；乃就今古简册，随手成编，作此初辑，或有匡于思益，并以就正于方家云尔。是为之言。

（公元一九七八年端阳，台北）

《毛宗岗批三国演义》前介

昔人云："孔子作《春秋》，而乱臣贼子惧。"而孔子则自言："知我者《春秋》，罪我者《春秋》。"作《春秋》而何罪之有？此为千古一大疑情，一大话头。吾人幼时读《春秋》《左传》，而耆年硕学者则告诫曰：少年不宜读《左传》，恐因此而误入歧途。吾辈后生小子，则相讥谓：然则，何以关云长读《春秋》，俗世反称为武圣，美髯公真为《春秋》所误耶！此亦一大疑情，一大话头。大可一参。

先民遗产古籍中之有《春秋》《左传》《战国策》等著作，诚皆为可读而不可读之书。可读者，以其叙述历史人与事之险阻艰难，情伪得失，波诡云幻，变化莫测，实为壮观。其不可读者，人能观今鉴古而克己为圣为贤为善者难；人因读书而有知识，学足杂济其奸，文足掩饰其过，反而资助于为非为恶者易。由此而知孔子自叹"罪我者《春秋》"之言，则爽然而尽释疑情矣。

泛观秦汉以后历经魏、晋而南北朝之历史人物，慧黠者口说《春秋》大义而阴用《左传》《国策》之权谋者，代不乏人，尤其以魏蜀吴之三国局势，最为显著。于是初唐之际，而有赵蕤著《长短经》之作，评议古今，昭示正反之旨，其于三国权谋，尤所议论。自此以后，宋、元则误于理学之清谈，以积弱为能事而已。

顺沿而至明末，则有李卓吾辈之崛起，攻讦历史，揭橥用经用权之谈，骚然于学术之林；一变再变，复有冯梦龙等《古今谭概》《智囊补》等之作，杨慎修《廿五史弹词》以及明末清初金圣叹评论说部之谈，言赅意长，借词比事，往往深含夫子微言大义之旨，以示权谋韬略之可用与不可用，以彰善善恶恶之分齐，必须慎思明辨，方能得其圜中。

至若清初毛宗岗批《三国演义》之词，据称为金圣叹同意之作，事实为何，不得而考。但其批语，虽为说部小品，而涵义深远，足发《左传》《国策》谋略之旨要，诚为三百年来不可多得之慧解。惜乎历来被埋没于《三国演义》本事之外，而为明眼者所忽略，殊为可慨。今由老古文化出版公司特为汇集成为专书，俾世之讲谋略者，借此可发深省，则为幸甚。

（公元一九八五年端阳，台北）

陈著《孙子兵法白话解》序

　　人类世间，既有名器，即起争心。虽曰天人，犹难免与阿修罗战斗。况世运衰降，人心非古，欲弭灾劫，战防岂能免乎！故《易·系传》曰："弧矢之利，以威天下，盖取诸睽。"《阴符经》曰："地发杀机，龙蛇起陆。人发杀机，天地反覆。"虽皆为警世之言，实示唯止戈为武，乃得成武德而全武道也。故吾国先民文化，言武德者皆不离于道。周秦以还，兵家谋略，政法刑名，莫不祖述道德，散为外用。道家者流，阐阴阳而统兵机，老庄已启其契。汉魏以后，凡神仙家言，靡不谈兵。《鸿烈》《抱朴》，阐其玄奥。孙武、孙膑，亦皆道术之分化，岂能舍道而独言兵事哉！然道也者，广漠无朕，寂然不动，感而遂通。欲循而无迹，欲盖而弥彰。唯智者神而明之，应用无方，是得自然之智，而知离有离无之用。兵机道术，其揆一也。故今昔名将，虽曰不学，而皆暗合兵法。兵事随时变，随势易，岂固有不变之定法耶？而云暗合者，非法之法，徒以文字言语示之，如斯而已矣。但自战国孙子，有兵经之始，十三篇之说，为世圭臬，历久常新。木立而影见，径辟而途从，后之论兵事者，舍之而无足以立言。犹六经之后，违之而不称为学也。故历代之作，荦荦可名，如《孙子兵法十家注》，以及李筌兵书，岂固墨守成规，方得以言兵学，盖亦借石他山，眩目攻错，托古之名而扬新说耳。今者，四明陈君行夫，汇其昔日在美国曾作讲学之《孙子兵法白话解》一书，刊而出之，迨亦寓意笔说，借露心言。然后乃以知命余年，伏枥而学《易》矣。故乐其请而为之序。

（公元一九七二年，台北）

佛家之部

《楞严大义今释》叙言

(一)

在这个大时代里，一切都在变，变动之中，自然乱象纷陈。变乱使凡百俱废，因之，事事都须从头整理。专就文化而言，整理固有文化，以配合新时代的要求，实在是一件很重要的事情。那是任重而道远的，要能耐得凄凉，甘于寂寞，在默默无闻中，散播无形的种子。耕耘不问收获，成功不必在我。必须要有香象渡河、截流而过的精神，不辞艰苦地做去。

历史文化，是我们最好的宝镜，观今鉴古，可以使我们在艰苦的岁月中，增加坚毅的信心。试追溯我们的历史，就可以发现每次大变乱中，都吸收了外来的文化，融合之后，又有一种新的光芒产生。我们如果将历来变乱时代加以划分，共有春秋战国、南北朝、五代、金元、清朝等几次文化政治上的大变动，其间如南北朝，为佛教文化输入的阶段，在我们文化思想上，经过一段较长时期的融化以后，便产生盛唐一代的灿烂光明。五代与金元时期，在文化上，虽然没有南北朝时代那样大的变动，但欧亚文化交流的迹象却历历可寻。而且中国文化传播给西方者较西方影响及于中国者为多。自清末至今百余年间，西洋文化随武力而东来，激起我们文化政治上的一连串的变革，启发我们实验实践的欲望。科学一马当先，几乎有一种趋势，将使宗教与哲学，文学与艺术，都成为它的附庸。这乃是必然的现象。我们的固有文化，在和西洋文化互相冲突后，由冲突而交流，由交流而互相融化，继之而来的一定是另一番照耀世界的新气象。目前的一切现象，乃是变化中的过程，而不是定局。但是在这股冲荡的急流中，我们既不应随波逐流，更不要畏惧趑趄。必须认清方向，把稳船舵。此时此地，应该各安本位，无论在边缘或在核心，只有勤慎明敏地各尽所能，做些整理介绍的工作。这本书的译述，便是本着这个愿望开始，希望人们明了佛法既不是宗教的迷信，也不是哲学的思想，更不是科学的囿于现实的有限知识。但是却可因之而对于宗教哲学和科学获得较深刻的认识，由此也许可以得到一些较大的启示。

（二）

依据西洋文化史的看法，人类由原始思想而形成宗教文化，复由于对宗教的反动，而有哲学思想和科学实验的产生。哲学是依据思想理论来推断人生和宇宙，科学则系从研究实验来证明宇宙和人生。所以希腊与罗马文明，都有它划时代的千秋价值。自欧洲文艺复兴运动以后，科学支配着这个世界，形成以工商业为重心的物质文明。一般从表面看来，科学领导文明的进步，唯我独尊，宗教和哲学，将无存在的价值。事实上，科学并非万能，物质文明的进步，并不就是文化的升华。于是在这科学飞跃进步的世界中，哲学和宗教，仍有其不容忽视的价值。

佛教虽然也是宗教，但是一种具有高深的哲学理论和科学实验的宗教。它的哲学理论常常超出宗教范畴以外，所以也有人说佛教是一种哲学思想，而不是宗教。佛教具有科学的实证方法，但是因为它是从人生本位去证验宇宙，所以人们会忽略它的科学基础，而仍然将它归之于宗教。可是事实上，佛教确实有科学的证验及哲学的论据。它的哲学，是以科学为基础，去否定狭义的宗教；它的科学，是用哲学的论据，去为宗教作证明。《楞严经》为其最显著者。研究《楞严经》后，对于宗教、哲学和科学，都将会有更深刻的认识。

（三）

世间一切学问，大至宇宙，细至无间，都是为了解决身心性命的问题。也就是说，都是为了研究人生。离开人生身心性命的研讨，便不会有其他学问的存在。《楞严经》的开始，就是讲身心性命的问题。它从现实人生基本的身心说起，等于是一部从心理生理的实际体验，进而达致哲学最高原理的纲要。它虽然建立了一个真心自性的假设本体，用来别于一般现实应用的妄心，但却非一般哲学所说的纯粹唯心论。因为佛家所说的真心，包括了形而上和万有世间的一切认识与本体论，可以从人人身心性命上去实验证得，并且可以拿得出证据，不只是一种思想论辩。举凡一切宗教的、哲学的、心理学的或生理学的矛盾隔阂，都可以自其中得到解答。

人生离不开现实世间，现实世间形形色色的物质形器，究竟从何而来？这是古今中外人人所要追寻的问题。彻底相信唯心论者，事实上并不能摆脱物质世间的束缚。相信唯物论者，事实上随时随地应用的，仍然是心的作用。哲学把理念世界与物理世界勉强分作两个，科学却认为主观的世界以外，另有一个客观世界的存在。这些理论总是互相矛盾，不能统一。可是早在两千多年前，《楞严经》便很有条理、有系统地讲明心物一元的统一原理，而且不仅是一种思想理论，乃是基于我们的实际心理生理情形，加以实验证明。《楞严经》说明物理世界的形成，是由于本体功能动力所产生。因为能与量的互变，构成形器世间的客观存在；但是真如本体也仍然是个假名。它从身心的实验去证明物理世界的原理，又从物理的范围，指出身心解脱实验的理论和方法。现代自然科学的理论，大体都与它相吻合。若干年后，如果科学与哲学能够再加进步，对于《楞严经》上的理论，将会获得更多的了解。

《楞严经》上讲到宇宙的现象，指出时间有三位，空间有十位。普通应用，空间只取四位。三四四三，乘除变化，纵横交织，说明上下古今，成为宇宙万有现象变化程序的中心。五十五位和六十六位的圣位建立的程序，虽然只代表身心修养的过程；事实上，三位时间和四位空间的数理演变，也说明了宇宙万有，只是一个完整的数理世界。一点动随万变，相对基于绝对而来，矛盾基于统一而生，重重叠叠，所以有物理世界和人事世间错综复杂的关系存在。数理是自然科学的锁钥，从数理之中，发现很多基本原则，如果要了解宇宙，从数理中，可以得到惊人的指示。目前许多自然科学不能解释证实的问题，如果肯用科学家的态度，就《楞严经》中提出的要点，加以深思研究，必定会有所得。若是只把它看作是宗教的教义，或是一种哲学理论而加以轻视，便是学术文化界的一个很大不幸了。

（四）

再从佛教的立场来讨论《楞严》，很久以前就有一个预言流传着，预言《楞严经》在所有佛经中是最后流传到中国的。而当佛法衰微时，它又是最先失传的。这是预言，或是神话，姑且不去管它。但在西风东渐以后，学术界的一股疑古风气，恰与外国人处心积虑来破坏中国文化的意向相呼应。《楞严》与其他几部著名的佛经，如《圆觉经》《大乘起信论》等，便最先受到怀疑。民国初年，有人指出《楞严》是一部伪经。不过还只是说它是伪托佛说，对于真理内容，却没有轻议。可是近年有些新时代的佛学研究者，竟干脆认为《楞严》是一种真常唯心论的学说，和印度的一种外道的学理相同。讲学论道，一定会有争端，固然人能修养到圆融无碍，无学无诤，是一种很大的解脱，但是为了本经的伟大价值，使人有不能已于言者。

说《楞严经》是伪经的，近代由梁启超提出。他认为，第一，本经译文体裁的美妙和说理的透辟，都不同于其他佛经，可能是后世禅师们所伪造。而且执笔的房融，是武则天当政时遭贬的宰相。武氏好佛，曾有伪造《大云经》的事例。房融可能为了阿附其好，所以才奉上翻译的《楞严经》，为的是重邀宠信。此经呈上武氏以后，一直被收藏于内廷，当时民间并未流通，所以说其为伪造的可能性很大。第二，《楞严经》中谈到人天境界，其中述及十种仙，梁氏认为根本就是有意驳斥道教的神仙，因为该经所说的仙道内容，与道教的神仙，非常相像。

梁氏是当时的权威学者，素为世人所崇敬。他一举此说，随声附和者，大有人在。固然反对此说者也很多，不过都是一鳞半爪的片段意见。一九五三年《学术》季刊第五卷第一期，载有罗香林先生著的《唐相房融在粤笔受首楞严经翻译考》一文，列举考证资料很多，态度与论证，也都很平实，足可为这一种学案的辩证资料。我认为梁氏的说法，事实上过于臆测与武断。因为梁氏对佛法的研究，为时较晚，并无深刻的工夫和造诣。试读《谭嗣同全集》里所载的任公对谭公诗词关于佛学的注释便知。本经译者房融，是唐初开国宰相房玄龄族系，房氏族对于佛法，素有研究，玄奘法师回国后的译经事业，唐太宗都交与房玄龄去办理。房融对于佛法的造诣和文学的修养，家学渊源，其所译经文自较他经为优美，乃是很自然的事。倘因此就指斥他为阿谀武氏而伪造《楞严》，未免轻率入人于罪，那是万万不可的。与其说《楞严》辞句太美，有伪造的嫌疑，毋宁说译者太过重于文学修辞，不免有些地方过于古奥。

依照梁氏第一点来说，我们都知道藏文的佛经，在初唐时代，也是直接由梵文翻译而成，并非取材于内地的中文佛经。藏文佛经里，却有《楞严经》的译本。西藏密宗所传的"大白伞盖咒"，也就是"楞严咒"的一部分。这对于梁氏的第一点怀疑，可以说是很有力的解答。至于说《楞严经》中所说的十种仙，相同于道教的神仙，那是因为梁氏没有研究过印度婆罗门和瑜伽术的修炼方法，中国的神仙方士之术，一部分与这两种方法和目的，完全相同。是否是殊途同归，这又是学术上的大问题，不必在此讨论。但是仙人的名称及事实，和罗汉这个名词一样，并不是释迦佛所创立。在佛教之先，印度婆罗门的沙门和瑜伽士们，已经早有阿罗汉或仙人的名称存在。译者就我们传统文化，即以仙人名之，犹如唐人译称佛为大觉金仙一样。绝不可以将一切具有神仙之名实者，都攘为我们文化的特产。这对于梁氏所提出的第二点，也是很有力的驳斥。

而且就治学方法来说，疑古自必须考据，但是偏重或迷信于考据，则有时会发生很大的错误和过失。考据是一种死的方法，它依赖于或然性的陈年往迹，而又根据变动无常的人心思想去推断。人们自己日常的言行和亲历的事物，因时间空间世事的变迁，还会随时随地走了样，何况要远追昔人的陈迹，以现代观念去判断环境不同的古人呢？人们可以从考据方法中求得某一种知识，但是智慧并不必从考据中得来，它是要靠理论和实验去证得的。如果拼命去钻考据的牛角尖，很可能流于矫枉过正之弊。

　　说《楞严经》是真常唯心论的外道理论，这是晚近二三十年中新佛学研究派的论调。持此论者只是在研究佛学，而并非实验修持佛法。他们把佛学当作学术思想来研究，却忽略了有如科学实验的修证精神。而且这些理论，大多是根据日本式的佛学思想路线而来，在日本，真正佛法的精神早已变质。学佛的人为了避重就轻，曲学取巧，竟自舍本逐末，实在是不智之甚。其中有些甚至说禅宗也是根据真常唯心论，同样属于神我外道的见解。实际上，禅宗重在证悟自性，并不是证得神我。这些不值一辩，明眼人自知审择。《楞严》的确说出一个常住真心，但是它也明白解说了那是为的有别于妄心而勉强假设的，随着假设，立刻又提醒点破，只要仔细研究，就可以明白它的真义。举一个扼要的例子来说，如本经佛说的偈语："言妄显诸真，真妄同二妄。"岂不是很明显地证明《楞严》并不是真常唯心论吗？总之，痴慢与疑，也正是佛说为大智慧解脱积重难返的障碍。如果纯粹站在哲学研究立场，自有他的辩证、怀疑、批判的看法。如果站在佛法的立场，就有些不同了。学佛的人若不首先虚心辨别，又不肯力行证验，只是人云亦云，实在是很危险的偏差。佛说在我法中出家，却来毁我正法，那样的人才是最可怕的。

（五）

　　生在这个时代里，个人的遭遇，和世事的动乱，真是瞬息万变，往往使人茫然不知所之。整个世界和全体人类，都在惶惶不可终日的夹缝里生活着。无论是科学、哲学和宗教，都在寻求人生的真理，都想求得智慧的解脱。这本书译成于拂逆困穷的艰苦岁月中，如果读者由此而悟得真实智慧解脱的真理，使这个颠倒梦幻似的人生世界，能升华到恬静安乐的真善美之领域，就是我所馨香祷祝的了。

关于本书译述的几点要旨，也可以说是凡例，并此附志于后：

凡 例

（1）本书只取《楞严经》的大意，用语体述明，以供研究者的参考，并非依据每一文句而译。希望由本书而通晓原经的大意，减少文字与专门术语的困难，使一般人都能理解。

（2）特有名词的解释，力求简要明白；如要详解，可自查佛学辞典。

（3）原文有难舍之处，就依旧引用，加“ ”号以分别之。遇到有待疏解之处，自己加以疏通的意见，就用（ ）号，表明只是个人一得的见解，提供参考而已。

（4）本书依照现代方式，在眉批处加注章节，既为了便利于一般的阅读习惯，同时也等于给《楞严经》列出一个纲要。只要一查目录，就可以明了各章节的内容要点，并且对全部《楞严》大意，也可以有一个概念了。

（5）关于《楞严经》原文的精义，与修持原理方法有连带关系者，另集为《楞严法要串珠》一篇，由杨管北居士发心恭录制版附后，有如从酥酪中提炼出醍醐，尝其一滴，便得精华。

（6）本书译述大意，只向自己负责，不敢说就是佛的原意。读者如有怀疑处，还请仔细研究原经。

（7）为了小心求得正确的定本，本书暂时保留版权，以便于汇集海内贤智大德的指正。待经过慎审考订，决定再无疑义时，版权就不再保留，俾广流通。

（公元一九六〇年，台北）

附一：楞严法要串珠

　　当知一切众生。从无始来。生死相续。皆由不知常住真心。性净明体。用诸妄想。此想不真。故有轮转。内守幽闲。犹为法尘分别影事。昏扰扰相。以为心性。一迷为心。决定惑为色身之内。不知色身外洎山河虚空大地。咸是妙明真心中物。譬如澄清百千大海。弃之。唯认一浮沤体。目为全潮。穷尽瀛渤。若能转物。则同如来。身心圆明。不动道场。于一毫端。徧能含受十方国土。离一切相。即一切法。见见之时。见非是见。见犹离见。见不能及。殊不能知生灭去来。本如来藏。常住妙明。不动周圆。妙真如性。性真常中。求于去来迷悟生死。了无所得。当知了别见闻觉知。圆满湛然。性非所从。兼彼虚空地水火风。均名七大。性真圆融。皆如来藏。本无生灭。一切世间诸所有物。皆即菩提妙明元心。心精徧圆。含裹十方。反观父母所生之身。犹彼十方虚空之中。吹一微尘。若存若亡。如湛巨海。流一浮沤。起灭无从。背觉合尘。故发尘劳。有世间相。而如来藏唯妙觉明。圆照法界。是故于中一为无量。无量为一。小中现大。大中现小。不动道场。徧十方界。身含十方无尽虚空。于一毫端。现宝王刹。坐微尘里。转大法轮。灭尘合觉。故发真如妙觉明性。心中狂性自歇。歇即菩提。胜净明心。本周法界。不从人得。随拔一根。脱黏内伏。伏归元真。发本明耀。诸余五黏。应拔圆脱。不由前尘所起知见。明不循

090

根。寄根明发。由是六根互相为用。若弃生灭。守于真常。常光现前。根尘识心。应时销落。想相为尘。识情为垢。二俱远离。则汝法眼应时清明。云何不成无上知觉。知见立知。即无明本。知见无见。斯即涅槃无漏真净。于外六尘。不多流逸。因不流逸。旋元自归。尘既不缘。根无所偶。反流全一。六用不行。十方国土。皎然清净。譬如瑠璃。内悬明月。身心快然。获大安稳。一切如来密圆净妙。皆现其中。是人即获无生法忍。当知虚空生汝心内。犹如片云点太清里。况诸世界。在虚空耶。汝等一人发真归元。此十方空。皆悉销殒。圆明精心。于中发化。如净瑠璃。内含宝月。圆满菩提。归无所得。生因识有。灭从色除。理则顿悟。乘悟并销。事非顿除。因次第尽。

附二：五阴解脱次第法要

汝坐道场。销落诸念。其念若尽。则诸离念一切精明。动静不移。忆忘如一。当住此处。入三摩提。如明目人。处大幽暗。精性妙净。心未发光。此则名为色阴区宇。若目明朗。十方洞开。无复幽黯。名色阴尽。是人则能超越劫浊。观其所由。坚固妄想以为其本。

彼善男子。修三摩提。奢摩他中。色阴尽者。见诸佛心。如明镜中。显现其像。若有所得而未能用。犹如魇人。手足宛然。见闻不惑。心触客邪而不能动。此则名为受阴区宇。若魇咎歇。其心离身。返观其面。去住自由。无复留碍。名受阴尽。是人则能超越见浊。观其所由。虚明妄想以为其本。

彼善男子。修三摩提。受阴尽者。虽未漏尽。心离其形。如鸟出笼。已能成就。从是凡身。上历菩萨六十圣位。得意生身。随往无碍。譬如有人。熟寐寱言。是人虽则无别所知。其言已成音韵伦次。令不寐者。咸悟其语。此则名为想阴区宇。若动念尽。浮想销除。于觉明心。如去尘垢。一伦生死。首尾圆照。名想阴尽。是人则能超烦恼浊。观其所由。融通妄想以为其本。

彼善男子。修三摩提。想阴尽者。是人平常梦想消灭。寤寐恒一。觉明虚静。犹如晴空。无复粗重。前尘影事。观诸世间大地山河。如镜鉴明。来无所黏。过无踪迹。虚受照应。了罔陈习。唯一精真。生灭根元。从此披露。见诸十方十二众生。毕殚其类。虽未通其各命由绪。见同生基。犹如野马。熠熠清扰。为浮根尘究竟枢穴。此则名为行阴区宇。若此清扰熠熠元性。性入元澄。一澄元习。如波澜灭。化为澄水。名行阴尽。是人则能超众生浊。观其所由。幽隐妄想以为其本。

彼善男子。修三摩提。行阴尽者。诸世间性。幽清扰动。同分生机。倏然隳裂。沈细纲纽。补特伽罗。酬业深脉。感应悬绝。于涅槃天。将大明悟。如鸡后鸣。瞻顾东方。已有精色。六根虚静。无复驰逸。内外湛明。入无所入。深达十方十二种类。受命元由。观由执元。诸类不召。于十方界。已获其同。精色不沈。发现幽秘。此则名为识阴区宇。若于群召已获同中。销磨六门。合开成就。见闻通邻。互用清净。十方世界。及与身心。如吠瑠璃。内外明彻。名识阴尽。是人则能超越命浊。观其所由。罔象虚无。颠倒妄想以为其本。

汝等存心。秉如来道。将此法门。于我灭后。传示末世。普令众生觉了斯义。无令见魔。自作沈孽。保绥哀救。销息邪缘。令其身心入佛知见。从始成就。不遭歧路。

精真妙明。本觉圆净。非留死生。及诸尘垢。乃至虚空。皆因妄想之所生起。斯元本觉妙明精真。妄以发生诸器世间。如演若多。迷头认影。妄元无因。于妄想中。立因缘性。迷因缘者。称为自然。彼虚空性。犹实幻生。因缘自然。皆是众生妄心计度。阿难。知妄所起。说妄因缘。若妄元无。说妄因缘。元无所有。何况不知。推自然者。是故如来与汝发明。五阴本因。同是妄想。

是五受阴。五妄想成。汝今欲知因界浅深。唯色与空。

是色边际。唯触及离。是受边际。唯记与忘。是想边际。唯灭与生。是行边际。湛入合湛。归识边际。此五阴元。重叠生起。生因识有。灭从色除。理则顿悟。乘悟并销。事非顿除。因次第尽。

公元一九七八年正月，岁次戊午，适余掩室已过一年之期，老古出版社亦已成立一年，乃发起重印《楞严大义》第五版，决心增排原经文相互对照，便利读者之研究查证。当经编辑部同仁李淑君、张明真、戴玉娟校定。原文采用慧因法师所编《楞严经易读简注》之版本为准，校以台湾印经处历年影印昔日上海佛学书局版本，互相资证，然后统由戴玉娟悉心校排，费时三月余，方葳其事。

今当其送审之际，有感专事修证佛法者之歧路，特将第九、第十两卷中"五阴解脱次第"之法要，增辑于初译完稿时所缀《串珠》之后，以期有利末法时世之依法行者，是所祈愿。谨以此志胜缘。

（公元一九七八年，台北）

《楞严大义今释》后记

芸芸众生，茫茫世界，无论入世或出世的，一切宗教、哲学，乃至科学等，其最高目的，都是为了追求人生和宇宙的真理。但真理必是绝对的，真实不虚的，并且是可以由智慧而寻思求证得到的。因此世人才去探寻宗教的义理，追求哲学的睿思。我也曾经为此努力多年，涉猎的愈多，怀疑也因之愈甚。最后，终于在佛法里，解决了知识欲求的疑惑，才算心安理得。但佛经浩如烟海，初涉佛学，要求得佛法中心要领，实在无从着手。有条理，有系统，而且能够概括佛法精要的，只有《楞严经》，可算是一部综合佛法要领的经典。明儒推崇此经，曾有"自从一读《楞严》后，不看人间糟粕书"的颂词，其伟大价值可以概见。然因译者的文辞古奥，使佛法义理，愈形晦涩，学者往往望而却步。多年以来，我一直期望有人把它译为语体，普利大众。为此每每鼓励朋辈，发愤为之。但以高明者既不屑为，要做的又力有未逮，这个期望遂始终没有实现。

避世东来，匆匆十一寒暑，其间曾开《楞严》讲席五次，愈觉此举的迫切需要。去年秋末的一个晚上，讲罢《楞严》，台湾大学助教徐玉标先生，与师范大学巫文芳同学，同在我斗室内闲谈，又讲到这个问题。他们希望我亲自动手译述，我说自己有三个心戒，所以迟延至今。第一，译述经文，不可冒昧恃才。尤其佛法，首先重在实证，不能但作学术思想来看。即或证得实相，又须仰仗文字以达意。所以古人对于此事，曾有一句名言，谓："依文解义，三世佛冤。离经一字，允为魔说。"如唐代宗时，一供奉谒慧忠国师，自云要注《思益经》。国师说：要注经必须会得佛意。他说：不会佛意，何以注经。国师就命侍者盛一碗水，中间放七粒米，碗面安一支箸，问他是什么意？他无语可对。国师说：你连老僧意都不会，何况佛意？由此可见注经的不易。我也唯恐佛头着粪，不敢率尔操觚。第二，从前受蜀中一前辈学者嘱咐云：人心世道，都由学术思想而转移。文字是表达学术思想的利器，可以利人，亦可以害人。聪明的思想，配合动人的文辞，足可鼓舞视听，成名一时。但现在世界上邪说横行，思想紊乱，推原祸始，都是学术思想制造出来的。如果没有真知灼见，切勿只图一时快意，舞文弄墨。从此我对文字就非常戒惧，二十年来，无论处在何种境遇，总是只求潜修默行。中间一度，几乎完全摒弃文字而不用，至于胸无点墨之境。现在前人虽已作古，但言犹在耳，还是拳拳服膺，不敢孟浪。第三，向来处事习惯，既经决定方针，必竭全力以赴。自参究心宗以后，常觉行业不足。习静既久，耽嗜疏懒为乐。偶或动写作兴趣，就会想到德山说的："穷诸玄辩，如一毫置于太虚。彻世机枢，似一滴投于巨壑。"便又默然搁笔了。徐、巫二位听了，认为是搪塞的遁辞，遂说但要我来口述，他们当下记录，以免我写作的麻烦。我想这样可以试而为之，就随便答应下来。起初是把每句文辞意义，逐字逐句翻成白话，所以字斟句酌，不胜其繁。过了三天，萧正之先生来访，又谈到此事。他认为佛法被人误解，也正如其他宗教一样，病在不肯脱掉宗教神秘的色彩，所以不能学术化、大众化。不如撷取其精华，发挥其要义，比较容易使人了解。我同意他的意见，为切合时代的要求，就改了方式，但用语体来述说它的大义，而且尽可能纯粹保留原文字句的意义。糅合翻译和解释两种作用，定名为《楞严大义讲话》。而徐、巫二位，因学校开学事忙，不能兼顾，我只有自己担起这副担子。起初预计三个月可以全部完成，不料日间忙于俗务和宾客酬应，必须到深夜更阑，方能灯前执笔。虽然每至连宵不寐，仍然拖到今年初夏，才得完成全稿。

每一事的成功，却须仰仗许多助缘。这本书的完成，也不外此例。当我写了一半的时候，杨管北居士闻知此事，即发心共同完成此一愿望，预定由他集资印出赠送，以广宏扬。对篇章编排方面，他并且提供了若干意见，这对于本书顺利问世，是一有力的助缘。刘世纶（叶曼）也立志襄助此事，在此半年期间，朝夕为之校阅原经和译稿，虽风雨而无阻。每因一字一句的斟酌，往返商量数次方定。虽值出国行期匆促，仍于百忙中竟成其事。其他如杨啸伊夫妇为之安排稿纸；韩长沂居士为之誊清全稿，查考注释，并自动发心负总校对之责。所以在印刷校对方面，我可以省却许多心力。有这许多自发的至诚，乃益增加我的努力。程沧波先生又为总阅原稿一遍，并为文跋其后，且提议改为今名，在此同志谢意。此外，去年秋间，张起钧教授赴美国华盛顿大学讲学之先，曾留赠名笔一枝，希望他返国之时，能够看到我一部著作。虽然没有写出如他所预期的那本书，但这本书的完成，曾数易其稿，都用这支笔来写成，也可说是不负其所望，故志之以为纪念。张翰书教授、朱亚贤居士、巫文芳小友、邵君圆舫、龚君健群，有的协助抄写，有的分神校阅，或多或少，都贡献过心力，并笔之以志胜缘之难得。萧天石、鲁宽缘两位居士，曾提议要附印原经，以便读者对照研究。但因印刷不便，所以未能依照他们的雅教，谨致歉意。最后，接洽印刷事务，多蒙妙然、悟一两位法师的帮忙，感谢无量。

这本书的译述，只能算是一得之见，一家之言，不敢说是完全符合原经意旨。但开此风气之先，作为抛砖引玉。希望海内外积学有道之士，因此而有更完善的译本出现，以阐扬内典的精英，为新时代的明灯，庶可减少我狂妄的罪责。这诚是我薰香沐祷，衷心引领企望的。乃说偈曰：

　　白话出，《楞严》没。愿其不灭，故作此说。
　　为世明灯，照百千劫。无尽众生，同登觉阙。

（公元一九六〇年孟秋，台北）

《楞伽大义今释》自叙

（一）

《楞伽经》，它在全部佛法与佛学中，无论思想、理论或修证方法，显见都是一部很主要的宝典。中国研究法相唯识的学者，把它列为"五经十一论"的重心，凡有志唯识学者，必须要熟悉深知。但注重性宗的学者，也势所必读，尤其标榜传佛心印、不立文字的禅宗，自达摩大师东来传法的初期，同时即交付《楞伽经》印心，所以无论研究佛学教理，或直求修证的人，对于《楞伽经》若不作深入的探讨，是很遗憾的事。

《楞伽》的译本，共有三种：

（1）宋译（公元四四三年间刘宋时代）：求那跋陀罗翻译的《楞伽阿跋多罗宝经》，计四卷。

（2）魏译（公元五一三年间）：菩提流支翻译的《入楞伽经》，计十卷。

（3）唐译（公元七〇〇年间）：实叉难陀翻译的《大乘入楞伽经》，计七卷。

普通流行法本，都以宋译为准。

本经无论哪种翻译，义理系统和文字结构，都难使人晓畅了达。前人尽心竭力，想把高深的佛理，译成显明章句，要使人普遍明白它的真义，而结果愈读愈难懂，岂非背道而驰，有违初衷。有人说，佛法本身，固然高深莫测，不可思议，但译文的艰涩，读之如对海上三山，可望而不可即，这也是读不懂《楞伽经》的一个主要原因。其实，本经的难通之处，也不能完全归咎于译文的晦涩，因为《楞伽》奥义，本为融通性相之学，指示空有不异的事理，说明理论与修证的实际，必须通达因明（逻辑），善于分别法相，精思入神，归于第一义谛。同时要从真修实证入手，会之于心，然后方可探骊索珠，窥其堂奥。

无论中西文化，时代愈向上推，所有圣哲的遗教，大多是问答记录，纯用语录体裁，朴实无华，精深简要。时代愈向后降，浮华愈盛，洋洋洒洒，美不胜收，实则有的言中无物，使人读了就想忘去为快。可是习惯于浮华的人，对于古典经籍，反而大笑却走，真是不笑不足以为道了。《楞伽经》当然也是问答题材的语录体裁，粗看漫无头绪，不知所云，细究也是条分缕析，自然有其规律，只要将它先后次序把握得住，就不难发现它的系统分明，陈义高深。不过，读《楞伽》极需慎思明辨，严谨分析，然后归纳论据，融会于心，才会了解它的头绪，它可以说是一部佛法哲学化的典籍（本经大义的纲要，随手已列了一张体系表）。他如《解深密》《楞严经》等，条理井然，层层转进，使人有抽丝剥茧之趣，可以说是佛法科学化的典籍。《阿弥陀》《无量寿》《观》及密乘等经，神变难思，庄严深邃，唯信可入，又可以说是佛法宗教化的典籍。所以研究《楞伽》，势须具备探索哲学、习惯思辨的素养，才可望其涯岸。

《楞伽经》的开始，首先由大慧大士随意发问，提出了一百多个问题，其中有关于人生的、宇宙的、物理的、人文的，如果就每一个题目发挥，可以作为一部百科论文的综合典籍，并不只限于佛学本身的范围。而且这些问题，也都是古今中外，人人心目中的疑问，不仅只是佛家的需求。倘使先看了这些问题，觉得来势汹涌，好像后面将大有热闹可瞧，谁知吾佛世尊，却不随题作答，信手一搁，反而直截了当地说心、说性、说相，依然引向形而上的第一义谛，所以难免有人认为大有答非所问的感觉。实则，本经的宗旨，主要在于直指人生的身心性命与宇宙万象的根本体性。自然物理的也好、精神思想的也好，不管哪一方面的问题，都基于人们面对现实世界，因现象的感觉或观察而来，这就是佛法所谓的相。要是循名辨相，万汇纷纭，毕竟永无止境。即使分析到最后的止境，或为物理的，或为精神的，必然会归根结柢，反求之于形而上万物的本来而后可。因此吾佛世尊才由五法、三自性、八识、二无我，加以析辨，指出一个心物实际的"如来藏识"作为总答，此所以本经为后世法相学者视为唯识宗宝典的原因。

（二）

自佛灭以后，唯识法相之学，随时代的推进而昌明鼎盛，佛法大小乘的经论，也可以纯从唯识观点而概括它的体系。不幸远自印度，近及中国，乃至东方其他转译各国的佛学，却因此而有"胜义有"与"毕竟空"的学术异同的争论，历两千余年不衰，这诚非释迦当初所乐闻的。殊不知"如来藏识"，转成本来净相，便更名为"真如"，由薰习种性，便名为"如来藏"，此中毕竟无我，非物非心，何尝一定说为胜义之有呢？所以在《解深密经》中，佛便说："阿陀那识甚深细，一切种子如瀑流。我于凡愚不开演，恐彼分别执为我。"同一道理，佛说般若方面，一切法如梦如幻，无去无来，而性空无相，又真实不虚，他又何尝定说为毕竟的空呢？倘肯再深一层体认修证，可谓法相唯识的说法，却是破相破执，才是彻底说空的佛法。般若的说法，倒是老实称性而谈，指示一个如来自性，跃然欲出呢！

但无论如何说法，佛法的说心说性，说有说空，乃至说一真如自性，或非真如自性，它所指形而上的体性，如何统摄心物两面的万有群象？乃至形而上与形而下物理世界的关联枢纽，始终没有具体的实说；而且到底是偏向于唯心唯识的理论为多，这也是使人不无遗憾的事。如果在这个问题的关键上，进一步剖析得更明白，那么，后世以至现代的唯心唯物哲学观点的争辩，应该已无必要，可以免除世界人类一个长期的浩劫，这岂不是人文思想的一件大事吗？唐代玄奘法师曾经著《八识规矩颂》，归纳阿赖耶识的内义，说它"受熏持种根身器，去后来先做主公"。而一般佛学，除了注重在根身和"去后来先做主公"的寻讨以外，绝少向器世界（物理世界）的关系上，肯做有系统而追根究底的研究，所以佛法在现代哲学和科学上，不能发挥更大的光芒。也可说是抛弃自家宝藏不顾，缺乏科学和哲学的素养，没有把大小乘所有经论中的真义贯串起来，非常可惜。如果稍能摆脱一些浓厚而无谓的宗教习气，多向这一面着眼，那对于现实的人间世和将来的世界，可能贡献更大。我想，这应该是合于佛心，当会得到吾佛世尊的会心微笑吧！倘使要想向这个方向研究，那对于《华严经》与《瑜伽师地论》等，有关于心识如何建立而形成这个世界的道理，应该多多努力寻探，便会不负所望的。

反之，说到参禅直求修证的人，最容易犯的毛病，就是通宗不通教，于是许多在意根下立定足根，或在独影境上依他起用，就相随境界而转；或着清静、空无；或认光明、尔焰；或乐机辩纵横；或死守古人言句。殊不知参禅，也仅是佛法求证的初学入门方法，不必故自鸣高，不肯印证教理，得少为足，便以为是。这同一般浅见误解唯识学说者，认为"诸法无自性"或"一切无自性"，自己未加修证体认，便说禅宗的明心见性是邪说，都同样犯了莫大的错误。须知"诸法无自性"、"一切无自性"，这个观念，是指宇宙万有的现象界中，一切形器群象，或心理思想分别所生的种种知见，都没有一个固定自存，或永恒不变的独立自性。这些一切万象，统统是如来藏中的变相而已，所以说它"无自性"。《华严经》所谓"一切皆从法界流，一切还归于法界"，便是这个意思。如有人对法相唯识的著作或说法，已经有此误解者，不妨酌加修正，以免堕在自误误人、错解佛法的过失中，我当在此合掌曲躬，殷勤劝请。

（三）

一九六○年，月到中秋分外明的时候，《楞严大义》的译述和出版，初次告一段落，又兴起想要著述《楞伽大义》的念头。有一天，在北投奇岩精舍讲述《华严》会上，杨管北居士也提出这个建议，而且他的夫人方菊仙女士，发心购赠两支上等钢笔，回向般若成就。因缘凑泊，就一鼓作气，从事本书的译述。自庚子重阳后开始，历冬徂春，谨慎研思，不间寒暑昼夜，直到一九六一年六月十二日，夏历岁次辛丑四月廿九日之夜，粗完初稿。在这七八个月著述的过程中，覃思精研，有难通未妥的地方，唯有冥坐入寂，求证于实际理地，而得融会贯通。那时我正寓居一个菜市场中，环境惯闹，腥臊污秽堆积，在五浊陋室的环境里，做此佛事，其中况味，忆之令人哑然失笑！处于这种情景十多年来，已能习惯成自然，而没有净秽的拣别了。只有一次冬夜挥毫，感触正法陵夷、邪见充斥、人心陷溺的现况，却情不自禁，感作绝句四首，题为《庚子冬夜译经即赋》，虽如幻梦空花，姑录之以为纪念。其一：风雨漫天岁又除，泥涂曳尾说三车。崖巘未许空生坐，输与能仁自著书。其二：灵鹫风高梦里寻，传灯独自度金针。依稀昔日祇园会，犹是今宵弄墨心。其三：无著天亲去未来，眼前兜率路崔嵬。人间论议与谁证，稽首灵山意已摧。其四：青山入梦照平湖，外我为谁倾此壶。彻夜翻经忘已晓，不知霜雪上头颅。

本书的著述，参考《楞伽》三种原译本，而仍以流通本的《楞伽阿跋多罗宝经》为据，但译义取裁，则彼此互采其长，以求信达。遇有觉得需加申述之处，便随笔自加附论标记，说明个人的见解，表示只向自己负责而已。后来有人要求多加些附论，实在再提不起精神了。这次述著，除了杨管北居士夫妇的发心外，还有若干人的出力，他们的发心功德，不可泯灭。台大农化系讲师朱文光，购赠稿纸千张，而且负责誊清和校对，查订附加注解，奔走工作，任劳任怨。虽然他向来缄默无闻，不违如愚，但这多年来，旦夕相处，从来不因我的过于严格而引生退意，甚之，他做了许多功德事，也是为善无近名的。但到本经出版时，他已留学美国，来信还自谓惜未尽力。其余如师大学生陈美智、汤珊先，都曾为誊稿抄写出过力。中国文化研究所的研究生吴怡，也曾为本书参加过润文和提出质疑的工作。韩长沂居士负责出版总校对。最后，程沧波居士为之作序。这些都是和本书著述完成及出版，有直接关系的人和事，故记叙真相，作为雪泥鸿爪的前尘留影。

本书述著完成以后，对于文字因缘，淡到索然无味，也许是俱生禀赋中的旧病，素来作为，但凭兴趣，兴尽即中途而废，不顾任何诟责，或者因人过中年，阅历愈深，遇事反易衰退，故原稿抄好一搁，首尾又是四年了。在这四年中间，也写作过儒、道两家的一些学术著作，但都是时作时辍，兴趣索然。甚之觉得著述都是多余的事，反而后悔以前动笔的孟浪。每念德山禅师说的："穷诸玄辩，若一毫置于太虚。竭世枢机，似一滴投于巨壑。"实在是至理名言，很想自己毁之为快。引用佛家语来说，可谓小乘之念，随时油然而生。故对本书的出版，一延再延。今年春正，禅集法会方毕，杨管北居士又提出此事，并且说，为回向他先慈薛太夫人，要独自捐资印刷本书五千部，赠送结缘，借资冥福，所以今日才有本书的问世。始终成其事者，为杨管北居士。经云："孝子不匮，永锡尔类。"我但任兴而为，得失是非，都了不相涉，只是对本书的译文，仍然不如理想的畅达，确很遗憾。倘使将来触动修整的兴趣，再为本书未能尽善的缺憾处，重做一番补过工夫。但排印中间，又为误罹自疾而耽搁了七八个月，深感业重障深，葳事之难。本来要替本经与唯识法相的关系，及性相两宗的互通之处，作一篇简单的纲要，但又觉得多事著述，徒费笔墨纸张，于人于世，毕竟没有多大益处，所以便懒得提笔。唯在前贤著述中，寻出范古农居士述《八识规矩颂贯珠解》，附印于次，以便学者对唯识法相，有一基本认识，可以由此入门，研究性相的异同，契入经藏。

（公元一九六五年，台北）

《〈金刚经〉卅二品偈颂》自话

大乘佛法，以菩提解脱为先。《金刚经》者，为般若解脱道之中坚。自梵本翻译华言，先后计有七种译本。通常流行习诵者，皆以姚秦时代鸠摩罗什法师译本为准。原译本无品数之分，拈提品名者，实由梁昭明太子所作也。分品虽似割裂，然提纲醒目，叮咛后学，确甚有功。余初学佛，亦由此经起信，故于般若因缘，更感殊胜。偈颂之作，乃昔年掩室山中时之癙语，鄙陋不文，不足为训。且偈语不必尽依诗律，心有所感，即信口吟成，不知所云。今因友辈偏爱，促予付梓问世，贻笑方家，染污般若，难免罪过。

禅宗自达摩大师初传心印，当时咐嘱，并授《楞伽经》以印证心法。迨五祖以后，方改以《金刚般若经》为法印。六祖因之，广宏般若，禅宗又号称为般若宗者，盖自此因缘始也。禅宗源于释迦文佛之亲授，自东来数传以后，托胎般若，含融中华文物之精英，家风屡易，蜕变宗教情调而归于平常日用之间者，《金刚般若经》之影响，最为有力。然谛观本经首从文佛行持，极其平常之穿衣吃饭说起，绝非高推圣境，诞托虚玄者可比。其与后世宗风担柴运水，举饼吃茶，事无二致。审夫世出世间事物，参详谛当，智行相应，理事明了，虽奇特虚玄者，亦至为平实。苟愚顽罔思，虽至平实者亦极其玄妙。

既作颂了，乃复不揣谬见，随品数之分，更为拈提经偈所关大旨，用醒眉目，俾知偈颂出处。

第一，法会因由分。如经所云，佛于食时，着衣持钵，入舍卫大城乞食。于其城中，次第乞已。还至本处，饭食讫，收衣钵，洗足已，敷座而坐。此正说明本经述说释迦文佛住世教化之时，行极平实，更无奇特。一如常人穿衣吃饭，洗足敷座。并非云生足下，顶现圆光。

第二，善现起请分。正当佛自安座事了，时有长老须菩提（华言译其名字，另一意义为善现）即从大众中起而问法。问云：如来善护念诸菩萨，善咐嘱诸菩萨。若使有善男信女，发心求无上正等正觉者，应该如何住在此一初发自觉清净之正信心境中，应该如何降伏一切妄想烦恼之心。而本经所记佛之答语，极其有味，异常巧妙，但重复须菩提之问语云：如来善护念诸菩萨，善咐嘱诸菩萨。应如是住。如是降伏其心。初无加上许多说法。及须菩提长者唠叨不休，继续而说：唯然！世尊，愿乐欲闻。方引出以后若干经文，横说竖说，刹说众生说矣。其实，本经全部重心，在于"善护念"三字。无论圣人与凡夫，但能善护初心一念清净，则初发心即成正觉。苟善护此一清净正念，则往后文长，皆成剩语矣。

第三，大乘正宗分。正以凡夫众生，不能善护其善念，学佛中人，不能放下我证涅槃佛果，我在度人之相。则等同世间凡人，人相、我相、众生相、寿者相，样样不能放下，同为大病。若放却此世出世间诸相，岂非是一个无事凡夫，逍遥自在，快乐无忧，行同诸佛。

第四，妙行无住分。故佛于放下四相之后，乃说，菩萨于法，应无所住，行于布施，令此心犹如虚空。所谓布施者，内舍放诸缘之相，法施众生，外施舍身心财物，以济众生是也。功高万世，不住功相。德侔天地，不着德相。方为真布施也。

第五，如理实见分。到此又说，不可以身相见如来。故佛云：凡所有相，皆是虚妄。若见诸相非相，即见如来。无奈言者谆谆，听者藐藐，殊堪一叹。

第六，正信希有分。因此再三叮咛，知我说法，如筏喻者，法尚应舍，何况非法。能生信心，以此为实。诚为希有之正信也。

第七，无得无说分。继而说明无有定法，名阿耨多罗三藐三菩提。亦无有定法，如来可说。所以者何？一切圣贤，皆以无为法而有差别。

第八，依法出生分。于是提出持经说法之福德，无有自性之相可着，其广博犹如虚空。故云：所谓佛法者，即非佛法，是名佛法。

第九，一相无相分。不但福德功勋，犹如幻化。即如四果声闻，亦不能着意圆成。但了无相、无着、无愿之旨，可以当下释然一切经论教义之旨矣。

第十，庄严净土分。但应如此生清净心，如经所云：庄严佛土者，即非庄严，是名庄严。可谓明白晓畅之至。

第十一，无为福胜分。到此又复重申无为福胜，凡有为者，皆是世间尘滓之事，岂不当下爽然若失矣！

第十二，尊重正教分。义如品名，不必拈提。

第十三，如法受持分。乃知般若无知，法身无相，然后可以降伏镜里魔军，大作梦中佛事矣。

第十四，离相寂灭分。于是重申玄旨，乃言：离一切诸相，即名诸佛。又说：离一切相，发阿耨多罗三藐三菩提心。实相即是非相。如来所得法，此法无实无虚云云。

第十五，持经功德分。义如品名，不必拈提。

第十六，能净业障分。义如品名，不必拈提。

第十七，究竟无我分。经云：如来者，即诸法如义。如来所得阿耨多罗三藐三菩提，于是中无实无虚。是故如来说，一切法皆是佛法。若菩萨通达无我法者，如来说名真是菩萨。毕竟还是要人自无我相，方与佛法相应。

第十八，一体同观分。经云：何以故？如来说诸心，皆为非心，是名为心。过去心不可得，现在心不可得，未来心不可得。

第十九，法界通化分。莫以世间求福德之心而求佛法，是为至要。

第二十，离色离相分。经云：如来说诸相具足，即非具足，是名诸相具足。

第二十一，非说所说分。经云：说法者，无法可说，是名说法。

第二十二，无法可得分。经云：乃至无有少法可得，是名阿耨多罗三藐三菩提。

第二十三，净心行善分。义如品名，不必拈提。

第二十四，福智无比分。义如品名，不必拈提。

第二十五，化无所化分。义如品名，不必拈提。

第二十六，法身非相分。经云：若以色见我，以音声求我，是人行邪道，不能见如来。

第二十七，无断无灭分。经云：发阿耨多罗三藐三菩提心者，于法不说断灭相。

第二十八，不受不贪分。经云：菩萨所作福德，不应贪着，是故说不受福德。

第二十九，威仪寂静分。经云：若有人言如来若来、若去、若坐、若卧，是人不解我所说义。何以故，如来者，无所从来，亦无所去，故名如来。

第三十，一合理相分。经云：若世界实有者，即是一合相。但凡夫之人，贪着其事。

第三十一，知见不生分。义如品名，不必拈提。

第三十二，应化非真分。经云：云何为人演说，不取于相，如如不动。又云：一切有为法，如梦幻泡影，如露亦如电，应作如是观。

（公元一九六四年，台北）

为《金刚》《楞伽》《楞严》三经重印首语

释迦文佛一代时教，若不自东汉以后而传入中国，则将早随印度本土文化而沦丧殆尽。佛教输入中国，在魏、晋以后，若无达摩一系禅宗之崛起，亦将随南北朝之衰乱而心法无遗矣。故中国文化与佛教，正当盛唐之兴隆而卓然挺拔，良有以也。

但自晚唐五代之际，禅佛而有五宗七派之门庭设施，则已由盛而衰，势必入于儒道而相互依存，蜕异竞秀。因之而有宋代理学之突出，神仙丹道之辉耀，亦势易时变之必然也。过此以还，迨于明代中叶，左右佛老而汇集于理学心宗，则有阳明王学之作。当此之时，禅门佛子从王学而入道者，颇不乏人。

及乎明季末期，身为知识分子之儒冠学者，颇非王学之滥而欲规正于禅，但又鄙薄禅僧而不为，独以居士身而手提禅宗正令者，因而风起，如田素庵、李卓吾、瞿汝稷、曾凤仪辈，皆以当时名士而标示学佛，且为士大夫之所诽议者，其数不少。其间尤以李卓吾之得罪名教中人，遭逢不幸，最为可哀。

由此禅宗与理学，随宋明朝代之异易，亦转为入世应用之学，或为文词慧业而肆其智辩者，则有冯梦龙、李笠翁、金圣叹，似皆承其余绪而故示跌宕也。

但禅佛正宗法印，几已荡然无存，师僧中虽有密云悟以及憨山、达观少数几人撑持门户，殆亦强弩之末，势不能穿鲁缟者耶。由此而及清初，能振兴禅宗，高提正印而扫荡阴霾者，有之，唯雍正一人而已。惜乎！身为帝王身，应为帝王身而得度

111

者，恐终难得其人矣。今因学子周勋男之请，嘱为明末曾凤仪所辑《金刚》《楞伽》《楞严》三经宗通再版为序，旅泊中人，尘劳繁剧，实已无暇及此。然因其再三催促，简书禅佛宗乘之衍变如此，则可知曾氏之辑，固有其独具匠心，足资千古者。非大心开士，曷能作此，应为随喜赞叹，是法住法位云尔！

（公元一九九一年四月二十八日记于香江）

《华严经教与哲学研究》序

释迦文佛一代时教，综罗万辨，旨在求证超迈人间世与物理世界之交缚，然后和顺真俗而升腾情性。后之分疏其言思部类，因而有人天之际，大小道乘之差别。究其源本，理则圆融，事无二致。迨迦文寂灭，授受差歧，渴饮分河，门庭巍立，玄灵罔象，尽成捉影分光，藏椟遗珠，竞取支离破碎。于是有龙树大士者，崛然兴起，理其繁芜，整其脉络，寖假曼衍，而有般若、中观、唯识、法相、禅、净、律、密等教法，悖如并行。而箭柱簇锋，枝枝贯串于华藏；云辉彩霭，光光缕集于日轮。猗欤！懋哉！讵能透视。

及乎教归中土，灿烂于盛唐之世，蓓蕾结实，花蕊纷披，法苑敷陈，封蹊互涉，虽百世争放，而群伦莫统。泊杜顺、智俨、法藏、澄观、宗密、李长者辈相继出世，华严妙净，方挺然蠹立于秽土莲泥之间。于是偏空执有，滞般若、胶法相者，咸须从妙高峰顶，落脚实地而俯首依皈于华藏果海；始信知见万象，悉是法身之依他；身色一异，尽属圆成之现量。明暗不二，物我同如，生灭无异，魔外齐了。藏天下于天下，负之而趋而寂然不动；析尘刹于尘刹，安之于默而感而遂通。唯然文教盛衰，俨同世运，宋元以降，虽理极情喻，尚堪嚼唾，而身证心了，几同绝响。每念斯文，辄废卷而戚戚。

距今十二年前，杨生政河，方就读于台大哲学研究所，晨窗清旷，过我问津，商酌毕业论文，欲取禅佛之妙旨以为题者。乃告之曰：近时禅已沦于肤学，嚣嚣唁辩，何胜其非。华严丰藏，可发新硎，子其勉之。政河曰：然则，指导师承，谁可与归？揣其所意，固知相挽。余曰：方教授东美，一代贤哲，曾两度过吾，言未详尽。余虽面告朝夕见顾之徐子明教授转致歉衷，唯微念犹未释然，子当告余此意，挽请其为指导，必相契合。继而政河固如所教而完成巨论，窃喜东美先生，晚年契入圆智，善果正圆之际，不幸继徐子明先生弃世而施身海藏。浮沤幻有，缘起无常。华落果存，薪传灰灭。今因政河梓印《华严经教与哲学研究》一书，复请为序，惊梦岁月，慨忆昔人。乃为之介，并纪其始末因缘如是我云。

（公元一九八〇年初冬，台北）

《佛学原理通释》序

治学如理乱丝，愈理而头绪愈繁。然千古聪明才智之士，毕生埋首于学术，虽纷而益固，历万险而弥坚者，盖心存淑世，志从学术思想以济救人心之陷溺也。仲尼删《诗》《书》而订《礼》《乐》，树中华文教之规模，光芒万丈，照耀古今。释迦辟邪说而立宗创教，阐人天之奥秘，说法如云如雨，普施众生而不分中外，而移植于中土。昔人有言，东方有圣人，西方有圣人，此心同、此理同，信其然乎！

佛学汪洋浩瀚，无可涯岸，后世分河饮水，但取瓢饮而鼓腹者，只各适其所志，润其知见，而无妨于雨露之广，河海之量，猗欤盛哉！近世以还，西学东渐，物质文明挟欧风美雨而骤至，东方人文之学，亦随狂澜而欲倒。于是有志之士，沉潜韬晦，崛起于故纸之间，温故而知新，默然而治慧学，藉求人类真理之归趋者，大有人焉。

余于一九四九年春来台，初识黄教授公伟，彼方主笔政于《全民日报》，长厚诚笃，蔼然可亲。而彼此不知其所学。因缘聚会数面以后，不通往来已十有余年。今秋同讲学于辅仁大学，重逢于车次。方知其力学之勤，著述之富，诚仁人志士之用心也。一日，公伟兄以所著书相赠，并举《佛学原理通释》，嘱余审读而为之序，瞿然惊其付托。尘劳垢染如余，日无暇咎，恐将难全友信，欲求案无积事，即竭夜翻阅一遍，择其要者而为之介。

此书志存辟谬，力求佛学之原，故偏重于原始佛教小乘之理，侔于东瀛明治维新后诸名家佛学之论据，而加以作者力学心得之知见，诚乃晚近数十年中治佛学者不可多得之佳作也。足为入德之资粮，有辅于释迦之教匪浅。至于大乘诸说，般若、唯识、中观之义，略而未详，盖欲待诸他日之专论，余将拭目以观其大成焉。公伟兄行宗儒术，心游佛境，著作等身，有笔如椽，苟非宿植德本，岂能为此。为此合十稽首，随喜赞叹，殆为异时灵山会上，拈花微笑之缘欤！

（公元一九六五年冬月，序于台北）

为向子平印《敦煌大藏经》言

世人都言佛学浩如烟海，以烟海形容佛学，亦似是而非之辞。海既深不见底，广大无边，复加烟笼层面，永似缥缈难穷其际，如此境界，往往使人望而却步，不敢窥探究竟。迨有心人集佛说群经，综为一大藏教，纳无限而归之有限，如不游心外物，专诚恳读，浩如烟海者亦仅为一大藏。读而习之以勤，精研覃思，理与神会，言与寂合，一大藏教，亦只会心于方寸，又何足多哉！

距今六十年前，印刷尚未发达，全国伽蓝丛林，具有《大藏》一部者，寥寥无几而屈指可数，如欲深入经藏，几亦难如登海。及至现在，以台湾一隅而言，普遍印出历代各部《大藏经》，先后已有五六种。无论善本残编，每出一部，僧俗竞相争购，肆无遗弃。若此情况，意谓并非深入经藏，实乃藏经深入民间，人人皆在佛学烟海之中，无须再行推广矣。

然有向子平者，仍欲在此苍茫烟海中别出心裁，另放异彩，多年发心，以影印《敦煌大藏经》为一大愿力，并屡促我为之序。人间善语，佛皆说尽，文艺才华能在佛头着粪作序者，前修已尽其词，今则几同绝调矣。予何人，岂敢谬赞一词。唯愿向子此书印出，有愿必成，所求皆遂，凡有功德，亦普覆回向烟海为幸。向子当不以我又犯绮语戒耶！

（公元一九九〇年岁次庚午端阳，南怀瑾寄于海外）

117

《法住记及所记阿罗汉考》序

梵言阿罗汉,汉魏初译时称为应真。应者,应化之意;真者,真人之义。应化之说,取义于佛经;真人之说,取义于蒙庄。

经称阿罗汉,概有怖魔杀贼之内涵。所谓魔也贼也,统指身心烦惑之表相也。

由平白凡夫修证而得罗汉之果位,以其能断三界系缚之烦惑而证道果者,唯其中有多分断、少分断、全分断之差别,故有四果四阶之类别,有一生证得、七生证得之分齐。而得大阿罗汉果者,临终皆灰身灭智,泊焉归寂。

但相传佛敕阿罗汉弟子中,如大迦叶、宾头卢、罗睺罗、君屠钵叹等四人,皆遵遗命而留形住世,以泊劫末而待当来劫中之补处世尊。盖亦以说明形寿世间之可以唯心转物之旨也。

由于此说,唐代文化艺术中,即有贯休和尚臆绘十六罗汉之创作,后世复扩而充之,而有十八罗汉,甚之五百应真、八百罗汉之传述,绘画、雕刻、塑造之艺术杰作,皆由此而产生。而观音堂、罗汉殿之普及,尤数概见。

为此,老古出版社特将由法国同人寄来前人专著《法住记及所记阿罗汉考》一书,重刊应世,俾广研究之知见,亦一难得之胜缘也。

(丁巳一九七七年孟秋,南怀瑾)

《戒律学原理》摭言

　　这是二十年来一个现实的故事。当我还在台湾的时期（公元一九七九年），忽然看到一本《古今法律谈》的书，内容明白晓畅，很有意义。当时认为这是对"唐律"颇有研究的人所写，著者应是一位中年的学者。因此，问同学们，有谁认识此人，我想见他。过了几天，曹励铁就陪着一位青年来看我，特别介绍说："这就是《古今法律谈》的作者劳政武。"我很惊讶地说："你原是个青年人。有见识，有文才，如果沉潜学问，前途成就不可限量。"于是相谈尽欢，才知道他在这个大时代的浪潮中，自有一番曲折离奇的经历，现在正从政大法律研究所毕业，获得硕士学位，从事写作。

　　谈到法律，我素来也有很多感慨，认为一般学法学的人，过去几十年来，大多不认真研读法理学（法律哲学）。而且自二十世纪以来，我们的法律，主要是采取欧洲大陆法系的精神，几乎完全轻视传统，置汉律、唐律、宋明清的律法于不顾。甚之，在另一方面，更是于法无据，于学无根，妄自建立庸人自扰的法纪而扰乱苍生。因此，希望他能继续努力，研读《礼记》中的《坊记》《学记》《儒行》，乃至《礼运》等篇的精神，配合研究佛教律学，必然大有可观之处。

　　时隔十余年，我从台湾到美国，转到香港。在一九九三年初，政武再来看我，才知道他多年以来，独自办政论与社会科学方面的刊物，殊感可惜，便对他说："你却忘了昔人所说：'聋者不闻五音之声，盲者不见五色之美。'在这五浊乱流中，何必扬汤止沸，徒耗心力，不如立刻停止为是。"政武当时便说："老师！你说不办，我就停办，这又何足道哉！"因此，反而使我对他有歉然之感，便叫他来香港。同时，他又回到故乡——广东开平，去办了一个农场，为地方做些有利的事。然后又进"能仁书院"研读博士学位，告诉我要履行二十年来我对他说的一句话，写一篇佛教戒律论文。一九九八年八月初，他送来全部论文成稿，并附有信说："近廿年之挂怀，五年之勤读，一年之专心，此书今已正式印成，谨呈上。设非十九年前师指示研究律藏，根本不可能有撰此书之念头……不论此书成果如何，均应首先感谢吾师之指引与帮助也。"我看了信，又亲手接过他数十万言的论文，当下稍一翻阅内容，实在为之欢喜赞许，立即给予嘉奖，礼轻意重，预祝其必能通过博士学位。并认为此书乃二十世纪中国佛教律学现代化的创格首作，鼓励其出版，我将赘附琐言以饰戒学之旨。

佛法非释迦牟尼一期之创见

我们如果深入研究大小乘及显密各宗的佛学，便知释迦所说之一代时教，本为上继无始以来的初世，下及永无尽止的将来，亘古不变的真理。凡是彻见真理义谛者，统称曰佛，亦号如来。过去有佛，未来亦有佛，佛法永住，法轮常转。释迦牟尼佛者，乃是在这个宇宙，这个贤圣劫中，无师自通，继承此一永恒不变真理本际的人天导师。从学弟子，敬称之为"世尊"。后世佛弟子们把他变成一个世俗宗教的教主，那是人为的事，与佛了不相干。

相传七佛有法无戒之说

戒律之学，本为通天人之际的心理道德和行为伦理之学，亦是学佛者初学入德之门必须修持的基本。过去庄严劫中末期的三位佛——毗婆尸佛、尸弃佛、毗舍浮佛，以及本贤劫中的四位佛——拘留孙佛、拘那含牟尼佛、迦叶佛、释迦牟尼佛，只提醒人们自知"纵使经百劫，所作业不亡。因缘会遇时，果报还自受"的三世因果定律，遵行"诸恶莫作，众善奉行，自净其意，是诸佛教"的要旨，即已至矣尽矣。可是从释迦牟尼佛在此劫数中成佛以来，由首先引度的鹿野苑中阿若憍陈如等五比丘开始，接着便有如各经典上所载佛在世时的常随众一千二百五十人，形成僧团。而其他在僧团以外的大众，当然不止此数。但这一千二百五十人，起初并非都是释迦佛亲自引度的弟子，他们是比佛还早已在传法修道大师们的徒众，那班大师自归依于佛之后，便把这些徒众们一并带入佛门。

如年长于佛的舍利弗带来徒众一百人；后来以神通第一的目犍连带来徒众一百人；优楼频螺迦叶师徒五百人；那提迦叶师徒二百五十人；伽耶迦叶师徒二百五十人；耶舍长者子朋党五十人，这样共成为佛的常随众一千二百五十人。个个来历不同，人生经历不同，修为方法也都是带艺投师，并非一致。尤其是身处五浊恶世的这个时势中，人心不同，各如其面，随时会发生很多问题。虽然佛曾告诫规训僧团大众，集体修行生活，必须要做到"身和同住、口和无诤、意和同悦、戒和同修、见和同解、利和同均"的六和敬守则，但在未能证到阿罗汉道果之前，人毕竟是人，岂能随时随地不犯过错。因此，僧团戒律的发生，也就同后世社会的民主法纪一样，都是根据人们行为上的过错，才依据事实的案例，建立起防范的条文。

例如众所周知的饮酒戒，起初并没有制止。后来有人因饮酒乱性，同时犯了杀、盗、淫、妄语的过错，故世尊便制定饮酒的禁戒。所以清初的名士郑板桥，便说："酒能乱性，佛家戒之。酒能养性，仙家饮之。我则有酒学仙，无酒学佛。"他既不是比丘，又不是优婆塞，便可不依戒律而自行解嘲了。由这一案例，我们再来研究比丘戒和比丘尼戒的内容，便可知有不少戒律，都是因时、因地、因群体僧团中的共同需要而制定。照佛教戒学的名词，它是属于"遮戒"的范围，罪行不算太重，但却犯了不检点，或者失误的过错，是可通过发露（坦白）忏悔的。所谓"遮戒"，是遮止一切行为上的失误，避免招致普通人群社会的讥刺和误解，有失僧伽洁身自律的德行威仪。故说佛教的基本戒律，大部分都属于"遮戒"的规定，它是因时间和地域空间的不同，乃至配合社会人群对于道德伦理的习俗观点，而产生防非止过的规定。

至于在戒学的根本基础上，它和一切世间法和出世间法的共通点相同，那就是人们所重视而厌恶的杀、盗、淫、妄语的行为，以及进而根治心理动机上的贪、嗔、痴、慢所发生的犯意，这便属于"性戒"的问题了。在这里所诠释的"性戒"这一个名词，或者和过去一般佛教律学戒师的解说稍有不同。所谓"性戒"，便是人类和一切众生，在心理的知觉和感觉上，都有同样的恐惧、厌恶，绝对肯定是一种罪恶的行为。也可说是所有人性和众生共通的本性上，自然而然都认为是罪恶的作用。这是"性戒"的内涵。因此，例如在人文世界中的各个大宗教，和世间所有的道德伦理的哲学观念，也都基本一致认为这是违反天人之际，非纯真、非至善的行为，是属于非理性的过错和罪恶。

大小乘戒学的嬗变

释迦世尊所制定的戒律，自世尊善逝以后，因弟子们修为的成就不同，各自见地别有同异之辩，便形成许多分门别户的部派。这在当时的印度，由世尊的再传弟子们各个部派之间，对于戒律部分，也便成各凭所闻、所见、所知，形成为"上座部""大众部"等大同小异的信守，都自默守师传，固执成规的不同解释，所以便有《根本说一切有部律》《十诵律》《四分律》《五分律》《摩诃僧祇律》等的各别传承。

佛教东来，传入中国的初期，在魏嘉平二年（公元二五〇年），印度名僧昙摩迦罗（法时），在洛阳白马寺译出《僧祇戒心》《四分羯磨》戒本，这是中国戒律的开始。到了晋穆帝升平元年（公元三五七年），净检比丘尼出家，请求西域来的少数几位高僧，最初建立出家尼众受戒、守戒的仪式和规范。再经历史时代和佛学经典陆续传译的漫长岁月，直到公元六五〇年间的唐代，因中国佛学的鼎盛兴起，也正当玄奘法师取经回国的时期，才有高僧道宣法师在终南山创立律宗，为中国佛教十宗挺放异彩。

从此以后，佛教在中国各地的传承，便宗奉南山律学，采取"四分律"作为根本，配合大乘律法，采取介于《华严》与密乘之间的《梵网经》，定作大小乘三坛戒学一贯的传承，直到如今。但很遗憾自唐以后到现在的律学大德们，很少有把戒律之学，依据佛说的经论详加阐发。甚之，依文而不解义，或者根本不通梵文、中文字义，不将戒学的持犯名词，翻译解释清楚，只是默守旧规，照样画葫芦，把戒律内涵，几乎变成阴森恐怖的枷锁阴影，乃至自亦不知所云地罗织成文，随意解释，殊多缺憾。

　　至于西藏的佛教戒法，其建立的时期，迟于南山律宗创立以后。但藏传佛教小乘戒律，是采用"根本说一切有部"的规范；大乘律学，是采用弥勒菩萨所说菩萨戒本的传统。这与自唐以来，内地佛教所传承的戒学，又是殊途同归，迥然有别。尤其自密乘教法兴盛以后，别有"密宗十四条根本大戒"，以及多种"三昧耶戒"等，倘若不是透彻《华严》法界宗旨，和不通毗卢遮那（大日如来）的密乘奥义，那就匪夷所思而真的不敢思议了。

　　在中唐时期，中国各地，禅宗兴盛，僧团聚众同修者愈来愈多，因此而有马祖道一禅师，和他的嫡传弟子百丈怀海禅师等，撷取出家比丘等所应守戒律的精义之外，作适合于国情的厘订，配合时代社会的演变，从事农耕生产，俾达自食其力，专志修行的目的，便创制"丛林清规"，作为守则。后世统称这种丛林规范，称作《百丈清规》。事实上，流传到现在的《百丈清规》，乃元朝重修，有多少是当时的旧规原文，也已难能确定。而在佛教来讲，当时如非百丈师徒们的创制，佛法能否在中国大放光芒，普及各层社会，就很难说了。由此可见百丈师徒不顾当时保守派的佛教徒讥称为"破戒比丘"，毅然做出创制决定，实在是大雄大力大慈悲的作为，非比寻常。

　　后世一般研究佛教戒律和佛教宗派，大多忽略了禅宗和密宗在中唐时代，都有这种大创制改革性的经历。犹如中国文化，自三代以下，从礼治而变为法治，然后又经汉、唐、宋、元、明、清等随时因地制宜，变革法令律例的经过。往昔戒律学者，只知固执"见取见"和"戒禁取见"的局限范围，争辩古今戒律细节的异同。殊不知世尊善逝"以戒为师"的遗言重点，在于再三咐嘱出家比丘，应当师法遵行摩诃迦叶尊者"十二头陀行"的修为，才是世尊所说小乘戒行极则的根本要旨所在。

大小乘戒律的基本异同

世尊自菩提树下，证悟法性，经过四十多年的宣说佛法，总括来说，就是指导人们求证宇宙和人生生命的真谛。基于这个目标，世尊首先教导五比丘剃除须发，毁形出家，表示"离情弃欲，所以绝累"的决心。我们如果引用中国通俗的文句来讲，那便是要立志做到"跳出三界外，不在五行中"的果敢行为。人和物理世界中的一切众生一样，这个生命来源最大的反复根源，就是情和欲。换言之，它所突出的行为，除了饮食之外，就是淫欲，也就是现在人们统称的男女两性之间的"性欲"。欲和爱，欲和情，看来是本有生命中最平常、最自然的作用。但无论在宗教、哲学、科学，甚之，是任何学术上，如果深入探讨，始终是无法彻底了解它的究竟。至少到现在这个时代为止，确是如此。由绝欲，了欲，转化欲乐得达升华超脱的境地，那是何等的难题，也是最难完工交卷的答案。但世尊在建立规定出家比丘和比丘尼的戒律上，第一条便是"戒淫"。它的原理，在佛说《楞严经》中有很扼要明显的定论，如说："若不断淫，修禅定者，如蒸沙石，欲成其饭，经百千劫，只名热沙。""汝修三昧，本出尘劳，淫心不除，纵有多智禅定现前，如不断淫，必落魔道。"这很明显地说，要修戒、定、慧而求证出离物欲世间的第一功课，即须先离"淫欲"。至于它和世间伦理行为的善恶问题上，则是第二义中的事，在别的经论上，都有说到，不必具论。但佛说的淫根，在于心意识，并非指人生理上的器官，生殖器只是身根之一而已。五十多年前，我在杭州见到一位僧人，用刀自己去势，认为是断除淫根的妙法。其实，这等于佛经所说出阿罗汉或佛身上的血，同是罪大恶极的举动，是犯戒的行为。当你尚未成道以前，珍惜自身，便是孝敬父母，尊敬佛陀一样。

现在我们提出戒学研究，首先说小乘戒律第一条戒淫的论点，是一个非常重要、非常重大的问题。它和古今中外的心理、生理、医理、物理学等，有极奥秘的内涵，有待高明之士再作深入研究、求证，方知究竟。换言之，小乘戒律首当其冲的淫欲问题，尚未彻底解决清楚，则于杀、盗、妄语所有连带关系的"遮戒"等问题，就当暂置不论，来不及细说端详了。

但在大乘戒律来说，无论是根据《梵网经》《璎珞经》等，第一条戒是"戒杀"，其次"戒淫"。这又是什么原因？何以与比丘和比丘尼戒有这样大的出入呢？其实，佛教所说的菩萨，梵文全称为"菩提萨埵"，翻译中文意义，叫作觉悟有情，也有义译直称为"大士""开士"。但通常喜欢用梵文原音的简称，叫作菩萨。假如我们望文思义来讲，所谓菩萨就是"情到真时若有无"的意义，是世间最有爱心、最有慈悲心的多情种子，但他又是觉悟得道之人。如用通俗的话，称之为"有道之士"就对了。而大乘的菩萨，包括出家比丘、比丘尼和普通在家的居士。换言之，世尊说法，在专对比丘和比丘尼的出家之外，何以又发展出大乘教法的路线呢？事实上，佛教的大乘菩萨，从世尊住世时期和善逝以后，应由"大众部"发展而来。大众部众，在家的较出家比丘为多数，只要细读经论，便知佛经所记载的重要问答，多半是世尊和菩萨对话的集成。大乘菩萨的行仪轨范和律学，在大乘诸经，如《法华》《华严》《维摩》《般若》《大宝积》等经，随处都有详说。尤其是《菩萨十地经》，更为专辑。但南山律学，则独取显密之间的《梵网》《璎珞》等经作为戒本的定律。其实《梵网》一经，是圆满报身卢舍那佛在超越欲界以上的色界天中所说。色界天人，对于是非善恶的分别瞋心根株尚未净尽，故卢舍那佛说《梵网经》时，首先提出杀戒为要，然后才有十重四十八轻的反复解释，这是有关天人之际进修的奥秘，难以详论。今于欲界博地凡夫众中，取此为准，其用意或在取法乎上，可得其中，不必从六度、四摄等行，便可取次渐修，下学而上达乎？

西藏佛教的密乘，大乘戒律，以弥勒菩萨戒本为准，以"自赞毁他"为菩萨戒行的第一首要，有关淫、杀等行为的开、遮、持、犯，都从其后。此与世尊所说大乘各经，又迥然有别。换言之，弥勒菩萨戒本对于修大乘者，必须先修谦德，首除俱生我慢的"见取见"，为第一要务乎！事实上，后世密乘行者对于"自赞毁他"的内外戒行修为，颇多轻忽，殊堪叹息。

结　论

现在简单扼要地举出大小乘戒律的基本异同问题，作为学者参究修证由戒学而得证定慧的话头，希望由此而重视戒律之学，而通达定慧圆明之果，或许有用。至于"戒性"的定义和内涵，"戒相"与"无相戒"等的义辨，恐增文繁，就不多说了。但总结佛法的戒律原理，最好能深入经藏，精心体会中国佛学"三聚净戒"的摄受内涵，是为要中之要。首先要从一切内外行为的律仪上，修习身心，达到庄严圣洁的仪相，这是第一"摄律仪戒"的要义。随之从"四正勤"的基础上，进修一切善法，超越天人胜果，这是第二"摄善法戒"的道理。但说理容易，实修方知其难能可贵。同时并进更为重要的是无论修小乘或大乘的戒行，应随时随地，事事处处，要对世间社会众生，做到有利有益于他的行业，这是第三"饶益有情戒"的佛法终究目的。

我本妄人，岂敢肆论戒律。溯自公元一九四五年秋，于成都大慈寺万佛楼中，时因特胜因缘，蒙贡噶呼图克图上师，亲授内外显密诸戒以至于今，匆匆五十余年间，了无一法可得。前修已渺，后学寂寥，尤于戒学，从来不敢造次轻议。究其实际，无论大小乘的戒学，统为治心。万法唯心，一切唯识。一切凡夫众生，在起心动意的一念之间，即具八万四千烦恼。一有烦恼惑业，即有是非善恶。当起心动念于是非善恶之际，即有抉择，即生戒相。故于起心动念的戒行而拣辨相数，岂只"三千威仪，八万细行"而已。若据条文而争辩戒相，此为修习"资粮位"至"加行位"趋向"究竟位"的必要熏修功行，学者务当慎重护念为是。

今因昔年与政武一言，而促成其说戒之文，故不惜眉毛拖地，撦拾芜言，以应信诺，盖亦自当忏悔云尔。

（戊寅冬月一九九九年一月元日于南海寓楼，南怀瑾）

《禅海蠡测》初版自序

运厄阳九，窜伏海疆，矮屋风檐，尘生釜甑。客来自远，顾而让之曰：子脱屣圭缨，栖情衡泌有日矣；曩者掩室岷峨，行脚康藏，风霜凋其短鬓，烟水历乎百城，矻矻穷年，究此一事；虽梦宅虚无，本乏可留之迹，而空书斐亹，终成不著之文，际兹慧命丝悬，魔言鼎沸，同舟俨分乎楚汉，一室而判若参商，正法衰微，乾坤几息，不有津梁，罔克攸济，金针密固，庸所安乎？闻已而思，瞿然有省。夫妙契匪意，真证难言，动念已乖，况涉文字。然无说自说，瓶泻云兴，从上祖师，皆非得已，矧余末学，辄具见闻，窥测之谈，不离知解，揆诸先圣盍各之义，窃比昔贤就正之情，砖石之投，连城或致，则亦何妨着佛头粪，大作癫语耶！爰濡秃管，率成斯编，所涉虽繁，要仍以禅为主，如叶归根，如水赴海。倘阅者因筌得鱼，见月废指，形山打破，会即不疑，是吾心也。若遇明眼，烁破面门，此中廓然，徒添络索，一场懡㦬，转见败阙，则余知过矣。

（公元一九五五年，台湾）

《禅海蠡测》再版自序

时轮劫浊，物欲攫人，举世纷纭，钝置心法，况禅道深邃，
剋证难期；余以默契宿因，嗜痂个事，觅衣珠于壮岁，虑魔焰之
张狂，故不辞饶舌，缀拾斯文。然投滴巨壑，吹毫太虚，沉沉无
补时艰，复将廿载。顷者，莘莘学子，惊顾域外之谈禅，攘攘士
林，欲振中华之堕绪，再请重铸斯编，冀复燃灯暗室；固知旧铅
新椠，尽同梦里尘劳。哎响撩虚，等是狂思玄辩，禅非言说，旨
绝文词，拈花微笑，能仁已自多余，渡海传衣，少室徒添渗漏，
五家七派，无非自碎家珍，万别千差，透彻何劳竖指，斯编之
作，为无为，何有于我哉！

（公元一九七三年仲夏，台北）

130

附:《禅海蠡测》剩语

萧天石

　　禅宗一门,为我国佛教中之一革新派,旨在传佛心印。自释迦牟尼传大迦叶,递至二十八代菩提达摩,东来震旦,是为此土初祖。复自二祖僧璨递传至六祖惠能,宏开五叶,宗风大振。虽所提倡以"不立文字,直指人心,见性成佛"为宗旨,唯文字语言,亦未始非心传方便法门;故达摩初亦曾用《楞伽经》四卷以印心。惠能于黄梅,刚道得"本来无一物"一偈,便得衣钵,唯当授受之际,犹为说《金刚经》。其在曹溪弟子亦有《坛经》之记。厥后二派五宗,无不直指向上,皆令自求、自行、自悟、自解;然亦究不能无说,说不能无文。盖借语传心,因指见月,语言文字,有时亦不失为接引开示之方便也。

　　世谓禅宗为教外别传,实则谓之别传固可,谓之非别传而为嫡传亦可。盖真谛不二,以教证宗,以宗举教,教实有言之宗,宗本无言之教。三藏十二部,默契之则皆宗;千七百公案,举扬之则皆教。佛说法数十年,未尝说得一字,以法尚应舍也。故究竟言之,教原未尝有言,而宗亦未尝无言也。天下同归而殊途,百虑而一致。归元无二路,方便有多门。能彻悟自心是圣,自心是佛,则触着便了,更无余事。天地与我同根。万物与我一体,岂可因门庭施设,而分宗分教,俨然门户峥嵘,自生差别哉!

　　南君怀瑾,顷以所著《禅海蠡测》书稿见寄。细读之,深觉其超情离见,迥出格量。君虽深契禅宗,然不以话头为实法,

131

不以棒喝作家风；横说竖说，语语由自性心田中流出，绝非如优人俳语者可比。其中冶儒释道各家之言，而综诸一贯，会归一旨，倪非能如大海之纳百川者，曷克臻此？是书虽累十余万言，要亦只道得一字。若会时，看固得，不看亦得；不会时，不看固不得，看亦不得。洛浦安答僧云："一片白云横谷口，几多飞鸟尽迷巢。"是佛固着不得，经典公案亦着不得。读者于此书所示，一字一句，又岂能着得？"不离文字难为道，尽舍语言始是经。"读者切勿泥于语句，堕入文字禅中，而宜独超冥造乎语言文字之外，是为近之。否则依然陷在妄想知见网中，虽一辈子学佛，一辈子参禅，一辈子求道，骑驴觅驴，与自己本来面目，毫没干涉，而终归是凡夫。余昔赠灵岩寺僧传西有句云："不学佛时方成佛，非参禅处即参禅。"此与张拙见道偈之"断除烦恼重增病，趋向真如亦是邪"及憨山大师所谓"妄想兴而涅槃现，烦恼起而佛道成"，其义一也。

余与怀瑾，论交十余年矣。抗战初起时，君甫逾弱冠。殚力垦殖，深入夷区，部勒戍卒，蛮烟瘴雨，跃马边陲，气宇如王，高自期许。卒以困于环境，单骑返蜀，复事铅椠。曾述其经历，著《西南夷区实录》一书，则又恂恂儒者，非复向日马上豪雄矣。无何，任教中央军校，时余主持《党军日报》，每相与论天下事，壮怀激烈，慨然有澄清之志。唯以资禀超脱，不为物羁，故每尝芒鞋竹杖，遍历名山大川，友天下奇士，不知者辄目为痴狂，而君则恬然乐之。尝曰："钟鼎山林，固皆夙愿，苟顿脱可企，则视天下犹敝屣耳！"一九四三年，余以婴疾，药炉禅榻，时益相亲；曾与遍访高僧，并同师事光厚老和尚。不期年，君辞军校事，而致学于金陵大学研究院社会福利系。后又弃隐于青城之灵岩寺，霜枫红叶，日伍禅流。旋从禅德袁焕仙居士游，契入心要。嗣即不知踪迹者久之。一日，忽有客自峨眉来，始知闭关于中峰绝顶之大坪寺,西川旧好,相顾愕然!耆年如谢子厚、傅真吾及君师袁焕仙等,相约入山访之,始知由名僧普钦之介,悄然至峨眉,初于龙门洞猴子坡等处,叠示灵异之迹,乃获寄迹该寺。在此期中,并曾折服当时负有盛名之唯识学者王某。龙门寺僧演观,曾记其事与对话,刊有专册行世,不胫而走。龙泉在匣,光芒不掩,真性情人,行事大抵固如是也。

后三年,余宰灌县,君飘然莅止,美髯拂胸,衲衣杖策,神采奕奕。问从甚处来?答谓:"前从灵岩去,今自金顶回。"问在峨眉山何为?曰:"三年闭关,阅全藏竟。"复问其今后拟往何处?则曰:"到处不住到处住,处处无家处处家。"相视而失笑者久之。憩夏青城后,即远游康藏,穷探密宗之奥;行迹遍荒山绝巘,丛林古刹。行脚愈远,所接大德高僧奇人异士亦愈众,而迹亦愈晦,盖所谓"就万行以彰一心,即尘劳而作佛事"者也。嗣闻其经康藏至昆明后,曾讲学于云南大学。折返锦城,并一度应川大哲学教授傅养恬之邀,讲学于哲学研究会。斯时已声光并耀,缁白闻风问道者络绎。迨抗战胜利后二年,君即返里省亲,嗣复深隐于天竺灵隐山中,栖心玄秘。尔时,余适于役京畿,彼此不相闻问矣。

一九四九年夏,余自沪来台。一夕,君忽枉访于台北寓所,始悉其方有所营为。越明年,事与愿违,忽尔晦迹,行藏莫卜者久矣。迄去冬,因某居士之约而复聚于海滨一陋巷中,破窗尘几,意趣萧然;当力促以重亲笔砚。初不谓然,几劝始诺。曾未数月,遂成斯篇,都凡二十章,钩元提要,探幽阐微,手眼别具,发前人之所未发。全书以禅宗为主眼,而融会众流,归趣大海,虽于从上各家之说,略有损益,要皆言必有宗,指归至当。至若《参话头》《中阴身》及《修定参禅法要》诸篇,则皆古人稳密缄固不肯为人说破者,今皆不惜眉毛,金针巧度。虽小出作略，而其资益于真心向道者，宁为浅鲜？至其提持纲要，语不滞物，思泉垄涌，如山出云，殆今日之《广陵散》矣。余初识怀瑾，英年挺拔，跌宕磊落，前途正未可量；卒之鄙弃功名，参伍猿鹤，得以博览法藏，独契心源，返朴还淳，泥涂轩冕，所谓游于方之外者非欤？又君髫年曾习武技与方术，卒致力于佛法，深入禅教密各宗之堂奥。今后究将以何者为其归正，则又未可逆测。其殆游戏人间，应物无朕者耶！爰因其书成，略缀其生平行履一斑以附，庶读其书者，亦得略知其人。余虽早岁皈命瞿昙，然放逸怠荒，惮于精进，似草野人，为廊庙语，门外之诮，宁能倖免？唯承命为校订，于义不能无言，拉杂书之，亦自哂也。

（公元一九五五年，萧天石写于台中草庐）

《禅宗丛林制度与中国社会问题》引言

社会学里的社会

社会这个名称，是指各个团体之间，具有一定的关系，共通的利益，因此合作以达一定的目的，组织成为一个整体的集团。普通便把它用来指某一种同业，某一类同身份人的名词，例如上流社会、劳动社会等。也有用以代表某一区域性的，如上海社会、汉口社会等。

当公元一九三八年间，法国学者孔德（Comte）便创了"社会学"这个名词，他用以研究以社会为体的一种科学，从前我们也有称它作"群学"的。自经英国学者斯宾塞（Spencer）沿用社会学这个名词以后，它就成为一个专门学科的名词，凡专门研究社会的组织的，就叫作"社会静学"（Social Statics），专门研究它的成长和发展的，就叫作"社会动学"（Social Dynamics）。它的研究对象，大体有三种：（一）社会的本质。（二）社会进化的过程。（三）社会进化的原理。有的以生物学作旁证，有的以心理学来证明。

东西文化不同的社会

推溯一百年前，我们的历史文化里，根本便没有这个名称，也毋须有这一门学识的成立。这不能说我们过去的不科学，只能说过去的历史文化，无此需要。这就是东西文化的基本不同的精神所在。基于经济学的观点来说，我国向来便以农立国，地大物博，土广人稀；有的是天然的天材地宝，可以利用厚生，并不需要向外争取利源以养活自己。加以传统的文化，素来以安居乐业、乐天知命为祖训，因此人人只要重礼守法，完了国家的粮税以外，农村的社会里，鸡犬相闻，老死不相往来，是件很平常的事。宋人范成大的诗所说："绿遍山原白满川，子规声里雨如烟。乡村四月闲人少，才了蚕桑又插田。"这样一幅美丽的天然生活图画，谁愿意熙熙攘攘，过那忙得忘了自己，专为工商业社会的生活呢？除了西北和北方一带的游牧种族，还守着"穹庐夜月映悲笳"的生活，所以还需要兼带掠夺性的侵略以外，大体我们的祖先，都是安于和平康乐的人生的。

在西方的欧洲则不然，他们没有像我们的历史一样，早先就经过一度像秦汉的统一局面，部落酋长式的蕞尔小地，便称为一个国家。既不能以农立国，更不能靠土地生产的经济，维持人民的生活。因此，从盗匪式的抢夺之中，一变为国家间的侵略，由经营商业的远出贸迁，变为有组织的工商业集团，所以他们的每个社会，在在处处，都需要有组织。西方人的社会，由此成长和发展就很自然地成为人群生活的中心需要了。而且社会的主要开始目的，是由于经济的需求而来，所谓社会学上的社会制度，社会分化，都是渐渐地发生更多的问题所形成，例如社会运动、社会革命政策、社会心理学，等等。他们一有了问题，就拿那一个问题作中心，将它分析研究，便变为一门学科，马克思、恩格斯的社会主义，在西方的这种环境之下，就会很自然地发生。如果他们也生长在中国的农业社会里，很可能也会变成杜甫一样，感叹那"肠断江春欲尽头，杖藜徐步立芳洲。巅狂柳絮随风舞，轻薄桃花逐水流"，只作些"花落水流红，无语怨东风"等悲天悯人韵语了。西方的社会经济，进步到了现在，有欧美的科学化的工商业社会，而且已经由公司、会社、社团的组织，发展到各种各类的俱乐部，由经济剥削和侵略，发展到社会的福利经济。国家的法律，范围了组织。社会的组织，影响了国家的立法。不是从商业的市场竞争，演变成政治哲学的自由和民主第一，就是由经济政治的重心，认为社会主义的共产主义第一。我们的历史文化，到了现阶段，也便恰当其时，卷入这个矛盾对立的世界洪流之中，亟待我们自己的努力，统一融会而坚强地站立起来。

宗法社会的辨别

假定从社会学的观点，来说明我们历史文化上的社会史迹，也有把我们过去的氏族宗法关系，叫它作"宗法社会"的。严格地说来，这还是有问题的。因为社会，是基于共同利益，或共同目的，集体合作的一种组织。我们祖先的宗法社会，只是一种民族精神所系的代表和象征。它以不忘民族的本来源流，传承继续先人的祖德，要求后世子孙的发扬光大；它既不是有一种群体法定的组织，犹如西方的社会一样；更不是为了一种共同的利益，达到一个政治或经济上的目的。宗法，只能说是传统文化中心的"礼"的表现，这个礼，它具有相似于宗教性的，人情味的，是人类文化精神之升华，而且是性情和理法并重的。重性情，所以推崇天然，就轻视人为的组织；重理法，便讲礼义，裁定性情，使它合于人伦群体的活动。它与西方社会的只注重组织，是大有出入的。我认为人世间最高的组织，是由于人与人之间真感情的结合，所谓至性至情的流露。其次，才是如宗教一样的信仰，所谓崇拜的服从。再其次，才是法律和规范。至于从利害相关的集合，用权位生杀来范围，那是等而下之，等于市场的交易而已。凡事之不近于天然法则，违反人之性情的，没有不失败的道理。以社会学理的历史来讲，利害相关的组织，可能在社会史上，暂时占去时代的一页，但决不能争取千秋。

至于我们历史上的宗法社会，它的基本单位，就是家庭的家族。由家族和家族之间的结合，就是宗族。由宗族和氏族之间的结合，就是国家的社稷和宗庙。社稷、宗庙和宗祠，就是介乎人和天神之间的象征代表。贵为天子，还须畏惧天命，所以便当敬重社稷宗庙和山川神祇。如是普通的平民，不敬重宗族和宗祠，从礼仪为法律的中心观点而论，已经犯了大不敬的罪行，以传统文化思想的观念而论，便是获罪于天，得罪了祖宗神祇，应该是罪无可逭，便无可祈祷之处了。可是它在礼仪传统的风俗习惯上和国家的法律观点上，虽然有此成法，但是并不同于西方和现代社团似的社会组织。汉唐以后的祠庙，后来通称为各个宗族之间的祠堂，那也并非是一种社会的组织，只能说是民族精神的中心所系。它相近于宗教性质，平时并无社会活动的作用，每逢岁时，便由族长率领同族中的人们，共同致祭于自己的祖先。族长虽由一族中辈分最高的人出任，但是也不是由法规的组织产生，那只是由传统文化礼的观念，人为的自然推崇。如遇族中的子孙们犯了违反传统礼仪的行为，由族长召集全族的人们，开祠堂门，拜祖宗，禀请祖先以宗法来评理，评定一事或一人的是非罪恶，也必须合乎天理、国法、人情。这也只是秉承礼仪的安排，便不同于法规纪律的性质，或是组织的制裁。乡里之间的里正和保正，或者社董，那是清代沿用唐宋以来地方自治保甲的名称，等于现在的乡里长。社仓，是宋代以后为地方储备饥馑赈济的福利事业，后来也有叫作义仓的。社学，是明代以后实施的乡村国民教育。这些都如众所周知，不能与社会这个名词，混为一谈。

再推溯到秦汉以上，讲到社会政治的关系，更为简单，那时的文化思想，政治和教育，本来不能太过于划分。所谓作之君，作之师，作之亲；在精神上，几乎还保有上古质朴的观念，还是三位一体的。能够影响地方社会之间，也只有从礼义的传统上，自然地敬老尊贤。秦汉时代的老和公，只是一种尊崇敬重的称呼，并不是社会领袖的职衔。例如《左传》所称的"三老"，据服虔疏引："三老者，工老，商老，农老。"古天子有三老五更，以父兄之礼养之。据《汉高祖纪》所载："举民五十以上，有修行，能帅众为善，置以三老。乡一人，择乡三老一人为长三老。"宋祁说："乡有三老，掌教化，秦制也。"两汉都沿用这种制度。所以在我们的历史文化上，真难找出真正如西方社会组织的一种社会。初有社会的规模的，只有先秦的墨道，才略具有特殊社会的风规。其次，就是开始于唐代佛教禅宗的丛林制度，它影响元、明、清以后的历史和社会，以及民族革命为宗旨的帮会组织。但是丛林制度，它既不同于西方的宗教社会，又不同于西方宗教的教育中心的神学院。至于帮会的组织呢？以传统的侠义精神和政治活动相融会，说它是为了当时革命性的反正集团，确很正确，如果比之西方社会或流氓集团，推原它的初衷，当然也颇有出入了。

结　论

倘若专讲社会学而研究社会史的问题，那便立场不同，观念有别，应该另作一种说法。也可以说，我们在近六十年来，受了西方文化思想的影响，才有社会等问题的产生，所以理论的依据与文化思想的方向，截然各有不同。不过我只想从观今宜鉴古的遗训，述说唐宋以来的丛林制度，和它如何影响后世的帮会组织；以此作为今后我们吸收融化东西文化，跨进新的时代，提供留心社会问题者的参考而已。

（公元一九六二年，台北）

景印《雍正御选语录》暨《心灯录》序

（一）

　　纷纭万象，劳碌人世，众生以得解脱为乐。为解脱故，有求道之事。为求道故，有禅等诸学之作。有禅之学术故，于不落言诠、不立文字之余，有诸经语录之积。语录之作，本于无说无法中强示言说，使会者舍指见月，得鱼忘筌。执意一落筌象，即有承虚撮影之辈，执文言情境而觅禅机，如麻似粟。于是建立门庭，聚讼坚白，不一而足。降至今世，谈禅成为专门之学，齐鲁道变，还珠买椟而说空，蕉鹿梦者，朋从尔思，多如恒河沙数。自由出版社萧子天石，适际此时，景印《雍正御选语录》与《心灯录》二书，嘱以为言。骑牛觅牛，虽有画蛇添足之嫌，亦当勉起为其点睛，冀使二书再度问世，使禅之为学，从此破壁飞去，返还本来面目。

　　读书不难，读书不为书困，不为目瞒，入乎其内，出乎其外，别具只眼为难。禅宗诸经语录，为天下奇书之首，亦为世上最难读懂群书之冠。唐宋以还，宗门语录丛出，有读懂其书、视如无书之士，撷其精英，集其简要，使后之来者，易于出入慧海、涵泳性天风月者，乃有编纂禅宗汇书之作，如《传灯录》《人天眼目》《五灯会元》《指月录》等继集成风，皆此类也。要皆匠心独运，各自甄拣先哲，以示异同。雍正手自编撰语录，亦为抒其见地，剖陈珠玉以示世，以显其磨穿砖镜、咬破铁馒之能事。《心灯录》则列为禁书，凡山中林下、参究宗乘之士，亦视为毒药，信为魔说。何以故？此中隐有清代历史文化之另一巨案，素为通儒硕学暨禅门衲子所忽略，几已不知其究竟之因缘矣。

（二）

爱新觉罗氏崛起东北，以孤儿寡妇率三万之众，席卷华夏，臣服五族，历二百六十余载，代更十帝，终以孤儿寡妇毕其社稷。称今追昔，视帝王之尊荣，浮云太空，逝如春梦。然其入关之初，乘时继统之命世帝才，如康熙、雍正、乾隆三代父子，虽上溯汉唐隆盛，并无愧色。后之论史者，每况其武功之烈，或统驭之严，而略其砥定有清一代文治之懋也。康熙以幼冲继位于未定之局，削平诸藩于内忧外患之际，内用黄老，外崇理学，励精图治，躬亲力学，晓畅天文、历算，擅长中外文言，颁行圣谕条训，集孔孟人伦孝悌之义于笃行，以弭明末诸大儒履践忠君复国之学于无形。且著述群典，网罗思辨学致之士，尽瘁于博学鸿词之间，固亦有功文化学术于来世。然持弄先王仁义之说，为当时统治之权宜，使前明遗老，失据于素王圣贤之域，不入于醇酒美人，即遁于丛林布衲，而反躬诚明于法王觉海，澹泊其忧愤，遂使元明以来敝禅，稍振儒佛不分之宗风。康熙游刃于黄、老、孔、孟仁慈之术，而暗于方外，致使逃禅韬晦者，得以潜养其兴复机运。

雍正蛰居藩邸，屈志潜飞。初则因宫廷崇信佛道，窥奇禅悦而从迦陵性音禅师，与章嘉呼图克图志学禅密，得识濡沫江湖者之用心利弊。故登极以后，不惜以九五之尊，躬自升堂说法，秉拂谈禅，谦居为宗门伯匠，与诸山长老较一日之短长。从学之徒，近有王室宗亲，远有比丘禅和、黄冠羽士。遂使山林沉潜之耳目，尽入彀中。其屡诏削灭汉月藏法裔，严令尽入临济宗乘，既以澄清王学末流蠹蚀宗门之颓风，复塞前明非常之士隐沦山岳、逃迹湖海之思路。轻举无为无不为之旨，活用于禅机道佛之间，可谓瞒尽天下老和尚眼目。虽然，雍正自于宗门作略，并非徒作口头禅语，捏弄空花阳焰于野狐队里，固已笃践真参实悟于行证之途，迫出一身白汗，深得拈花妙旨。其开示三关见地，印以唯识知见，迥出常流。且选辑语录，揭标《肇论》、永嘉为先，以寒山、拾得为辅，诚为独具只眼，昭示释迦心法东来之禅宗，实受中国文化儒道学术灌溉而滋茂也。至于唐、宋以来宗门，则以沩、仰、赵州、云门、永明、雪窦、圆悟克勤为主，以清初禅门宗匠玉琳琇、苘溪森为殿。过此以往，则目视云汉，自许荷担禅宗开继之任，即自称为圆明居士住持之当今法会而已矣。而拣择禅门宗匠之外，于道家，则独崇张紫阳为性命圆融之神仙真人；于净土，则推尊莲池大师为明末郢匠。且捞摝历代禅师之机锋转语，以自标其得正法眼藏之妙用。寡人位置大雄峰顶，气吞诸方。直欲踏破毗卢顶上，会法王人王之尊于一身。抑使儒冠学士与方外缁素，钳口结舌，无敢与之抗衡。狂哉豪矣！可谓汇萃魔佛内外之学于一炉，继康熙定鼎之后，清廷帝子英才，舍此其谁？

（三）

但自清初以后，禅宗之徒，别持三世因果之论而作异说，传称雍正为明末天童密云圆悟禅师之转世。密云悟者，宜兴蒋氏子，幼时不学而慧，长事耕获樵苏。偶读《六祖坛经》而策心上宗。年二十九，弃家披鬀，得临济宗传。密云高弟汉月法藏禅师者，无锡苏氏子，为明末儒生。剃染后，初从密云受其心印而名噪一时。于是明末清初，避世入山，与逃儒入佛之文人志士，皆入于汉月藏之门。师弟承风，互相标榜。俟密云发现汉月知见未臻玄奥，且薄视师承，常以实法予人而为禅宗授受，即力斥其非，著《辟妄》之文开示正见。而汉月弟子固多明末宿儒名士，习于儒林鄙见，素视其师祖密云悟出身寒微，不足为齿，复著《辟妄救》一书以力维师说。密云鉴于其已成之势，乃密以临济法统转付破山海明禅师。破山亦避乱返蜀，隐于其皈依弟子秦良玉之戎幕。迨张献忠之攻渝州，破山曾不辞腥秽，化导群魔，救免儌杀者，存活无数。从此禅门知见之争与文字之讼，未因明清异代而稍戢。及雍正出而鼎擎密云法统，力灭汉月一支为魔外之学，扫穴犁庭，方致销声匿迹。上谕二则，皆切中僧伽流弊，无可厚非。故宗门相传雍正为密云悟后身之说，言之凿凿矣。自清初至今二百余年，汉月之禅与学，已不得而见。汉月其人其事，稽之逸史，亦不多觏。意为逃儒入佛之明末名士，洵无可疑。今所仅存者，唯汉月遗绪湛愚老人所著之《心灯录》，犹得见其概要。民国二十余年间，有湖北万氏倡《心灯录》之禅为极则，为之梓版而广流通。而著者湛愚老人之事迹，犹茫然未详。书中屡称三峰，即汉月往昔虞山隐居之别庵，由此而窥汉月知见传承，亦足多矣。

《心灯录》之禅说，首标释迦"天上天下，唯我独尊"之宗旨为直指，辅以〇圆相为真诠。世尊说法，于般若，而标无我、无相、无说为依归。于涅槃，而揭常乐我净为圆极。于华严、唯识，而立非空不有之胜义。如珠走盘，无有定法可得。而《心灯录》建立独尊之"我"为极则，以〇圆相为玄奥，予人有法，立我为禅。故具透关手眼而留心宗乘如雍正者，宁不颠扑而无容其流衍耶。稽之《心灯录》之见地，实从明末阳明学派心性之说与禅学会流，亦即援儒入佛之异禅也。立〇圆相以标宗，盖取诸道家与宋易太极之学说。指一我为究竟，盖取诸《大学》慎独与王学良知良能之知见。循此以往，分梳历代禅师公案、机锋、转语之断案，一使读者闻者即知即得而为之首肯，适与般若实相无相、涅槃妙心之旨背道违缘不知其几千万里。雍正拈提《肇论》，当可以救其偏。虽然，道并行而不悖。孟子非杨、墨，而杨、墨得以显；孔子杀少正卯，而少正卯因仲尼而并彰其名。时异势易，何须雍正之斤斤。但留为后之具眼者，拣其染净，参其几微，容何伤哉。

（四）

异者有曰：雍正既趋诚禅道，何其心之忍，而其行之残耶？此盖囿于稗官野史之说，谓其夺嫡与血滴子之传闻，及其被刺而不保首领之言耳。夺嫡一事，亦为清廷疑案之一，确证为难。然例之唐太宗、宋高宗处骨肉间事，古今中外权位攫夺之事，常使智者慧珠晦吝，理难焚欲者，数数如也。雍正参禅虽已具透关之见，而身为帝室贵胄，乏良师锻炼于造次行履之际，虽自号圆明，实明而未圆，极高明而未道中庸，此为其病耳。大丈夫若无泥涂黄屋，远志山林之胸襟，不淹没于富贵尊荣者，甚为稀有。至于统驭过严，逻察以密，乃局限于当时种族私见之治术，昧于礼治之本。而观其著《大义觉迷录》，以抗汪景祺、曾静、吕留良等民族志士，作文字之争，则知自康熙以还，清廷治权，遍布思想障碍，虽枝叶茂盛而根基未稳。故一变罗致安抚之策，而为锄芳兰于当门之计，其未臻君子大人明德之度，亏于王道之政，过无所逭也。然而《觉迷录》泯民族之歧见，如易时易位而处，用之今日五族平等之说，庸有何伤？且其除弊政而振乾纲，著

145

《朋党论》而督诫廷臣之阿私，更考试旧制而责成徇私取士之宿患，革削隶籍与山西乐户以除奴隶之陋习，升棚民惰民于编氓以持平阶级之善政，在位十有三载，而使中外臣服，平民感恩，济康熙宽柔而以刚猛，故有乾隆坐享六十余年升平之盛世。微雍正，岂偶然可致哉！递此以降，清室帝才，卑卑无所建树。乾隆以后，衰乱已陈。论清史者，每比雍正为汉景之刻薄。覈实言之，汉景碌碌，不足为埒，未必可为定论。迨其生死之际，事涉臆测，抑犹仇者之诅咒，盖吾汉族先民所期望杀之而甘心之说欤！霸才已矣，王业不足凭。英明如雍正者，孰知于一代事功之外，独以编著禅宗语录而传世未休。于此而知学术为千秋慧命大业，非毕世叱咤风云之士所可妄自希冀也。若使雍正有知，当于百尺竿头，废然返照，更求向上一着，行证解脱于禅心乎！

（公元一九六六年，台北）

重印足本《憨山大师年谱疏证》前言

佛教大小乘各种说法，自始至终，无非为修行证果而设。圣远时遥，说理者愈多，真修实证者愈少，致使平实如理之言，堕为支离破碎之见，流布虽广，益增俗谛妄想而已，欲求修行证果经验之谈，如飞空鸟迹，无迹可寻。至若中国先贤修行实证事迹，虽有历代《高僧传》等之作，又皆限于史书体例，简而不详。后世各宗派中，素以注重修证标榜，如西藏密宗，将一生成佛作祖记载，明白显示传述者，亦不多觏，唯《密勒日巴尊者（又译称木讷祖师）传记》，较为具体而脍炙人口，学者顶礼膜拜，赞叹景仰无已。尊者苦行精神，甚为稀有，然求之中国内地先贤行谊，能发大勇猛心，志诚求道者，亦代有其人。唯以谦光自牧，不自宣说其难行能行、难忍能忍之德，且后人为之立传，述其苦行之事，亦但称"幽栖岩穴，木食涧饮"，或"胁不至席，昼夜行道"等寥寥数字，即已概其生平。致使后之学者，视为具文，昧于微言大义，怠思忽辨，而轻掉失之。

明代佛教，人才随时衰竭，世称明末四大老者，如憨山、紫柏、莲池、蕅益，皆有特立独行高风，传述后世，而当时诗僧如苍雪法师者，犹不预其次。然欲推寻明、清间朝野轶史，凡此方外数老之文献掌故，皆为史料遗珍，不宜忽视。憨山大师者，以不世之才，居僧伽领袖，言行攸关朝野，著述影响士林，尤其苦节修持，精勤向道，求之末世法门耆宿，并不多见。《憨师年谱》自经其门弟子福徵疏证，于修证实验之处，向为禅门所借

147

镜，尤足珍惜。余于一九四八年间，避世来台，箧中携有此书，后经人借去影印，惜司其事者，为省节篇幅，不识疏证所述修持经验之重要，概略删除。买椟还珠，此心常为耿耿，今经宋今人、巫文芳两居士发起重印，至诚随喜赞叹，乐助其成，并为拈提所当着眼数事如次：

一曰：即生成就与即身成就。佛法自元、明以还，世传密宗有即身成就之实，禅门唯即生成就之果。实则，未必尽如所云。经云"方便多门，归元无二"，不但禅密归趋之极则不二，即各宗修持圆满极果，皆亦同归一致。唯禅宗与显教各门，视身物如梦如幻，留形住世与即幻归真，原皆余事，故现在不重"色不异空"之旨，直取无上菩提，诞登正觉。藏密依心物不二之宗，趋心能转物之途，即从形色而修真，依地、水、火、风四大自性而修气修脉，证"空不异色"之趣，故或即生而证身通，间能有之，例如密勒日巴尊者临寂之际，饮毒药如醍醐，慈悲喜舍而逝，与憨山及诸禅师等肉身委蜕，历劫数百年而犹存瞻仰，其趣并无二致，不可徒生凡夫分别知见。

二曰：文化根基之差别。余于昔时，尝亲近康、藏佛教密乘之修法，极为钦迟藏密学者信仰之诚，笃行之切，故修学行人，或多或少，易得觉受。至于显密各宗学人，说理谈禅，容或悦耳可心，求其实证之见地功用，则百无一是。旋经再三思维，乃知与地方民族之文化根基有关，例若憨山大师，立身于明末之世风，学兼儒、道之长，精通文教慧业，然能放下一切，至于一字不识之境，独求真修实证于冰雪丛山，其难能可贵之处，尤足多者。倘能细读《密勒日巴尊者传记》，与《憨师年谱》异同之处，不待言而可知其殊途同归之理。

三曰：苦行之异同。隋时僧那禅师有言："祖师心印，非专苦行，若契本心，发随意真光之用，则苦行如握土成金。若唯务苦行而不明本心，为憎爱所缚，则苦行如黑月夜履于险道。"佛用梵语称此世间为"娑婆世界"，义译谓之"堪忍"。凡大乘志士，身入世而心出世，密符六度万行之教，无一而非难行难忍之德。密勒日巴尊者以一身苦行而求道，先证自度而后度人，功德无量。憨山大师具大坚忍之力，即此世间而备历人情险巇，运大悲大勇大智之量，周旋于帝王将相与贩夫走卒之间，虽毁誉相乘并隆，而持心不动，如履冰棱，如踏剑刃，其险难苦行，未可因形迹之异，而轻掉不恭，视与独居苦行之修为为异德也。

四曰：定慧之辨别。无论大小乘之教，与禅密各宗佛法，得大自在解脱之极则者，实为慧悟之道果，或顿或渐，言悟言迷，皆为道慧之权名，此乃佛法所谓不共之密也。至于定学，乃心止一境，精勤专注所生之境界，是乃内外各教，与异宗外道通途之共法。佛法亦依定境而证慧果，但取禅定为慧学之梯阶已耳。且定境中之觉受（三昧），有无量差别，然皆从心缘一境所引起。《憨山大师年谱》所记：在五台冰雪堆中，及居弟子家中，忽入于寂忘定境，经多日而觉。及在盘山顶上，与崂山海滨，证海印发光三昧之境，此皆因五阴自性，为用工逼切所发定境之力，并非为禅悟之极果。亦如密乘学者修得飞身绝迹，或相似神通之用，皆为四大五阴自性引起之功用，不可视为佛法之极则，其理趣一如也。后世学者习禅，昧于真知灼见，每因误解先贤工用过程妙境，往往以求得顽空寂默，或神通妙用，为禅之究竟者，对此不能不辨，庶免陷于枯禅与阴魔之窠臼。虽然，末世人心障浊，当勿轻视空寂之易得，苟能得达心空神足而为历阶，机缘纯熟，得良匠而加以锻炼，较之未能入流者亦多殊胜矣。

五曰：憨师之道缘。禅宗振盛于唐宋，衰落于元朝、明代三百年间，大抵皆宗承有本，一脉单传，仍如隋、唐以前之潜符密行。当憨师住世之时，禅门硕德如密云圆悟禅师等，法席隆盛于天童、育王等处，然皆偏于江南也。憨师初从教下入手，自后行脚苦参，亦唯往来于山东、山西一带，其后名动公卿，望重朝野，仍局于北方，未曾南行参学，晚年遭贬以后，方流于岭南而退居匡庐。憨师生平所学，皆从教下而自入于禅，与禅宗传统之宗门无涉，观其年谱或所撰文献中，与南方宗门名宿，极少往还，而明末禅宗传统记载中，亦不以憨师涉入，故憨师终生行履，与紫柏禅师，亦略异其趣。后学常举憨师而拟论禅宗，辄生误解，于此不得不加辨别；然于憨山大师之证悟高风，毫无贬抑，此又不能不知也。

六曰：出世与入世。小乘佛法行径，以遁迹山林，专志涅槃，不循世道为尚。大乘以出世而入世、入世而出世为自利利他之业。若以行谊而论，中国历代高行沙门中，颇多榜样，如玄奘法师辞唐太宗畀以宰辅之邀，坚不还俗，诚为盛名高位沙门之第一楷模。然以出世之身，阴辅太宗治世之德，其功非浅。南宋大慧宗杲禅师，以出世之身，激扬士林忠君爱国之忱，不遗余力，终遭秦桧之忌而受贬，堪为高蹈缁流之典范。明末憨山大师因牵涉立储而遭遇忌贬，而终不失于律仪，砥砺道业于造次颠沛之中，较之先贤，并无逊色。至若南朝陆法和，统帅江南，介于亦僧亦俗之间。元代刘秉忠，屈志功名，保存国家民族命脉。明代姚广孝，甘遭世谤而羽翼成祖，化其滥杀狂心。此皆苦节存心，盖棺而不求世谅之金刚道慧，迥非凡夫俗眼可测其造诣之高深也。今并举之以供读《憨师年谱》者之助识，冀于文字言语之俗谛外，别得深心省悟之旨也。

（公元一九六七年清夏，台北）

《禅与道概论》前言

去秋今春，两度应刘白如先生之约，在政大教育研究所讲述道佛两家学术思想与中国文化。初拟以最短时间，有限范围毕其事。孰知言难局约，枨触多端，繁芜散漫不得中止。两次讲辞之半，又经《大华晚报》披露，致使爱憎之者，函电催梓全文，欲了知其究竟。秋初白如先生远游前夕，犹以速印为辞。且杨管北先生亦愿印赠送本三千册，乐为之助。乃冒溽暑深宵，匆匆整理讲稿付梓，纰漏错谬，情多惶恐。居常有意贯串儒释道三家源流，叙述其与中国文化上下数千年之通论，然默计时间与篇章，若非尽多年之力，穷数百万言之辞，难概其要。自忖学养未逮，动遭悔咎。况人事丛脞，日不暇给，每又为之辍止。傥天假以年，或于晚岁成之，亦未可必也。本书所述，仅举其端倪，就正大雅而已。且在酷热清稿期中，适逢内外诸多障难，幸而有成，实得力于林登飞、汤宜庄、徐芹庭、孙毓芹、宋今人、汤珊先诸君之力，并此致谢，以志念也。

（公元一九六八年中秋，台北）

附：宋明理学与禅宗[*]

本题是一个极其广泛的问题，如果要穷源溯本，牵涉之广，几乎上及周、秦，下至现代，可以概括中国文化全部的发展史与演变史。现在为了讲解的方便，姑且借用目前流行的西历纪元，作为代表时代性的计算方法，大约可分为七个阶段，极其简要地说明其要点。又再概括它的内容来讲，则可归纳为两大重心：一、从历史分判中国文化思想的大势。二、简介理学与禅宗的关系。

提到历史文化的演变与发展，我们可以再用一个新的观念来说，在人类历史文化的发展过程中，有两个非常尖锐对比的事实，它始终存在于历史的现实之中。

（一）为人尽皆知的历史上治权的事实，包括古今中外历代帝王的治权，这是一般人所谓的大业。

（二）为学术思想的威权，它虽然不像历史上帝王治权那样有赫赫事功的宝座，但是它却在无形之中领导了古今中外历史的趋向，而非帝王将相之所能为。过去中国的文化界，尊称孔子为"素王"，也便是内涵有这个观念。这是千秋大业，也许当人有生之年，却是长久的寂寞凄凉，甚之是非常悲惨的，可是它在无形之中，却左右领导了历史的一切，而且它有永久的威权和长存

---

　　* 本文系一九七二年二月六日上午，南教授应孔孟学会邀请专题演讲之讲词记录。（编者）

的价值。

前者在庄子与孟子的共同观念中，应该称之谓"人爵"；后者称之谓"天爵"。而且我们借用孟子的"五百年必有王者兴，其间必有名世者"的两句话来讲，在人类历史文化发展史上，的确若合符节，并非虚语。因此，我们在前面说过，姑且借用西历纪元作标准，以五百年作一阶段，简要地说明本题的内涵。

壹、从历史分判中国文化思想的大势

（一）周代文化——文武周公阶段

本题为了针对儒家学术思想的趋势来说，因此断自周代文化开始，换言之，第一个五百年间，便要从周公的学术思想开始（约当公元前一一一五至一〇七九年间）。因为孔子的学术思想，是"祖述尧舜，宪章文武"，而且也自认为随时在梦见周公，推崇"郁郁乎文哉"的周代文化，是集中国上古以来文化的大成。

（二）孔孟思想的阶段

第二个五百年，约始自公元前五七一至五四五年间，才是孔孟思想兴起的阶段。孔子生于周灵王二十一年（公元前五五一年）。孟子生于周烈王四年（公元前三七二年）。由此而经六国到秦、汉时期（公元前二五五至二〇二年）。孔孟与儒家的学术思想，虽然崛立于鲁卫之间，但当此时期诸子百家的学术思想普遍流行，道、墨、名、法、纵横、阴阳等家，弥漫朝野，它们被诸侯之间所接受和欢迎，还胜于孔孟思想。即如汉初统一天下，从文景开始，也是重用道家的黄老思想。一直到公元前一四〇年间，由汉武帝开始重视儒术，再经公孙弘、董仲舒等的影响，因此而"罢黜百家，一尊于儒"。孔子的学术思想，和董仲舒等所代表的儒家思想，才从此而正式建立它的学术地位。这也正是司马迁所说"自周公卒，五百岁而有孔子。孔子卒后至于今五百岁，有能绍明世，正易传，继春秋，本诗、书、礼、乐之际，意在斯乎！意在斯乎！小子何敢让焉"的阶段。但在西汉这一阶段的儒家学术思想，着重在记诵辞章与训诂之学，并无性命的微言与道统问题的存在。而且当时的代表大儒董仲舒，他是集阴阳、道家思想的儒学，也可以说是外示儒术、内启阴阳谶纬之学先声的儒学。至于公孙弘等见之于从政的儒行，几近"乡愿"，远非孔孟的精神，司马迁在《史记》上列述公孙弘的史事，备有微言，不及细述。

（三）儒、道、佛文化思想的交变阶段

到了第三个五百年，正当西历纪元开始，也正是新莽篡位到东汉的时期（王莽于公元九年正式篡位。而且扬雄所著《太玄》的术数之学，另启东汉阴阳术数的儒学思想之渐）。由此经汉末到三国之间，也正是儒家经学的注疏集成阶段，将近三百年来两汉的儒学，到此已近于尾声。代之而起的，便是中国文化史上有名的"三玄"——《易经》《老子》《庄子》之学的抬头。从此历魏、晋、南北朝而到梁武帝的阶段，便是佛教禅宗的初祖——达摩大师东来的时期（梁武帝自公元五〇三年建国，达摩大师的东来，约当公元五一三年间的事）。我们必须注意王莽的思想，也是承受儒家政治思想的一脉，以恢复井田制度的理想为目的。但他缺乏心性修养之学的造诣，与孔、孟的儒学思想无关。

在这第三个五百年间，自汉末三国之际，由于佛教传入之后，儒、佛、道三家的优劣，和宗教哲学的争论，以及有神（非宗教之神的观念）与无神之辩，一直延续到隋唐之际。有关这些文献的资料，我们都保留得很多，可惜注意它的人并不太多。因此可说这个时期，是儒、道、佛文化思想的交变阶段。

其次佛教的各宗，也在此阶段开始逐渐萌芽。例如与禅宗并重的天台宗，也自梁天监十三年到唐贞观年间正式形成。负有盛名的天台宗智者大师，便在隋开皇十七年间才开张他的大业。

如果以儒家学术为主的立场来讲，这五百年间可以说是儒学的衰落时期。

（四）隋、唐文化与儒、道、佛及理学勃兴的阶段

第四个五百年，便是隋、唐文化到宋代理学兴起的阶段。中国佛教十宗与中国佛学体系的建立确定，便是由隋到初唐而至于天宝年间的事（约当公元六〇〇至七五六年间）。但这个阶段，却是中国文化最光荣的阶段，也可以说是唐代文化鼎盛的阶段，可是儒家的学术思想，除了辞章记诵以外，并无太多义理的精微。其中最值得一提的：

（1）便是文中子融会儒、道、佛的学术，影响领导初唐建国的思想颇大。

（2）其次，便是孔颖达有关儒学注疏的撰解，以及天宝年间李鼎祚《易经集解》的完成，都对汉儒之学有其集成的功劳。

禅宗的兴盛：但自唐太宗贞观之后，从达摩大师传来一系的禅宗，南能（在南方的六祖慧能）和北秀（在北方的神秀）之后嗣，便大阐宗风，风靡有唐一代。我们如果强调一点说初唐的文化，便是禅的文化，也并不为过。但在此时期，道教正式建立，道家和道教的学术思想，自贞观以后，也同禅宗一样，同样地具有极大的影响力。因为佛教受到禅宗影响而普遍地宏开，于是引起中唐以后，中国文化史上有名的韩愈辟佛事件。

韩愈辟佛开启宋儒理学的先声：韩愈辟佛事件及其著作《原性》《原道》和《师说》的名文，是在唐宪宗元和间（约当公元八一九年）的事。我们说句平实的话，只要仔细研究韩愈的思想和当时文化与宗教的情形，与其说韩愈是在辟佛，毋宁说韩愈是在排僧，或者可以说在激烈地排斥佛教的形式而已。至于

韩愈在《原道》中所提出"博爱之谓仁"的思想，那是从他专门研究墨子思想的心得，融化入于儒家思想之中。一般人都忘了韩愈的学问，致力最深的是墨学，因为后世很多人忘记了这个重点，便人云亦云，积重难返了。其实，除了韩愈的辟佛，渐启后来宋儒理学的先声之外，真正开启宋儒理学思想的关键，应该是与韩愈有师友关系的李翱所著之《复性书》一文。

禅宗五家宗派的隆盛：由大历、大中（公元七七〇至八五三年）到元和、咸通、开成、天复（公元八三九至九〇一年）乃至五代周显德（公元八八四至九五六年）之间。禅宗的五家宗派，鼎峙崛起，各自建立门庭，互阐禅宗。如沩仰宗所建立〇圆相的旨趣，开启宋代"太极图"的先河。曹洞宗的五位君臣，取《易经》重离之卦的互叠作用，激发宋代邵康节的易学思想。临济宗的"三玄三要"之旨，对宋儒理学的"太极涵三"之旨趣，极有影响。

此外，云门宗和法眼宗的说法，也都与理学有息息相关之妙。

（五）宋儒的理学阶段

第五个五百年，便是继晚唐五代以后宋代儒家理学的兴起。宋太祖的建国，正当公元九六〇年间的事。到了乾德五年（公元九六七年）便有中国文化史上有名的"五星聚奎"的记事。这个天文星象的变象，也就是后世一般人认为是感应宋初"文运当兴"的象征。因此认为宋初产生了理学的五大儒，就是"五星聚奎"的天象应运而生的。

到了宋仁宗景德年间（约当公元一〇〇〇年间），儒家的理学大行，已有要取禅宗而代之的趋势。但在此之先由宋真宗开始，道教也大为流行，一直影响了徽、钦北狩和高宗南渡的局面。在此同时可以注意的，便是公元一〇六八年间，宋神宗起用王安石，又想要恢复井田制度等的理想，因此宋代的党祸和理学门户之争，便也在此时期揭开了序幕，这是中国文化学术史上一件非常遗憾，也许可以说是一件很有趣的史事。

可是在当此之前五百年间，禅宗的王气将衰，到了这个五百年间，宋代五大儒的理学思想，崛然兴起而替代了禅宗五家宗派的盛势，虽曰人事，岂非天命哉！

（六）明代理学与王学的阶段

第六个五百年，就是由宋儒朱熹、陆象山开始，经历元、明而到王阳明理学的权威时期。朱熹生在建炎四年（公元一一三〇年），卒于庆元六年（公元一二〇〇年）。陆象山生于绍兴九年（公元一一三九年），卒于绍熙三年（公元一一九二年）。朱熹的"道问学"和"集义之所生"的宗旨，和陆象山的"尊德性"而直指心性，不重支离琐碎的探索，便是中国文化史上非常有名的朱、陆思想异同之争的一重学案。到了明代宪宗成化和嘉靖之间（约当公元一四七二至一五二八年间），王阳明理学的思想大行，从此以后，中国文化思想的领域，大半都是陆、王的思想。

由此经明武宗而到万历，王学大行，末流所及，弊漏百出，终至有"圣人满街走，贤人多于狗"之讥。理学到此，已势成强弩之末，也与禅宗一样，都有等分齐衰之慨了。

（七）清代经学与理学的阶段

第七个五百年，就是清初诸大儒，如顾炎武、黄梨洲、顾习斋、李二曲等人，遭遇国亡家破之痛，鉴于明末诸儒"平时静坐谈心性，临危一死报君王"的迂疏空阔，大唱朴学务实，学以致用于事功的成就。一变明末理学的偏差，大有宋儒陈同甫、辛弃疾的风范。而且极力鼓吹民族正气的良知，延续中华民族的正气和中国文化的精神，因此影响直到清末而产生了国父孙先生的思想，如《建国方略》和《心理建设》等等，也可以说是承接顾炎武、黄梨洲之后而继孔、孟儒家思想，融会古今中外的文化学术而构成简明易晓的大成。

由清兵入关而到甲申建国的时期，也便是公元一六四四年间的事，从此自十九世纪的末期而到现在的二十世纪，我们的学术思想和历史文化，又遭遇一个古今中外未有的巨变阶段。理学的形式和禅宗的新姿态，似乎正在复活，它将与古今中外的洪流，有接流融会的趋势。衡之历史的先例，以及《易经》术数之学的证验，很快的将来，新的中国文化的精神，必将又要重现于世界了。孟子说："五百年必有王者兴，其间必有名世者，由周以来，五百有余岁矣。以其数，则过矣，以其时考之则可矣。"我们这一代的青少年们，真需要发心立志，记住张横渠的"为天地立心，为生民立命，为往圣继绝学，为万世开太平"的名训，作为国家、为自己事业前途的准绳。

贰、理学与禅宗的关系

我们已就历史的观念，分判中国文化思想的大势，有关禅宗与理学兴起的大概，便可由此而了然于心。至于理学与禅宗学术思想交互演变的详情，实非片言可尽，现在仅就其要点，稍作简介，提供研究者参考之一得，其间的是非得失，则各有观点的不同，"道并行而不悖"，要亦无伤大雅也。

（一）理学名词的问题

宋儒的理学，原本只是远绍孔、孟、荀子以来儒家的学术思想，起初并无专以"理"字作为特定的名词。自周濂溪以下，讲学的方式，已经一变"性与天命，夫子罕言"的风格，动辄便以天人之际的"宇宙"观与形而上的"道体论"作根据，由此而建立一个人生哲学的新体系。濂溪以次，以"理气"、"理欲"等新的名词，用作心性之理的整体的发挥，因此后世便以宋儒的儒学，别称谓"性理学"，简称叫作"理学"。《宋史》对此，又别创体裁，特在《儒林传》之外，又另立《道学传》的一格，专门收罗纯粹的"理学家"，以有别于"儒林"。其实，无论周、秦以来的儒家，以及孔、孟的学术思想，并无特别提出以"理"驭"气"，或"理气"二元并论，同时亦无以"天理"与"人欲"等等规定严格界别的说法。至于根据《说卦传》的文言，以"穷理尽性而至于命"的"理"字作根据，确定"理学"家们"理"即"性"、"理"即"天"的定论，那是有问题的。况且《说卦传》是否为孔子所作的可靠性，也正为后世所怀疑，事非本题的要点，所以姑且略而不论。

在中国文化思想的领域里，正式以"理"字作为入道之门的，首先应从南朝梁武帝时期，禅宗初祖达摩大师所提出的"理入"与"行入"开始，从此而有隋、唐之间，佛学天台宗与华严宗的分科判教，特别提出修学佛法的四阶段，从"闻、思、修、慧"而证"教、理、行、果"以契合于"信、解、行、证"的要点，因此而有特别重视"穷理尽性"的趋向，由教理的"观行"而契证"中观"的极则（包括形而上的本体论与形而下的形器世间——即由宇宙论而到人生哲学）的涵义，确立为事法界（形器与人物之间）、理法界（理念与精神之际）、事理无碍法界、事事无碍法界的"四法界"观念，应为开启宋儒契理契机的强有力之影响。关于华严"四法界"之说，但读唐代澄观法师、圭峰法师、李长者等的巨著可知，恕不详及。

但华严宗的大师，如澄观、圭峰等，都是初游禅宗之门而有所得，从此宏扬教理，特别提倡华严思想体系的建立，融会禅理与华严教理的沟通。因此互相影响，到了中唐以后，如创立沩仰

159

宗的沩山大师，提倡"实际理地（对心性与宇宙贯通的形而上本体的特称），不着一尘。万行门中（指人生的行为心理与道德哲学），不舍一法"的名言，特别强调"理地"作为心性本际的标旨。从此"实际理地"的话头，便流传于禅宗与儒林之间，极为普遍。

综合以上所讲自梁武帝时代，达摩大师提出"理入"法门开始，和天台、华严等宗对于"理"的观念之建立，以及沩山禅师提倡"实际理地"的名言之后，先后经过五百年间的互相激荡，因此而形成宋儒以"理"说性的种种思想，便成为顺理成章的事实了。其间学术思想的演变与发展，以及互受影响的种种详实，已可由此一斑，而得窥全豹了。

其次，在唐宪宗大历、大中迄开成、天复之间，沩山、仰山师徒所建立的禅门，以九十六圆相纲宗（包括圆相、暗机、义海、字海、意语、默论等六重意义）；洞山、曹山师徒以重离☲卦而立五位君臣的宗旨。因此演变发展而逐渐启发周濂溪的《太极图说》，与邵康节易理象数的哲学思想，都有极其密切的关系和迹象可寻。但因涉及文化思想史的考证范围，又非片言可尽，现在只能举其简略，以资参考而已。至于沩、仰与曹、洞师徒的○圆相与重离思想的来源，则又自挹注《易经》与道家的观念而注释禅修的方法，那又别是一个问题，以后另行讨论可也。

（二）周濂溪游心禅道的资料

相传周茂叔曾经从学于润州（江苏镇江）鸿林寺僧寿涯，参禅于黄龙（山名）慧南禅师及晦堂祖心禅师。又尝拜谒庐山归宗寺之佛印了元禅师，师事东林寺僧常聪。释感山所著《云卧纪谈》谓："周子居庐山时，追慕往古白莲社（晋代净土宗初祖慧远法师所创立）故事，结青松社，以佛印为主。"常聪门人所著《纪闻》谓："周子与张子得常聪'性理论'及'太极、无极'之传于东林寺。"又，周濂溪常自称"穷禅客"，这是见于游定夫的语录中的实话。至于他所作的诗，经常提到与佛有缘的事，并不如后代理学家们的小气，反而讳莫如深。例如《题大颠壁》云："退之自谓如夫子，原道深排拂老非。不识大颠何似者？数书珍重寄寒衣。"（因韩愈在潮州时，曾三函大颠禅师。在袁州时，曾布施二衣，故茂叔诗中特别提出此事）《宿山房》云："久厌尘劳乐静玄，俸微犹乏买山钱。徘徊真境不能去，且寄云房一榻眠。"如《经古寺》云："是处尘埃皆可息，时清终未忍辞官。"至于周子的《通书》四十章，揭发"诚"与"敬"之为用，实与禅宗佛教诚笃敬信的主旨，语异而实同，不必详论。

（三）邵康节学术思想的渊源与曹洞宗旨的疑案

关于邵子的学术思想，如果说是出于道家，这是不易引起纷争的事。倘使有人认为他与禅宗有关，那么可能就会引起哗然訾议了。但由多年来潜心研究邵子的易象数之学与《皇极经世》的《观物》内外二篇的思想，愈加确立此一信念。至少可说邵子对易学的哲学观念，实为远绍禅、道两家的思想启发而来。即如他所祖述的陈抟本人的思想，亦与禅宗具有密切的关系。此事言之话长，今但就最简要易晓的略一说明而已。

今据大家手边易找的资料，如全祖望在《宋元学案》的《叙录》说："康节之学，别为一家。或谓《皇极经世》，只是京、焦末流。然康节之可以列圣门者，正不在此。亦犹温公之造九分者，不在《潜虚》也。"黄百家云："周、程、张、邵五子并时而生，又皆知交相好……而康节独以图书象数之学显。考其初，先天卦图，传自陈抟；抟以授种放，放授穆修，修授李之才，之才以授先生。顾先生之教，虽受于之才，其学实本于自得……盖其心地虚明，所以能推见得天地万物之理。即其前知，亦非术数之比。"据此以推，陈抟为唐末五代间人，陈抟之先，先天八卦图，又得授受于何人？唐以前无之，亦如理学家在唐以前并无此说，是一样地截流横断而来，岂非大有可疑者在也？如果推求于禅宗的五家之中，曹洞师徒，便已开其倪端。虽然对邵子的术数之学，略无牵涉，但陈抟与邵子的易象数之学，与唐代的一行禅师的术数之学，都有关联之处。根据易理象数而言宇宙人物生命之本元问题"道"（哲学）的思想，与曹洞宗旨，却极其"性相近也，习相远也"。其中理趣，大有可观，唯限于时间篇幅，仅略一提撕，提起研究者之注意而已。

曹洞宗据重离卦☲的五位君臣说：五位乃洞山良价禅师所创，借易之卦爻而判修证之浅深（名为功勋之五位，为洞山之本意），示理事之交涉（名为君臣之五位，为曹山之发明）。洞山禅师以"—"代表正也、体也、君也、空也、真也、理也、黑也，"– –"代表偏也、用也、臣也、色也、俗也、事也、白也。并取离卦回互卦变之而为五位。其叠之次第：1. 重离卦☲。2. 中孚卦☲，取重离卦中之二爻加于上下。3. 大过卦☲，取中孚卦中之二爻加于上下。4. 巽卦☴，取单离，以其中爻回于下。5. 兑卦☱，取单离，以其中爻回于上。

洞山禅师又由爻之形而图黑白之五位：1. ☴巽卦●君位。正中偏：正者体也、空也、理也。偏者用也、色也、事也。正中之偏者，正位之体处，具偏用事相之位也。是能具为体，所具为用，故以能具之体，定为君位。学者始认体具之用，理中之事，作有为修行之位，为功勋五位之第一位。配于大乘之阶位，则与地前三贤之位相当。2. ☱兑卦●臣位。偏中正：是偏位之用，具正位之体之位。因之以能具之用，定为臣用，即君臣五位之臣位也。在修行上论之，则为正认事具之理，用中之体，达于诸法皆空真如平等之理之位，即大乘之见道也。3. ䷛大过卦⊙君视臣。正中来：有为之诸法如理随缘，如性缘起者，即君视臣之位。学者在此，如理修事，如性作行，是与法身菩萨由初地到七地之有功用修道相当者。4. ䷽中孚卦●臣向君。偏中至：事用全契于体，归于无为者，即臣向君之位。学者于此终日修而离修念，终日用而不见功用，即由八地至十地之无功用修道位。5. ䷝重离卦●君臣合。兼中到：是体用兼到，事理并行者。即君臣合体之位，为最上至极之佛果也。

以上就法而论，事理之回互，为君臣之五位；就修行上而判浅深，为功勋之五位。

上面仅就部分的研究资料而说，其他如洞山良价禅师因涉溪水照影而悟道的偈语说："切忌从他觅，迢迢与我疏。我今独自往，处处得逢渠。渠今正是我，我今不是渠。应须恁么会，方得契如如。"它与邵康节的"冬至子之半，天心无改移。一阳初动处，万物未生时"，以及邵子《观物吟》"耳☳目☲聪明男子身，洪钧赋与不为贫。因探月窟方知物，未蹑天根岂识人。乾☰遇巽☴时观月窟，地☷逢雷☳处见天根。天根月窟闲来往，三十六宫都是春"，其间的思想脉络互通之处，实在是颇饶寻味。至于《皇极经世》书中，假设"元会运世"的历史哲学之观念，与佛学"成住坏空"的"劫运""劫数"之说，更有明显的关连。总之，邵子之学，发明禅道两家的学术思想之处甚多，义属专题，一时也恕难详尽。

（四）张横渠排斥佛老与佛道之因缘

与周濂溪、邵康节同时而稍后的理学家，便有张载和二程——程颢、程颐。张横渠少有大志，喜谈兵。尝上书干谒范仲淹。仲淹对他说："儒者自有名教可乐，何事于兵？"授以《中庸》。乃立志求学。初求之佛、老，后恍然曰："吾道自足，何事旁求?"世传横渠之学，以"易"为宗旨，以"中庸"为目的，以礼为体，以孔、孟为极。但是横渠的任气尚义，在气质上，与孟子的风格，更为相近。

周濂溪的学说，在"太极"之上，加一"无极"。其用意，似乎为调和儒家的"太极"与道家的"无极"。有人说濂溪"太极"的涵义，犹如佛学的"依言真如"；"无极"的涵义，犹如佛学的"离言真如"。但他说"无极"而"太极"，则又似佛说"性空缘起"，以及老子的"有生于无"。

张横渠只说到"太极"，并不提"无极"。但他对于"太极"的解释，又不可说是"无"。而且他批评老子"有生于无"之说，以为错了，又是以"有"作根据的。自语相违，互自矛盾之处甚多。这是周、张二人思想的根本不同之处。横渠说出"气"字，又提出性有"天地之性"与"气质之性"的不同。周濂溪对于佛教，很少有显著排斥性的批评。张横渠的著作中，排佛之言甚多。例如驳斥佛学"以山河大地为见病，以六合为尘芥，以人生为幻妄，以有为赘疣，以世为荫浊"，又说"彼语寂灭者，往而不反；徇生执有者，物而不化。二者虽有间矣，以言乎失道，则均焉"等等，大体都是粗读《楞严经》的"世界观""人生观"而立论，并未深知《华严》《涅槃》经等的理趣。但他在《西铭》中，开示学者"民吾同胞，物吾与也"的观点，以及他平时告诫学者"为天地立心，为生民立命，为往圣继绝学，为万世开太平"等观念，则又似佛学的众生平等，因此兴起"同体之悲，无缘之慈"，以及视心佛众生为"正报"，山河大地为"依报"之说的启发交变而来。至于上述他的著名之"四句教"，简直与禅宗六祖慧能教人的"无边众生誓愿度，无尽烦恼誓愿断，无量法门誓愿学，无上佛道誓愿成"完全相似。又如他在《正蒙》中所称的"大心"，便是直接套用佛学

"大心菩萨"的名词和涵义，而加以儒家化的面貌而已。也可以说，他是因袭禅宗六祖的思想而来的异曲同工，也并不为过。关于张横渠所著的《正蒙》，以及他的"理气二元"的立论，则大半是挹取道家的思想，启发易理观念，这也是事实。这些都是从他"初求之佛、老"而得来的启迪，大可不必有所讳言。

（五）二程的思想与禅佛

二程——兄颢（明道先生）、弟颐（伊川先生）"少时，从学于周濂溪，慨然有求道之志，后泛滥诸家，出入老、释几十年，返求诸六经而后得之云"。根据《宋史》记载这些有关的资料，宋儒的理学大家们，几乎都是先有求道之志，而且都是先求之于佛、老若干年或几十年后，再返求诸六经或孔、孟之说而得道的体用。我们都知道，六经与孔、孟之书，至今犹在。佛、道之书，也至今犹在。大家也都读过这些书，究竟是六经与孔、孟之书易读，抑或是佛、道之书难读，这是不须再多辩说的问题。同时佛、老之"道"，其"道"是什么？六经、孔孟之书，其"道"又是什么？这个问题，界限也极其分明。真不明白何以他们都愿意把这些问题，混作一谈，便说"'道'在是矣"的含糊话，这未免使"理学"的声光，反而大为减色。至于二程之学，如较之周、张、邵子，则在气度见地上，早已逊有多筹了。

《宋史·道学传》说大程子"出入老释几十年"，其弟伊川也如此说他。但明道的辟佛与非禅之语有说："山河大地之说与我无关，要简易明白易行。"这是他批评《楞严经》的话。如用现代眼光来看，简直是毫无科学头脑，非常颟顸。因此可以说他的"理学"思想，也只属于"心理道德"的修养学说，或者是"伦理"的养成思想而已。又如他批评《华严经》的"光明变相，只是圣人一心之光明"，未免太过佻侗，不知此语已自落入禅家机锋转语的弊病，并非真知灼见。又如批评《涅槃经》要旨"一切众生皆有佛性"的话，他便说："蠢动含灵，皆有佛性为非是。"更是缺乏哲学思辨主题的方法。余如说："道之不明，异端害之也。昔之害近而易知，今之害深而难见。昔之惑人也，乘其暗迷；今之惑人也，由其高明。与云穷神知化，而不足开物成务；其言无不同偏，实外于伦理，穷深极微而不入尧舜之道。"这些都是似是而非、隔靴搔痒的外行话。佛道与儒家的尧舜思想，本来就是两回事，不必混为一谈，多此一辟。而且佛学中再三赞扬治世的"转轮圣王的功德，等同如来"的福业，也并不专以出世为重而完全忽略入世的"伦理"思想。所谓"转轮圣王"，便有近似儒家所谓"先王之道"的情况。况且佛学大乘的菩提心戒，对于济人利物救世的思想，尤有胜于儒家的积极，他都忽略不知，也甚可惜。至于他批评禅的方法说："唯觉之理，虽有敬以直内，然无义以方外，故流于枯槁或肆恣。"这倒切中南宋以后禅家提倡参究（参话头、参公案等）的方法，以及重视机锋、转语等便认为是禅宗的真谛之流弊，的确有其见地。但他对于真正的"禅"是什么？老实说，毕竟外行，有太多的观念尚待商榷。

程伊川与佛教的禅师们，也常相往来，宋人编的《禅林宝训》中，便有灵源禅师给程伊川的三封信，其中有"闻公留心此道甚久""天下大宗匠历叩殆遍""则山僧与居士相见，其来久矣""纵使相见，岂通唱和""虽未接英姿，而心契同风"等语。伊川也曾见过灵源之师晦堂禅师，故灵源有信给他说："顷闻老师言公见处，然老师与公相见时，已自伤慈，只欲当处和平，不肯深挑痛剧"等语。而且还有别的资料，足可证明伊川与灵源禅师等的通问交往，虽老而未断。这等于朱熹要钻研道家的丹道之学，为了一个门户之见的憍慢心所障碍，不肯问道于白玉蟾，到老也没有一点入处，只好化名崆峒道士邹䜣，注述

《参同契》一书以自慰了。《二程遗书》又说："伊川少时多与禅客语，以观其学之浅深。后来则不睹其面，更不询问。"但他尝说："只是一个不动之心，释氏平生只学得这一个字。""学者之先务在固心志。其患纷乱时，宜坐禅入定。"这与以"静"为学的基础一样，同样地都以采用禅定（并非禅宗）为教学的方法。然而他的排佛言论却特别多，尝自言："一生正敬，不曾看庄列佛书。"如果真的如此，则未免为门户的主观成见太深，自陷于"寡闻"的错误。因此他引用佛学，便有大错特错之处，例如说："释氏有理障之说，此把理字看错了。天下唯有一个的理，若以理为障，不免以理与自己分为二。"他对于佛学"理障"（即所知障）的误会，外行如此，岂能服天下知识佛学者之心。并且又不知辨析的方法，不知比较研究的真实性，但在文字名词上与佛学硬争，更落在专凭意气之争的味道了。陆象山所谓"智者之蔽，在于意见"，真可为伊川此等处下一注脚。

至于他教学者的方法说："涵养须用敬，进学则在致知。"在"用敬"之前，又须先习"静坐"。他所讲的"静坐""用敬""致知"的三步工夫，正是由佛学"戒、定、慧"三学的启迪变化而来，但又并不承认自己受其影响，且多作外行语以排佛，反而显见其失。实例太多，不及枚举，暂时到此为止。其他如程明道先生的名著《定性书》文中说"动亦定，静亦定，无将迎，无内外……既以内外为二本，则又乌可遽语定哉"等观念，完全从他出入佛、老，取用《楞严经》中楞严大定的迥绝内外中间之理，而任运于"妙湛总持"的观念作基础，再加集庄子的"心斋"等思想而来。但对于理学家们的教学修养的价值，那真是不可轻易抹煞的伟著。

我们略一引述宋儒理学家的五大儒与禅之关系的简要处以外，其余诸儒中，有关这些资料者，多得不及缕述，只好到此暂

167

停了。

（六）有关理学家们排佛的几个观念

根据以上所讲，好像在说宋儒的理学，都是因袭佛、道两家学术思想的变相，理学的本身，便无独特的价值似的。这是不可误解的事，须要在此特作声明。现在只因时间与篇幅的关系，仅就本题有关禅与理学的扼要之处，稍作简介而已。如果必须要下一断语，我们便可以说："禅宗到南北宋时，已逐渐走向下坡，继起而王于中国学术思想界者，便是'理学'。相反地，元、明以后一般的禅宗，或多或少已经渗有'理学'的成分了。"换言之，理学就是宋代新兴的"儒家之禅学"。元、明以后的禅宗，也已等同是"禅宗之理学"了。佛学不来中国，隋、唐之间佛教的禅宗如不兴起，那么，儒家思想与孔、孟的"微言大义"可能永远停留在经疏注解之间，便不会有如宋、明以来儒家哲学体系的建立和发扬光大的局面。幸好因禅注儒，才能促成宋儒理学的光彩。

如果再要追溯它的远因，问题更不简单。自汉末佛教传入中国以来，引起学术思想界儒、佛、道三家的同异之争，一直历魏、晋、南北朝而到隋、唐，争论始终不已。由汉末牟融著《理惑论》，调和三教异同之说开始，直到唐代高僧道宣法师汇集的《广弘明集》为止，其中所有的文献资料，随处可见在中国的学术思想界中，始终存在着这股洪流。初唐开国以后，同尊三教，各自互擅胜场，已经渐入融会互注的情况。宋儒理学的兴起，本可结束这个将近千年来的争议，但毕竟在知识见解的争论上，更有甚于世俗的固执。理学家们仍然存有许多不必要的意见与误解，因此而使禅与理学，都不能爆放更大的慧光，这是非常遗憾的事。

但在禅宗方面，却一直对儒家思想和理学，并无攻毁之处，甚之，还保持相当的尊重。因为无论学禅学佛的人，只要是读过书的人，都曾受过孔、孟思想教育熏陶，不会忘本而不认账。即使毫未受过教育的学佛者，凡是中国人，对于圣人孔、孟思想的尊敬，也都牢入人心。并且已将儒家和孔、孟的思想，变成个人生活与中国社会形态的中心，极少轻蔑的意识。

理学家们排佛的要点，除了对于"宇宙观"和形而上"本体论"的争辩以外，攻击最力的，便是出世（出家）和入世（用世）的问题。有关"宇宙观"和形而上"本体论"的哲学思辨，理学家们的观点，虽然属出入佛、老而契入《易经》与孔、孟的学术思想范围，毕竟还不如禅佛的高深。此事说来话长，而且也太过专门，暂时不谈。至于有关入世和出世的问题，的确有值得商榷之处。不过他们忘记了在唐、宋以来的中国社会，虽有大同仁义的思想，但并未像现代有社会福利的制度，因此贫富苦乐悬殊，以及鳏、寡、孤、独、残疾、疲癃、幼无所养、老无所归的现象，也是一件非常严重的社会问题。幸好有了佛、道两教出家人可以常住寺观等的制度存在，无形之中，已为过去历代帝王治权和社会上，消弭一部分的祸乱，解决了许多不必要的惨痛事故，未尝不是一件极大的功德。因此而批评离世出家，就等同墨子"无父无君"的思想，那也是一般不深入的看法。这是理学家们，大多都未深入研究大乘佛学的精神和大乘戒律思想的误解。况且墨子思想的"尚同""兼爱""尚贤"，也并非真如他们所说的完全是"无父无君"的惨酷。不过这又要涉及儒、墨思想的争端问题，在此不多作牵连了。

此外，宋、明以来理学家们讲学的"书院"规约之精神，是受禅宗"丛林制度"以及《百丈清规》的影响而来。理学家们讲学的"语录""学案"，完全是套用禅宗的"语录""公案"的形式与名称。不过这些都是属于理学与禅宗有关的小事，顺便一提，聊供参考而已，并不关系大节。

　　总之，本题是有关中国学术思想史的演变与发展的大问题，实非匆促可以讨论的事。当时因为黄得时、钱鞭男两位先生的命题，我只好提出一些有关的简略报告，等于是作一次应考的缴卷，并未能够详尽其词，敬请见谅。

　　　　　　　　　　　　　　　（公元一九七二年，台北）

《禅话》序

——兼答叔、珍两位质疑的信

清人舒位诗谓"秀才文选半饥驱",龚定庵的诗也说"著书都为稻粱谋",其然乎! 其不然乎? 二十多年来,随时随地,都需要为驱饥而作稻粱的打算,但从来不厚此薄彼,动用头脑来安抚肚子。虽然中年以来,曾有几次从无想天中离位,写作过几本书,也都是被朋友们逼出来的,并非自认为确有精到的作品。

况且平生自认为不可救药的缺点有二:粗鄙不文,无论新旧文学,都缺乏素养,不够水准,此所以不敢写作者一。禀性奇懒,但愿"饱食终日,无所用心",视为人生最大享受。一旦从事写作,势必劳神费力,不胜惶恐之至,此其不敢写作者二。

无奈始终为饥饿所驱策,因此只好信口雌黄,滥充讲学以糊口。为了讲说,难免必须动笔写些稿子,因此而受一班青年同好者所喜,自己翻觉脸红。此岂真如破山明所谓:"山迴迴,水潺潺,片片白云催犊返。风潇潇,雨洒洒,飘飘黄叶止儿啼。"如斯而已矣乎!

但能了解此意,则对我写作、讲说,每每中途而废之疑,即可谅之于心。其余诸点,暂且拈出一些古人的诗,借作"话题"一参,当可会之于心,哑然失笑了!

关于第一问者:

"中路因循我所长,由来才命两相妨。劝君莫强安蛇足,一盏芳醪不得尝。"(李商隐)

"促柱危弦太觉孤，琴边倦眼眄平芜。香兰自判前因误，生不当门也要锄。"（龚自珍）

关于第二问者：

"饱食终何用，难全不朽名。秦灰招鼠盗，鲁壁窜鼯生。刀笔偏无害，神仙岂易成。却留残阙处，付与竖儒争。"（吴梅村）

关于第三问者：

"一钵千家饭，孤身万里游。青目睹人少，问路白云头。"（布袋和尚）

"勘破浮生一也无，单身只影走江湖。鸢飞鱼跃藏真趣，绿水青山是道图。大梦场中谁觉我，千峰顶上视迷徒。终朝睡在鸿濛窍，一任时人牛马呼。"（刘悟元）

（公元一九七三年，台北）

《庞居士语录》与庞公的禅（代序）

禅宗自中唐以后，阐扬宗风最为有力的，全靠南宗的马祖道一和尚。但马祖与石头希迁和尚又相互呼应，在教授后进方面常常对唱双簧，作育有志继起之士。例如马祖告诫他的弟子邓隐峰说："石头路滑！"便是传诵千古有名的"禅机"风趣。因为马祖教授禅道的手法高明，当时他的门下造就出七十二员南宗禅的大匠，名震朝野。前人有比之如孔子的门人数字，所谓"弟子三千，贤人七十"。但其中大部分都是出家的和尚，只有一位庞蕴居士，始终以在家俗人的身份，参列在中唐时期禅林的名匠之间，颇为当时及后世所乐道、所崇拜。

关于庞居士的传记以及他的悟道因缘与各种事迹，散见各书者虽然大同小异，但皆语焉不详，禅宗汇书如《祖堂集》《传灯录》《人天眼目》《五灯会元》《指月录》等，他书如《唐诗纪事》中的摘要，仍未出于禅门传闻以外。《庞居士语录》所刊无名子《序》一篇，作者之年代姓名皆谦退不具，更无法稽考，且其所叙庞居士的家世等，尤其难辨真实与否。但据我所闻于耆年老宿的口述，亦如此说。无名子之《序》，宋元之间亦早流传，似又不须怀疑。

现在除了考据问题以外，综合各书传叙的庞居士传略，仍然以《指月录》较为可用。因《指月录》在禅宗的汇书中，是最后刊出的著作，作者博洽，大体已经综合各书的意见集成为一介绍，对于庞居士悟道因缘与事迹，亦较有次序，且与《语录》

所载亦甚相合，读之颇为方便合理。

传奇的身世

> 襄州居士庞蕴者，衡州衡阳县人也。字道玄。世本儒业，少悟尘劳，志求真谛。唐贞元（唐德宗年号，约当公元七八五年间）初谒石头。乃问："不与万法为侣者，是什么人？"头以手掩其口。豁然有省。
>
> 后与丹霞为友。一日，石头问曰："见老僧以来，日用事作么生（怎么样）？"士曰："若问日用事，即无开口处。"乃呈偈曰："日用事无别，惟吾自偶谐。头头非取舍，处处没张乖。朱紫谁为号，邱山绝点埃。神通并妙用，运水及搬柴。"头然之。曰："子以缁耶（出家为僧服）？素耶（在家为白衣）？"士曰："愿从所慕。"遂不剃染。
>
> 后参马祖。问曰："不与万法为侣者，是什么人？"祖曰："待汝一口吸尽西江水，即向汝道。"士于言下顿领玄旨。（《指月录》）

依据各书所载，庞居士先见石头或先见马祖，略有出入。但从《语录》记载，以及他承嗣法统于马祖的事实来看，似乎以先见石头，后见马祖较为合理。

至于他的身世，如《指月录》所述，以及无名子的序言，都说他先世是襄阳（湖北）人，无名子《序》："父任衡阳（湖南）太守，寓居城南。建庵修行于宅西，数年全家得道，今悟空庵是也。后舍庵下旧宅为寺，今能仁（寺）是也。"

依据各书所载，庞居士悟道以后，自把所有的资财都沉没在湘水中，此事历代禅门传为佳话。这是各书公认而无异议的记载。那么，庞居士的确出身世家，而且拥有相当的遗产，所以他才有沉珍溺宝，弃之犹如敝屣的豪举，也是不成问题的事实。问题只在于他为什么要那样做？这也是禅门的宗风吗？后文再来讨论。

一口吞江与不作万法之侣

中唐以后南宗的禅，再经马祖的阐扬，盛行于江（西）、湖（南）之间，这是众所熟知的事。庞居士也如一般读书人——知识分子一样，接受时代风尚的影响参禅学佛，并非如东汉以前一样颇为稀奇，也不如现代一样视为落伍。他是当时的读书人——知识分子，也是非常有慧根的人。由他见石头和尚与马祖和尚的问话看来，在未见他们之前，对于佛法的要义已有相当的"知见"和理解。所以一开口便问："不与万法为侣者是什么人？"

"法"字在佛学中的理趣，代表了一切事、一切理。也可说它代表了一切心、一切物。"万法"，当然包括了在世俗间的一切事物，同时也包括了出世间的一切佛法。庞居士一开口便能问："不与万法作伴侣的，你说是什么人？"可见他对于自己"知见"学理的见解实在颇为自负。

照一般的观念，一个人能做到不与万法为侣当然是一超人。等于说：弗（不）是人，便成佛了。妙就妙在石头和尚的教授法。他对于庞蕴的问题绝口不提，只把一只手掩住他开口问话的嘴巴，使他当时气索面红，半个念头也转不出来。由他反躬自照，的的确确认得自己"不与万法为侣"的是什么，所以才能使他当下休去、悟去。这种宗门的教授法，后世绝少人能做得到，必须要千手千眼，眼明手快，拿得准，认得稳，才可下手接引。如果庞居士事先没有"知见"成就，又没有石头一样的明师手法，岂非一场笑话，不引起两人对打一架才怪呢！

从此以后，他就真的大彻大悟了吗？慢慢来！还有问题的。虽然他能说出"神通并妙用，运水及搬柴"，未必不是口头禅。因为读书人——知识分子学道参禅，在"知解"方面到底占了便宜。但在实证的工夫上，也正因为有太多的"知解"，吃了聪明反被聪明误的亏。好在他有一个同有头巾习气的出家朋友，那便是马祖为他取名外号为"天然"和尚的丹霞。他本来要进京去考功名而考进了"心空及第归"的禅门中来。他俩互相切磋，就此牵牵扯扯来看马祖和尚。本来马祖和石头是一鼻孔出气的同门道友，他两个人的弟子也时常交换教导，二人门下向来就有"寄学生"的惯例。庞居士因丹霞的关系来向马祖参学，是很自然的事。

怪就怪在他来问马祖的话，仍然还是那个老问题："不与万法为侣者是什么人？"切须留意，只此一句话，它所包含的内义之广泛，程度之深浅，大有不同。庞居士在石头处有个入门的"悟解"，若说彻头彻尾、透过向上一路，还有问题存在。只要看他悟后来见马祖时还是问此一语，便可见他心里多少时来，还在运水搬柴，还在嘀嘀咕咕。好在马祖气势惊人，他一开口便向庞居士说："待汝一口吸尽西江水，即向汝道。"这一下，比起石头的掩住嘴巴，倒抽一口冷气更厉害。这是有道理也毫无道理的话。所以使得庞居士就此宽心大放，了解无疑了。

关于这重公案，古人拈提出来颂解的很多，禅要真参实证，本来不须再画蛇添足。不过像我这个拙棒，仍然不死心，再重提一下对于此事的一首绝句，以供一笑，也可以说是口头禅的外语吧！

> 庞蕴当年见石头，一经掩口便宜休。
>
> 何须吞尽西江水？亘古江河自不流。

除了真参实证之外，如要只谈禅学，就不妨参考一下《肇论》的"旋岚偃岳而常静，江河竞注而不流"便可了然。不过理解得就完了。此所以谈"知解"、论"禅学"者止于如斯而已矣。

石头和尚对庞居士的掩口葫芦，马祖的"一口吸尽西江水"，到了近代以来，花样翻新，又有人加以特解。过去在参学诸方的时期，碰到有些修学道家、密宗的人说，石头掩住庞居士的嘴巴，马祖教他"一口吸尽西江水"都是要他气功到堂，做到了"宝瓶气"，乃至"气住息停"才能悟道。这种见解可能照旧还会流传，如果古来禅宗大德们听了，一定哈哈大笑。天哪！天哪！

珍宝沉江竹器上市

少悟尘劳，志求真谛，这是庞居士参禅学佛的本怀。但他自有所入门，有所证悟以后，石头和尚问他要出家？要在家？他便说"愿从所慕"。因此就没有披剃头发，染就缁衣，仍然儒冠儒服，做一个佛门的居士。在马祖门下，他可说是一个特殊的典型。那么，他志愿所慕的风格又是谁呢？是佛门中的大乘菩萨吗？菩萨果然不论出家或在家，但庞居士的行径作风又不太像。因为他的行迹，耽空住寂，偏向于小乘的风规。只以形式而论，他也许很倾慕南朝时代的傅（翕）大士。傅大士悟道以后并未出家，有时身披僧衣，头戴道冠，足穿儒履，用以表示非僧、非儒、非道，也可以说是儒、释、道集于一身的表相。但傅大士终

177

身宏扬佛法，竭力布施，甚至卖掉妻子以为施舍。庞居士呢，在这方面完全不像学他的榜样。如记载：

> 居士悟后，以舟尽载珍橐数万，沉之湘流，举室修行。有女名灵照，常鬻竹漉篱以供朝夕。有偈曰："有男不婚，有女不嫁，大家团栾头，共说无生话。"

栖心佛道之士，敝屣功名富贵，情愿过着乞食的生涯，度此朝夕，那是佛门的"比丘"风格，戒行，无可轻议。即如以世法人道称圣的孔子，也同样说："饭蔬食、饮水、曲肱而枕之，乐在其中矣。不义而富且贵，于我如浮云。"又说："富贵而可求也，虽执鞭之士吾亦为之。如不可求，从吾所好。"这与佛家、道家的精神，基本上并无二致。但佛门最重布施，大乘佛法尤其必须以施舍为先。庞居士薄资财、重佛法，一点也不错。可是为什么悟道以后，不以所有的资财广行布施，偏要把它沉之江底？实在费人疑猜。已往参学诸方时，曾经听过一位禅门的老和尚讲解过此事。他说："庞居士悟道以后，决心要把全部珍宝资财沉之江底，当时他的夫人便说：不如用来大作布施。庞居士却说：布施也非究竟，世间人有了钱财反而容易作恶造罪。而且贫富永远不能均衡，易启争心，不如沉之江底为了当。"我不知道他这段传述，依据什么而断定庞居士当时有此意见。问他的根据，也是从前辈老宿传述而知，无法寻根究底。唐人诗云："帆力劈开千级浪，马蹄踏碎万山青。浮名浮利浓于酒，醉得人间死不醒。"庞居士把资财沉到江底，恐怕要引来好多人劈开千级波浪，沉江寻宝而送掉性命，那又何苦来哉！"博施济众，尧舜犹病。"善门虽然难开，何尝没有方便的办法？此所以有些人认为唐、宋以来禅宗大师们的造诣，充其量只是佛法小乘的极果，它与大乘佛法始终还有一段距离。其然乎？其不然乎？大有讲究之处。

无论如何论辩，庞居士当时沉资财、弃富贵的一场举动，的确给予人们惊奇、慨叹、敬仰的一棒。所以宗门一直传为佳话，不再深究他这种行履究竟是何用心。尤其是他可以坐享富贵，虽然学佛参禅悟道以后，仍可以依仗他的资财，大摇大摆地当一位佛家的大居士、大护法。逢庙过寺，随便高兴或多或少到处捐出些香火钱，就可被人们侧目而视，视如天人般巴结了，岂不一乐！然而他不此之图，偏要与一家人过着最穷苦、辛勤的起码日子。每天要做手工，编编竹漉篱，带着女儿上街去兜售，卖出了由劳力换来的工钱，购取维持生活的柴、米、油、盐。这又是为了什么呢？这是人的本分，也是后来百丈禅师"一日不作，一日不食"的禅门家风。他告诉人们不要取巧偷生，做那些不劳而获、无补时艰、无利于人的事。至少，人要了解人生，自己用手或用脑解决人生基本的生活，然后可求精神生命的平静、安详而升华。"仰不愧于天，俯不怍于人。"此一乐也。不过庞居士个人能做到如此固然难能可贵，更值得钦羡的是庞居士夫人和他的女儿。这种全家洁身自好的美德精神，实在值得世人效法、崇敬。"刑于寡妻，至于兄弟。"我于庞公应无间然。如果从大乘佛法乃至华严境界来讲，那又须另当别论了。然耶？否耶？

游戏生死及其家人

庞居士举家参禅学佛，男女老幼个个都有成就，尤其对于生死之间，潇洒如同儿戏。这是马祖会下禅门特出的一章，迥然不同于其他出家禅师们的做法。如记载：

居士将入灭，谓灵照曰：视日早晚，及午以报。照遽报：日已中矣，而有蚀也。士出户观次，灵照即登父座，合掌坐亡。士笑曰：我女锋捷矣。于是更延七日，州牧于公顿问疾次，士谓之曰：但愿空诸所有，慎勿实诸所无。好去。世间皆如影响。言讫，枕于于公膝而化。遗命弃江湖。

另如《庞居士语录》所载无名子《序言》，又稍有异同；而其情景更切实际，如在目前。如云：

经七日，于公往问安。居士以手藉公之膝，流盼良久曰：但愿空诸所有，慎勿实诸所无。好住。世间皆如影响。言讫，异香满室，端躬若思。公亟追乎，已长往矣。遗命焚弃江湖。旋遣使人报诸妻子，妻子闻之曰：这痴愚女与无知老汉，不报而去，是可忍也。因往告子，见锄畬，曰：庞公与灵照去也。子释锄应之曰：嗄！良久，亦立而亡去。母曰：愚子，痴一何甚也。亦以焚化。众皆奇之。未几，其妻乃遍诣诸乡闾，告别归隐。自后沉迹夐然，莫有知其所归者。

关于庞居士一家人的悟道、成就，根据《语录》等所载，"高山仰止"自然都无疑问，唯各家记载，都只及其妻女，并无儿子之说。但从庞公自己的偈语说"男大不婚，女大不嫁"，显见其有儿有女。而且无名子的《序言》决不晚于《祖堂集》《传灯录》之后，所述较为可靠。过去社会以方外僧道、闺门女子、行径特殊者较易出名，故其女灵照的事迹，尤为禅门所衬托而乐道。其子则名也不传，这与《庞公语录·序言》作者的无名子，同为高士，亦无须再论。庞夫人后来归隐不知所终，我常疑为与后来的丰干、拾得、寒山等三大士往来中有一老婆子，可能即是庞公夫人。岂其留形住世亦如迦叶或宾头卢尊者之流亚欤？

庞居士的话与诗

唐、宋以后的宗门，历来推崇庞居士悟缘的奇特之外，便是他与夫人及其女公子灵照的对话。如云：

"居士一日庵中独坐，蓦地云：难！难！十石油麻树上摊。庞婆接声云：易！易！百草头上祖师意。灵照云：也不难，也不易，饥来吃饭困来睡。"

其实，这则对话中的难易之说，固然隽永有味，但只是说明人根各有利钝，悟道并无先后。如果对这一则话也当"话头"来参，那真是埋没禅宗了。

据《传记》《语录》等资料所载，庞居士自悟道以后，终其一生，但与烟霞为伴，神客为侣，既不如有些禅师们各居一方，宏扬教化；亦不是高蹈远引，不知所终。如依旧式史学家们的观点，应该属于隐逸或高士传中的人物。正因为他是高士，而且是佛门中的高士，所以他生平所作的诗偈，就被大家所乐于称道、传诵。他的诗、偈，语语出于平淡、浅显，但包涵了高深的佛理，指点世俗的迷津。它不是纯文学境界的诗，它是将高深的佛学道理融化在平常口语中的白话文学。在他以前，志公大师与傅大士有过这样的创作；在他以后，便是寒山子与拾得的作品了。《全唐诗》的编辑，采录了他几首近于纯文学境界的诗。《唐诗记事》又特别选出他的："未识龙宫莫说珠，从来言说与君殊。空拳只是婴儿信，岂得将来诳老夫。"例如这首绝句，看来很平实有味，但他的内涵却是引用佛经中"龙女献珠，八岁成佛"的故事。空拳诳儿，黄叶止啼，也都是佛经的典故。如不曾涉猎过佛经、佛学，只从纯文学的诗之角度来看，自然就会被摒弃于诗的文学之门外了。庞公的诗、偈是如此，寒山子的诗、偈又何尝不如此？只因目前大家把寒山子的诗加上一项白话诗、平民文学的冠冕，所以便又蜚声一时。不知此次庞公语录与诗、偈的重出，能否也有这样的运气？唯恐正如庞公所说："难！难！十石油麻树上摊。"如是而已。

庞居士与于刺史

历来一般谈禅的人，无论是僧是俗，纷纷猜测"一口吸尽西江水"的内义以外，最乐于称道、崇敬的事，便是庞居士的"但愿空诸所有，慎勿实诸所无"的话了。诚然，这两句简捷的名言，的确足以包括了佛说一部《金刚经》的要点，也足以作为后世学佛参禅者的圭臬。但推开佛法禅宗，再来研究一下庞居士当时说此话的对象，便可又进一层而知庞居士与本书编集人——于頔刺史的关系了。

根据《旧唐书》《新唐书》的记载，于頔是世家公子出身，是晚唐开始时期的一个权臣，也是一个很跋扈骄横的藩镇。大凡世家公子出身的，总很容易流于骄横霸道，修养的欠缺太多。但是于頔可也有他的一面，做了许多有益于国计民生的事，很合于佛家宗旨所谓的善行功德。因此他的功过，颇难定评。

庞居士与于頔的关系究竟是世谊或新交？无法考据而知。但以臆测，很可能在于頔出镇湖南或襄阳这个阶段有亲切的来往。正因为庞居士看透了于頔的为人与心地，所以在他临终的时候，拉着他手，流盼地盯着他看了很久，然后现身说法，告诉他，人总归要死的。以尸谏的精神来规劝他，以尽朋友之道，提醒他佛法的要义，所以他教于頔以"但愿空诸所有，慎勿实诸所无"。

世事一切都如梦幻空花，希望他不要做绝了，更希望他不要存有"琼楼最上层"的奢望。否则一定没有好下场，一定会倒下来，像他一样奄然而去，倒在于頔的腿上。这便是神通，这便是智慧。虽然他没有像佛图澄阻止石勒的为恶，少做许多杀人放火的事，但他能使唐朝少去一个藩镇之祸，减少中原许多残酷的杀业，乃至对于頔的心理影响，使他晚年也能保其首领以终，都是莫大的功德。如果我们换一个立场，把他临终时所说的话，对照孔子的"不义而富且贵，于我如浮云"，就可看出是另有一番注解了。这是警世钟声，这是热中病的良药。禅的境界与修养，岂可随便而测？

于頔的善缘

于頔，字允元，河南人也。周太师燕文公谨之后也。始以荫补千牛，调授华阴尉。黜陟使刘湾辟为判官，又以栎阳主簿，摄监察御史，充入蕃使判官。再迁司门员外郎，兼侍御史、赐紫。历长安县令，驾部郎中，出为湖州刺史。

因行县至长城方山，其下有水曰西湖，南朝疏凿，溉田三千顷，久堙废。頔命设堤塘以复之，岁获秔稻蒲鱼之利，人赖以济。州境陆地褊狭，其送终者往往不掩其棺椁。葬朽骨凡十余所。改苏州刺史，浚沟渎，整街衢，至今赖之。吴俗事鬼，頔疾其淫祀废生业，神宇皆撤去，唯吴太伯、伍员等三数庙存焉。

于頔的劣迹

虽有政绩，然横暴已甚……追憾湖州旧尉封杖，以计强决之……由大理卿迁陕虢观察使，自以得志，益恣威虐官吏，日加科罚，一迹橡姚岘，不胜其虐，与其弟泛舟于河，遂自投而死。

贞元十四年，为襄州刺史，充山南东道节度观察。地与蔡州邻，吴少诚之叛，顿率兵赴唐州，收吴房朗山县，又破贼于濯神沟。于是广军籍，募战士，器甲犀利，個然专有汉南之地。小失意者，皆以军法从事。因请升襄州为大都督府，府比郓魏。时德宗方姑息方镇，闻顿事状，亦无可奈何，但允顺而已。顿奉请无不从。于是公然聚敛，恣意虐杀，专以凌上威下为务。

判官薛正伦卒，未殡，顿以兵围其宅，令孽男逼娶其嫡女。

累迁至左仆射，平章事，燕国公。俄而不奉诏旨，擅总兵据南阳，朝廷几为之盯食。及宪宗即位，威肃四方，顿稍戒惧，以第四子季友求尚主，宪宗以长女永昌公主降焉。

穆宗时于顿死后论谥，右补阙高钺，太常博士王彦威交疏争议，极为反对，王彦威疏中论及，顿顷节旄，肆行暴虐，人神共愤，法令不容，擅兴全师，僭为正乐，侵辱中使，擅止制囚，杀戮不辜，诛求无度。

据此可知他的专横跋扈比想象更甚。但终以太子太保致仕（退休）。至于他的文辞著作，并不多见，可能只知作威作福，如班固所谓"不学无术"者。

《旧唐书》的评语有两个观念：第一个观念推论人品，并评及他养成人品的原因。如云："史臣曰：于燕公以儒家子，逢时扰攘，不持士范，非义非侠，健者不为，末涂沦踬，固其宜矣。"第二个观念，在赞词里综括为两句话，评他为："于子清狂，轻犯彝章。"直截了当说他骄横地蔑视国法。不过，始终没有忘了他的好处。对于整个品格的评语，说他太过清狂而已。这清狂一词下得很中肯。他毕竟不如庞居士对他的期望——"但愿空诸所有，慎勿实诸所无。"

（公元一九七四年端阳，台北）

荷兰文《初译禅宗马祖语录》记言译作的经过

一九七五年的冬天，我正要主持在高雄佛光山的一个禅七法会，政大教育系的名教授祁致贤先生打电话来，极力推荐他的女婿李文，因其对佛学与禅宗都有高度的热情和兴趣，希望能够允许他参加禅七。祁教授的学养高风，素来受人敬重，有他的关照，李文参加禅七便很自然而顺利通过。不过，我所担心的是，他是比利时人，对中文和中国话的素养，是否能够听得透彻了解？尤其是我的口音带有浓厚的乡土方言，只怕他听而不懂，结果却会辜负他一片向学的诚心，甚至误解了禅宗的教学法，那真要变成毫无趣味的笑头，比过去宗师们那些无义语的"话头"更无意义了。谁知报到的时候，他却带来一位忠实的翻译员——也便是他贤慧的妻子。这一对志同道合为沟通东西文化而努力的夫妇同参，倒使这次禅七法会别开生面。不过，他们的心得究竟如何？那应该说，只有"如人饮水，冷暖自知"了。

下山以后，他要回国完成硕士论文的交卷大事，因此他告诉我，决心将禅宗马祖道一禅师的《语录》译成荷兰文。这是东西文化交流的一件伟大工作，做起来相当困难。但是我知道他原来便是研究宗教哲学的高材生，而且学过印度瑜伽禅定，也对日本的禅学颇有研究，所以非常赞成。不过，他从这次参加禅七以后，对于禅宗与《马祖语录》许多关键，和过去所接受的观念有了怀疑，希望我扼要地为他再讲解一番。因此，又专门为他讲了一次《马祖语录》和南岳禅有关的一些问题。他当时认为"豁然有省"，好像禅宗所说的，"如有所悟"；而且认为过去介绍到西方的禅学，有重新检查的必要。

他回国以后，也就是一九七七年的冬月，我开始再度闭关专修。他来信说："《马祖语录》已经翻译完成，而且有一出版商愿意发行这本书。"他的本国老师们也很赞成，但是有些细节他想和我讨论清楚。同时，还想到台湾来完成博士学位，希望能够长时间跟我进一步地探讨，后来知道我已经闭关了，怅然如有所失。

到了今年（一九七八年）的二月，也正是我闭关圆满一年后的春天，为了答应美国方面几位学人专诚来台进修，破例开讲"修证圆通"的课程三个月。因此，也通知了李文夫妇。据说，他当时知道了此事，惊喜交集，情不自禁地掉下了眼泪。生存在侧重现实的时代里，一个人为了求学术修养而有这样的情操，应该说他早已能够得到自证自肯了。这是他的美德，和我毫不相关。从他在比利时接到通知到筹备动身来台湾，先后经过，只匆匆的十天。而他的太太祁立曼，带着两个孩子，也由欧洲转道到美国探亲后迅速转来参加听课，仍然充当他的义务翻译。

有关于马祖和禅宗的四个问题

最近，他急需要赶回欧洲印出这本书。为了再加小心求证，他再提出几个重要问题，要我答复。

（一）目前，西方人认为禅宗是反对佛教原来的教理，而且也反对佛教原来的修持方法。甚之，他们认为各种宗教是彼此否认，彼此反对。是否正确？

关于这个问题我的答案是否定的。这个误解的关键，近因是近代的学人们，随便把中国的禅宗，比作是佛教的革命，这个"革命"一词的观念所引起。无论是"革命"也好，"革新"也好，在一般意识思想的习惯上，这种名词，都是含有反动性的意象。所以便"一人传虚，百人传实"地被误解了。佛教原来的教义，包括大、小乘的教理与修持方法，传到中国以后，到了隋唐时期，形成"禅宗"一宗的兴起。它全盘接受了佛教原有的教理和所有的修持方法，只是为了适合于中国文化思想以及民情风俗等习惯，吸收儒家、道家的精华，运用了中国式的教授法而已。不但禅宗如此，佛教在中国所兴起的十宗，以及"分科判教"的佛学教理的研究方法，大体上都不离其宗地完全接受佛陀的教理和修证方法。如果要提出证明，至少可以提一百个简要的引证，不过说来话长，又需另成一部专书以为说明。

最简明地说，过去禅宗的宗师们，素来宗奉一则名言，那便是："通宗不通教，开口便乱道；通教不通宗，好比独眼龙。"甚之，如所传《永嘉禅师禅宗集》上的《证道歌》所说："宗亦通，教亦通，定慧圆明不滞空。"这便是最好的说明了。但是现在的学者们，有人对《永嘉证道歌》，又提出了怀疑的反考据。愈辩而缚愈坚，实在很麻烦。引用禅师们的话说，便是"万法本闲，唯人自闹"了。而且进一步要把《马祖语录》的语意内涵，引证对照佛教的教理来作说明，可以说没有哪一句话是不合于佛教教理之出处的。不过这样一来，又要成为另一部的研究专著了。

当然，对西方学者的观点而言，还有一个远因，是十七世纪后欧洲学者研究佛学，因为已找不到佛教前期的原始资料，大多数从南传小乘佛教和巴利文的佛典中引作征信。再加上在十八九世纪时期，国际现势有意无意间，故意在排斥、薄视中国文化，而连带轻视中国佛教的大部分资料，因此形成误解。后来又加上第二次世界大战以后，从东方的日本引进了禅学到欧美去。而日本在明治维新以来的学术研究路线，所谓的东方文化——也即是中国文化，不论这其中的哪一门学术，都在有意无意之间因袭了西方的治学观念；甚之，也如西方一样，夹杂了民族意识和某种政治思想的因素。在这种情况下，禅宗的真精神完全变质。但也可以说是人类历史文明褪色的大势所趋，真有无可奈何之感。

至于说到各种宗教是彼此否认、彼此反对的观念，那是比较宗教哲学上的一个大问题。也可以说，任何一个人，或任何一门学识，因为观点的立场不同，思想推论便完全两样。在我而言，我认为除了所有宗教的形式和教授法之外，任何宗教形而上的精神，都是彼此调和，彼此融通，甚之，可以互相比类注解。因为真理只有一个，正如佛说的"不二法门"，禅宗大师们所说的"唯此一事实，余二皆非真"。

（二）何以在隋唐以前，中国的佛教和中国的学佛者，修小乘禅定的路线，证果的人不少，为何唐朝以后，才有大乘禅的成就？他们与四禅、八定，以及佛教的经、律、论的关系又如何？马祖时代，他们所修持与戒律大多用哪一方法，及当时常用的经典是哪些？

关于这个问题，我的答案与所问的程序是相反的。中国的佛教，凡是真正的学佛者，无论是走小乘或大乘的修证路线，他的目的，都是着重在求证。求证的方法在学理的基础上，始终不能离开经、律、论的要点。在修证的方法上，无论大、小乘，也都是以四禅、八定为基点。在隋唐以前，佛学大乘的经典，还没有全部传入，所以修证的路线，是比较偏重在小乘的禅观方法。唐朝中叶时期，不但禅宗鼎盛，其他各宗也同时并兴，因此才有大乘禅的流行。如果以教理来讲，后来禅宗所说的"如来禅、祖师禅"也都可归纳在大乘禅的范围。小乘禅观的方法，是根据佛学小乘的教理，排除身心内外的物欲世界，专心一意把守精神心念的专一，以求证解脱外物世界的束缚而自在升华，因此用力勤而成果的表现也多，如有为的神通和在生死之际的坐脱立亡，等等。用一个比较切实的譬喻来讲，小乘禅观的求证方法，是把散乱无归犹如纷纷飞扬的面粉，用一集中的小空点，把它渐渐地归集在一处，然后再来扬弃它而永远住在空寂清净的境界上。大乘的方法，也是根据大、小乘的教理，是把心意识的每一点或面，直接从其中心爆破，使它毕竟空寂而灵明自在。

马祖时代的禅宗，他们所修持的戒律，相当严谨。当时唐朝佛教鼎盛时期大、小乘阶梯的三种戒律，佛教的术语叫作三坛大戒，即小乘的沙弥戒律、比丘戒、大乘的菩萨戒。当时的比丘戒，禅宗是采用《四分律》，也有少数用别的戒本。大乘菩萨戒，中国内地一律采用《梵网经》；西藏是一直沿用《瑜伽师地论》弥勒菩萨的戒本。那个时期，禅宗通俗的经典，大部分是以《金刚（般若波罗密）经》作入门的依据，所以后来有人叫禅宗作"般若宗"，也有叫它是"达摩宗"的。不过，大禅师们还是非常重视《楞伽经》《维摩经》《涅槃经》《法华经》等。至于马祖以后的五宗禅派，如临济宗、法眼宗禅师们，有的还都是唯识法相学的大师。

（三）禅学的特点在哪里？对中国佛教的贡献与流弊何在？何以自马祖以后禅宗如此普遍流行？

关于这个问题，看来很简单，详细地说，又可以作三本专门的著作。用最简单的答复。神宗的特点，是把最高深佛学心法求证形而上道的复杂而详细分析的方法，归纳到最简捷形而下的人生日常生活，也就是说在平常事物之间，便可证得。因此它对中国佛教的贡献，是使其普遍地深入上、中、下各阶层之间，变成中国文化的中心之一，根深蒂固地代代相承传播。但也正因为它把高深的形而上道，变化在平凡的人生日常生活之中而自然地流露，因此产生了后世的狂禅者流，走入未证言证，未悟言悟的"口头禅"了。所以在宋代而因此一刺激，便有儒家的"理学"产生，以严谨的态度，一反狂禅者流空疏的流弊。但自明末以后，理学与禅宗，又一再反复而产生了空疏与迂阔两种后遗症。这是古今中外学术上矫枉过正的通病，也是势所难免的。

至于马祖以后禅宗何以如此普遍流行，这个问题，就是上面所讲答案的结果。因为自马祖先后的大师们，都把佛学的内涵，讲得非常口语化，避开了艰深的专有名词，所以便形成佛学中另一形态的"语录"。这种语录的文字非常平实，内容非常生动，禅宗大师们以日常生活的事务，以及我们自己的身心为说法的内容，对佛法作身体力行的切实说明。这种宗下的语录，和逐字逐句，偏重理论探讨的论、疏等，各有不同的优点。

至于禅宗的"公案"和语录又有所不同。语录纯粹以禅宗大师的言"论"、道"理"为主。公案则包括了师生之间的"事"迹、"行"径。譬如禅宗大师为了什么事情而发起怀疑，开始追究宇宙人生的真谛；他们又在哪一种环境下，或者听了哪一句话而对这最高的真理有所领会；这些禅宗大师们在学道过程中，又经过哪些关键性的启发；等等。公案者虽然只是记载叙述一些事件的经过内容，但却是前贤们力学的经过和心得，足为后世学者观摩奋发，印证自己的见地、功用。

由于语录、公案的通俗以及口语化，因此对学者的感受比较深，也比较容易被接受。这也是马祖以后，禅宗普遍流行的原因之一。

（四）禅宗沉默了一段时期以后，到了现在，又重新流行起来，尤其是在西方的欧美各地。你认为它给西方人能带来什么福音？

关于这个问题，我的答案是乐观的、祝福的。禅宗是"直指人心，见性成佛"的宗派。佛教高深形而上道的学理，以及切实修行求证的方法，随着时代的演变，发展出许多宗教的形式，以及教条式重重束缚的教义。禅宗在这种情况下，摆脱了传统的限制，脱颖而出，直接从纯粹唯心——"心能转物"的大前提中，求得大智慧的解脱，绝对自由自在的心证。它的教授法和精神，表面上是一种非宗教、非哲学、非科学的表达，但实际上是，正因为它有如此大自在、大智慧的解脱，所以它才能为宗教、为哲学、为科学作综合性的解答。换言之，唯有禅宗的精神和求证的方法，才真正能使人们摆脱物质欲望的困扰，达到精神心灵的真实升华。这对于今天人类被物质文明所困惑，理性被人欲所淹没的世界，应该是一绝妙的消炎剂、清凉药。

有关《马祖语录》中三段示众的提要

第一段：是直接指示达摩所传禅宗的心法，是根据佛说《楞伽经》的"佛语心为宗，无门为法门"的要点。这里所说的"心"，不是普通意识形态的心理学上的"心"；这个"心"或"性"的名词，是指形而上和形而下的全体大机大用的中文代名词。这里所说无门的法门，是表示不采用任何一种固定方法的方便法门。他在本段的结论，根据佛说的教义，特别扬弃物质的空性，而显现出"心物一元"的自性本体的空灵，和虽然生生不已而常自空灵清净的觉性之体用。

第二段：是根据佛说教义所指示身心状态的"生"起、幻"灭"的作用，那只是一种心性上所起的作用和现象，是不可把捉、不存在的空花幻相。那个能生起，能灭了的自性功能，从本以来就是寂然空净的。不了解这一真理的事实，便是凡夫；证悟到这个超越现实的形而上自性，便是得解脱的圣位。但是证悟的境界程度，也有深浅，有透彻和不透彻的不同之处。悟得浅，悟得不彻底的，便是小乘的成果（声闻或缘觉等罗汉的境界）；悟得深而彻底的，便是大乘菩萨，乃至彻悟到最究竟则成就佛果。但无论由凡夫而升华到佛陀等的修持证悟的过程中的哪一个阶段，都仍然不离此"众生与佛不二"的本来心的自性之外。

第三段：是活用了《大乘起信论》一心的生灭作用和本来寂灭不生不灭的真如自性的道理，指示学人们在其中"参要真参，悟要实悟"的老实圆成修行证道的极则。

总之，在这三段示众的要点中，首先一段标明了"佛语心为宗，无门为法门"的前提，最后都是指示真参实悟到无修无证的极则。其实所谓无修无证的话，并不是说禅宗不注重修持，不注重证悟的，那只是说修证到真正的极果时，再不需要去修，再不需要去求证，而只是自然地呈现，自然地存在。譬如一个人要学一种专工科技或某一门艺术学问，当他到了最高峰的成就境界时，就自然而然地和这门技术学问融为一体。同样地，修证到最高境界时，那如来本体无上的智慧，便很简易、敏捷、轻巧、空灵而自在，自然而然，随时随地和你同在，这样便是大涅槃。

（公元一九七八年，台北）

序焦金堂先生《一日一禅诗》

凡人生必具有情志，此自然之理也。情志感乎外而应乎内，则兴山川风月、草木鱼鸟之变幻；发乎内而形乎外，则为音声笑貌、文字语言之形态。此所以"诗言志，歌咏言"理所当然也。此理初不限于时空，亦无囿于种类，如万窍之怒号，咽呜叱咤，咸其自取耳；唯人习积成章，乃效法于天然，各自规格于形式。虽因此有伤于性灵，而规律之美而疏导于悲欢，复为涵泳情志，回环表达之适莫也。

迨乎佛之禅道出，以"言思路绝，心行处灭"，泯情志，趋寂乐为旨归，视文字语言，已属多余，又何取于刻意攀缘，舒情声律之作哉！孰知此犹为一时方便，向上半提之说。情尽无情，觉梦双清，大音希声，返闻闻性，则此虫鸣鸟语之聒噪，风云月露之流行，本自空灵，无待禅寂而莫非本然。于是言而无言，作而不作，如虫御木，偶尔成文而不着意，则又何违乎道行哉！

然法久弊生，自盛唐以后，于道行外而专攻于韵律，特以诗禅、诗僧而鸣高者，则如亡羊别径，洵可慨乎其多歧矣。故贯休献诗于石霜禅师，有"赤旆坛塔六七级，白菡萏花三四枝。禅客相逢唯弹指，此心能有几人知"之句。石霜即问之曰：如何是此心？贯休茫然未知所对。石霜曰：汝问我答。休即问之。石霜曰：能有几人知？此正为自误于诗禅、诗佛者流之辣棒也。

皖当焦金堂先生，宿学志业，肃恭端俭，行不由径。初未尝学诗，更未习于禅道，自参《论语》讲座，闻予言孔子之说诗

194

也，"诗不云乎"之旨，见猎心喜，乃留心于词章之逸韵也。洎乎偶与禅席，不期然而有会于心，于是乃以一日一禅诗立为规策，自求其放心于藩篱之外，输诚于性天风月之间。不期年而成集，举以见示，且感其不自作而无成有终之旨，殊可喜，且可观。然其自云，则未上及魏晋，甚之秦汉，意犹未尽者。闻言而识人，知其于诗之禅悦，禅之诗境，悠然确有会于心矣。

或曰，魏晋秦汉以上，禅之名既未之立，禅道之实，更未之传，岂得有词章之与禅悟相契耶！乃曰：此则不然。禅非别境，即心即佛。时有今昔，心无异代，此所谓"风月无今古，情怀有浅深"也。若铄之以禅，则诗三百篇，何一而不有契于禅。如《帝王世纪》之载唐尧时世之《击壤歌》曰："日出而作，日入而息。凿井而饮，耕田而食。帝力于我何有哉！"此非禅而禅，是为上乘。至若《古诗十九首》，处处推情入性，言下忘言，而豁开灵智于了脱之境，何待禅之为名乎！他如建安诸子之诗，曹魏父子之作，莫不萧然有落寞之感，悠然兴超缠之思。如曹瞒《短歌行》之句，其云："对酒当歌，人生几何。譬如朝露，去日苦多。""月明星稀，乌鹊南飞。绕树三匝，无枝可依。"当此之时，其有感于世事变幻之莫定，慨乎盈虚消息之难测，大有情厌物累，欲罢不能之哀鸣。倘时遇马祖道一，直指见性，庶或屠刀放下，顿转杀机也欤！至若曹丕之《善哉行》，有云："上山采薇，薄暮苦饥。溪谷多风，霜露沾衣。野雉群雊，猿猴相追。还望故乡，郁何垒垒。高山有崖，林木有枝。忧来无方，人莫之知。人生如寄，多忧何为？今我不乐，岁月如驰。汤汤川流，中有行舟。随波转薄，有似客游。策我良马，被我轻裘。载驰载驱，聊以忘忧。"俨然相薄寒山、敲钟唤梦之作，又何待于桑门落日，然后兴悲哉！

至若初唐开国之际，禅道未得宏开，诗风尚不大行，虞世南曾辞让唐太宗宫体诗之不当，确乎纯臣之志也。然李世民之《帝京篇》有云："得志重寸阴，忘怀轻尺璧。"及其《临池柳》诗云："岸曲丝阴聚，波移带影疏。还将眉里翠，来就镜中舒。"其非诗思与禅境之将毋同乎！余如岩岩特行之臣如魏徵之诗，有："郁纡陟高岫，出没望平原。古木鸣塞鸟，空山啼夜猿。""人生感意气，功名谁复论。"莫不与禅悦冥合，逸情境外。等而次之，才人词笔，如刘希夷之"年年岁岁花相似，岁岁年年人不同"，以及崔涂之"绣轭香鞯夜不归，少年争惜最红枝。东风一阵黄昏雨，又到繁华梦觉时"，唐彦谦之"耳闻明主提三尺，眼见愚民盗一抔。千古腐儒骑瘦马，灞陵斜日重回头"等作，多不胜载，何一而非即诗即禅，岂待习禅而后方有出尘解脱之隽语乎！并此转似金堂道友，盖有伫望其上下古今续编之作也。拙诗鄙俚不韵，唯承偏爱录入，诚有狗尾续貂、佛头着粪之诮，何足道哉？不足道也！

（公元一九七九年，台北）

《大乘学舍常课》初序

　　释迦文佛教化，自汉明帝时流传中土，初置白马寺，经魏晋南北朝三百余年之递嬗，转易西竺旧称"阿兰若"、"伽蓝"等，兴起庵堂寺院等大小梵宇建筑，山林原野，处处皆有供人清修膜拜道场。然于苦行禅修之外，配合暮鼓晨钟乐章而为课诵者，仪礼未立。迨盛唐之世，马祖道一与百丈怀海禅师师徒创立丛林制度，拟订《百丈清规》之后，仍以禅悦清修为主，犹未闻有以唱诵为业者。间或有之，然皆以整部经文为诵修准则。清代以还，佛教寺庙流传之早晚课诵，糅集显教经文、密教咒语，甚之，禅净律等小段节文，凑泊宋词元曲余音，称为梵唱，号作软修法门，实为古所未闻，于今则似末落。且其泛滥所至，甚有形同辀丐，供人凭吊唏嘘而已，于僧俗学佛修持行愿，形如有关而实不切实。今应以梵唱部分，依据华严字母及悉昙遗音，取其适合时代乐章，重加厘订外，凡本舍同修，早晚应依经遵新订课本，作为正思惟诵修常课，俾与行业相应，速证菩提，是为至要。愿以此功德，回向诸有情，同证无上觉。

（公元一九八〇年初冬，台北大乘学舍）

为周勋男叙印《普庵禅师咒及记传》

神通不是道，得道者未必皆有神通。道为形而上而超然于心物内外，亦通入于内外心物之总体也。神通者，不离于遍心物内外之表；故道为根本，神而通之则为外用者。迷于外用而不知归元，则离道益日远矣。是故古之得道者，未必皆为神通；即或有之，设以神通示现而使世人惑乱于神通而为道者，过莫大焉。故佛之遗教，大小乘之戒范，绝不言以神通为教化者，即此之故，益恐善世之正教而惑乱于神通，有失其正法眼藏也。

咒语不是道，但不失为万法中之一方便法门。梵文称咒语为陀罗尼，译为"总持"之意。总持者，即为归纳多义而为简易符咒之谓也。故佛之密教曰："一切音声，皆是陀罗尼。"佛语诚言，义至显矣，其奈世智者终不能通明其真诠乎？临济禅师有言："一语中具三玄门，一玄门中具三要义。"可为旋陀罗尼之总论者矣！然世智者尤不能通而明也。

经言："八地菩萨，皆能自说陀罗尼。"然此亦为半提之教也。修证而登于第八不动地者，岂只能自说陀罗尼，即其语默动静之间，无一而非陀罗尼，何独喟喟于咒语云何哉！

中土禅宗秉承佛之心法，以不立文字言语见传于世，尤不以标奇立异之神通末术为尚。然传习至于唐宋之间，适当衰乱之世，即有如普庵印肃、灵隐道济（济公）之俦者出，独以神通咒语见称于世者，岂非祖师衣钵之骈拇枝指乎？其然，其不然耶？盖叔季受乱之际，人多失其知正见，不示以道之末而难以见于善世之道者，故如佛图澄辈，初皆以神通示现以拨乱而返之于正也。以此观之，普庵、道济之功，实亦翼道之圣者，何足非矣。

唯世传普庵传记所载之迹，有悖于佛法慈悲喜舍之旨者颇多，要皆为世俗误传讹语执偏之辞，杂以见浊相争胜负之言，不足为信，不尽为实也，学者须自知之，则不为辞害义矣。

今因门人周勳男远道寄书，自言将发心重印普庵禅师旧传之事迹并及其咒文，促余一言以坚其志云云。时余适奔波役于海外，久矣不事笔墨，但因其所请而勉为书数行，而述自知于其端，聊以酬其所望者。诚语无伦次，但塞责耳！所谓陀罗尼者，即非陀罗尼，是名陀罗尼。其此之谓乎否耳？

（公元一九八八年七月之杪，寄记于香江之滨）

《禅林清韵》序

《禅林清韵》，乃徐进夫君尽经年之力，辑编历代禅宗大德诗偈之书名也。书成，嘱为之序，不禁哑然失笑。一落言诠，已违灵山会上拈花示众，不立文字之旨，何况于言语道断，心行处灭之外，尚有诗偈之作而牵藤攀葛，头上安头哉？或曰：虽然如此，佛说十二部教，横示竖指，偈颂长行，何一而非言语文字之朕迹，波纹鸟迹，过而无痕，风幡自动，仁者何其耽着于无相之间乎！善哉辞也。谨闻命矣，姑作妄说焉。

尼山删书，首重诗教，渊源久远，兴盛于唐。影响所扇，遍及林间。于是化佛子为诗僧之列，旁置经义而致力于文辞韵语之间，崛起岩壑，名动公卿者，如灵彻、皎然、虚中、齐己，不一而已。其间翘楚，尤推贯休，如其名作之有"禅客相逢唯弹指，此心能有几人知"，及其"满堂花醉三千客，一剑光寒十四州"，"一瓶一钵垂垂老，千水千山得得来"等隽语，千秋高格，今古腾芳，而于佛祖禅心，犹是了无交涉，非谓言不及义，实亦文胜于质也。然亦由此而使佛门广大，别开诗僧之一脉矣。

泊乎唐末五代之季，再变盛唐文藻富丽之韵语，表情于平常口语之际，诗流文白，亦犹禅之直指人心，见性成佛之契，敷演而有文辞华绘，韵远语玄之禅机出矣。于是五家宗派之雄如临济之宾主解，洞山之《过水偈》，浮生远之九带词，与乎法眼之"理极忘情谓，如何有喻齐。到头霜夜月，任运落前溪。果熟兼猿重，山长似路迷。举头残照在，原是住居西"等偈，岂非由禅心而转出于诗情画境之间耶！

继而宋初而有赞宁、契嵩、永明寿、雪窦显诸贤，咸如从狮子噸申三昧，出诸游戏。开示心印于韵语之中，偶尔成诗，乃其余事也。至如九僧者流，则以诗才而播名声于词林，又当别论，非及于禅矣。

从此广被，禅佛之于诗词文学，几已不可或分。名士如王安石、苏东坡、陆放翁、辛稼轩之俦，叶篇镂句，尽多糅佛语于华辞，指不胜屈。流风遗韵之所化，迨至明季末造，以诗僧而名盖经师者，大有其人。而尤以苍雪之南来，而为之最。至如憨山、紫柏，文胜于诗，且以禅道而名家，犹不与焉。

当此之时，名僧之以诗名而噪起，远过于提持佛祖之正法印。而人天眼目之禅髓，涓涓细流，不绝如缕。及其流弊所至，凡僧之欲名动朝野，期游于公卿学士之林者，竞相不以禅道相重而以诗禅角技矣。于是而有雍正之明颁教谕，指用心诗学，非衲子之本分，专志禅修，是沙门之大事，岂可徒以其为异族帝王之言，而诬以别有他心哉！信乎雪窦有言曰："潦倒云门泛铁船，江南江北竞头看。可怜多少垂钩者，随例茫茫失钓竿。"滞情诗禅者，亦犹是乎！若夫志心佛业，而驰念诗词者，虽曰文字亦通般若，而终非不可思议之正思，自当猛省。

况自明清以后之才士，论诗之艺境，皆鄙薄于言理，而尤厌于用佛语以入诗者，如纪晓岚之驳苏诗，凡涉禅佛之语，统所不取。袁子才之避佛学，甚之语诬其理趣，都缘性不近佛，而未深究于教理也。要亦以理抒情之难造作，亦犹以情契理之难悟达也。

而今徐子之辑是篇也，首揭善财对文殊之言，尽大地无非药物之旨，以之疗禅病之于诗，抑或炙诗病之于禅，皆无可无不可，虽累有言而会心于无言之外，情忘意尽，作无所作，洵可观，亦可喜也，是以不辞为言。

（公元一九七八年季夏，南怀瑾序于台湾）

《密宗六成就法》前叙

神秘之学

自古以来，哲学科学尚未昌明之先，凡探寻宇宙人生奥秘之学术，即尽归于宗教，故古之宗教，皆极尽神秘玄奇。迨世界学术昌明以后，有以智慧穷理探讨宇宙人生奥秘之哲学，嗣复有以知识实验追求奥秘之自然科学，纷纷崛起，于是宗教神秘之藩篱，几已破碎无余。时在两千年前，有虽为宗教，而重于实验心理、物理、生理之真知灼见，无过于佛教之修持证悟，及中国道家修真养性之学术。若融会此二者于一炉，发扬而光大之，其医世利物之功，岂有限量哉！

佛法密宗

佛之全部教法，其最高成就，以彻见宇宙万有之全体大用，会于身心性命形而上之第一义谛为其究竟，确乃涵盖一切，无出其右者。其中教法所传之即事即理，亦已发挥无遗，尽在于三藏十二部之经论述叙之中，固无所谓另有秘密之存在。有之，即明白指出心性之体用，当下即在目前，亲见之，亲证之，即可立地成佛，而人不能尽识者，此即公开之秘密是也。盖其密非在他人不予，只在自己之不悟，诚为极平实而至玄奇者也。等此而下，有以修持证悟之方法，存为枕中之秘，非遇其人而不轻传者，即为佛法秘密宗之密学。当盛唐之时，一支东传中国，后又流传日本，又一支传入中国边陲之西藏。前者人称为"东密"，后者人呼为"藏密"。值此二密之门未开，每于宫墙外望，或登堂而未入室者，皆受神秘玄奇之感染，几乎完全丧失人之智慧能力，一心依赖神秘以为法，此实未得其学术之准平者，亦可哀矣。

密宗修法

密宗修持方法，固有其印度渊源所自来，原与中国道家之学术，相互伯仲之间，难分轩轾。自经佛法之融通，术超形而上之，确已合于菩提大道矣。今且去其用神秘以坚定信念之外衣，单言其修持身心之方法，归纳而次序之，大体不外乎"加行""专一""离戏""无修无证"之四步。迨达无修无证之域，即佛地现前，所谓前行之步骤，皆视为过渡之梯航，术而糟粕之矣。然未及佛地之间，则非依术而作涉律之度筏，终恐不易骤至也。且其下手正修之观点，大体都以先加调伏身体生理之障碍着手。盖人生数十寒暑，孜孜屹屹，大半为生理需求而忙；且心为形役，人之所以不能清净圆明者，受身体感觉之障碍为尤多。故彼与道家者流，有先以调身为务，良有以也。然身之基本在气脉，是以调身必先以修气修脉开始。但此气非呼吸之凡气，此脉非血管神经之筋脉。如强作解人，依现代语而明之，则可谓此乃指人身本具灵能所依之路线，唯神而明者，确能证实此事。若徒藉形躯神经而摸索之，此实似是而非，毫厘之差，天地悬隔矣。

六成就法要

密宗修法有多门，然此六成就法者，已可概其大要。所谓六种成就者，第一重要，即"气脉成就"，此乃调伏身体生理、去障入道之要务也。盖人身乃秉先天一种业气力量之所生，凡百烦恼欲望之渊源，病苦生死麇集之窠囊。如不能首先降伏其身，其为心之障碍，确亦无能免此。而修气修脉之要，大体会于一身中之三脉四轮。"三脉"谓其左右中之要枢，"四轮"谓其上下中之部分。此与道家注重任督冲带脉之基础，根本似乎不大相同。其实，平面三脉，与前后任督，各有其妙用，而且乃殊途而同归。苟修持而有成就之人，一脉通而百脉通，未有不全能之者。否则，门庭主见占先，各执一端之说，虽有夫子之木铎，亦难发聋振聩之矣。密宗主五方佛气，道家则主前任后督中冲左青龙右白虎，其名异而同归一致之理，何待智者之烦言哉。唯修气修脉，法有多门，大抵皆易学而难精，托空影响之谈，十修则九见小效，殊难一见大成。此盖智与理之所限，能与习之不精，师传指示，大而无要之所致，均非其术之咎也。

气脉成就已达堂奥，或进而修持第四之"光明成就"。首得身心内外之有相光明，再以智慧观照，而得佛智之无相光明。或由此而修第二之"幻观成就"，则可坏欲界人间世之世间相，证得确实入于如梦幻之三昧。第二"幻观成就"，与第三之"梦成就"，修法最近相似，皆为趋向有为法修得小神通之路也。此之四法，已经概括密宗修持身心之全部过程。于此旁枝分化，即有各宗各派之驳杂方法，或加以其他外貌，几乎使人有目迷十色、耳乱多方之感矣。过此以往，恐人或一生修持而无成者，则有补救之二法，即第五之"中阴成就"。乃于人之临死刹那前，依仗佛力他力，度其中阴神识，即俗所谓灵魂成道。再又不能，即第六之"破哇成就"，即所谓"往生成就"，乃促使人之神识往生他方佛国，不致堕落沉迷之谓也。

总之，六成就法中之后五种，皆以第一修气修脉为其基础。

如此基不立，间或有独修其中一法者，虽现在小得效验，若缺虔诚之信仰心，终又归于乌有。但气脉之修法，既有理论，又需得过来人明师之真传，方能如科学家之实验求证得到。不然，徒知方法，不能博知其理，又不足以望其成；徒知理论，不知实行，又不能望有成就。如全修而全证之，则宇宙人生之奥秘，不待他力而神自明之矣。密宗诸法，虽亦有法本存在，但有时亦有"尽信书不如无书"之憾。何况翻译之法本，有通梵藏文字而不谙中文，有通中文而不谙梵藏，甚之，有两不通达，亦作托空影响之言，欺己迷心，大可哀也。六成就一种，比较信达可征者，即为美国伊文思温慈博士纂集而由张妙定居士译为中文者。

出版因缘

萧兄天石，自创自由出版社以来，贡献于古典文化事业，已达十余年，选刊《道藏》精华已近百余种。今又发心搜罗密宗典籍，出为专帙，以冀利益修持行者。其志高远，其心慈悲。然持有密宗之典籍，或习密宗之法者，唯恐深藏名山之不暇，岂肯轻以付人。复虑得之者，挟术以自欺欺人，则其过尤甚于保守而绝迹矣。故虽百计搜罗，尽数年之力，始有收获，其中不少为世所罕见之珍本。并劝余亦出所藏密典，印行少数，以公之于世，俾供研究密学密法，与有志于道密双修者参持之用。今复以出版之事相商，并与论其可否，踌躇寻思，迟迟已达数年。然每念古圣先哲，既已作书，其志乃惧法之将灭，欲寄于文字而流传也。既已见之文字，世界各国学者，又已有外文之翻译，等同普通书籍销售。如吾人犹欲抱残守阙，自作敝帚千金之计，亦恐非先哲之用心矣。苟或有人得此，不经师授心法，挟其粗浅经验而炫耀售寄者，终必自食其果，噬脐无及，此于流通者之初衷无伤也。

况且修一切有为法者，如不亲证性空之理，体取无为之际，无论
或密，或显，为佛法，为道家，终为修途外学，何足论哉。故于
其付印之先，乃遵嘱为叙，言之如是。

（公元一九六一年，台湾）

《大圆满禅定休息清净车解》前叙

　　佛教秘密一宗，初传入于西藏之时，适当此土初唐盛世。开启西藏密宗之教主，乃北印度佛法密教之莲花生大师。据其本传，称为释迦如来圆寂后八年，即转化此身，为密教之教主也。当其初传之佛学概要，已见于拙著《禅海蠡测》中之"禅宗与密宗"一章。其土自莲师初传之密宗修持方法，即为西藏政教史上所称之宁玛派，俗以其衣着尚红，故称为"红教"。红教修法，除灌顶、加行、持咒、观想等以外，则以大圆满等为最胜。此后传及五代至宋初期，有因红教法久弊深，嫌其杂乱者，又分为噶居派，俗以其衣着尚白，故称为"白教"。迨元代时期，又有分为萨迦派者，俗以其衣着尚花，故称为"花教"。复至于明代初期，西宁出一高僧，名宗喀巴，入藏遍学显密各乘佛法，有憾于旧派之流弊百出，乃创黄衣士之"黄教"。递传至现代为达赖、班禅、章嘉等大师之初祖也。大抵旧派可以实地注重双修，黄教则以比丘清净戒律为重，极力主张清净独修为主。此则为藏密修持方法分派之简略观点。至于所谓双修，亦无其神秘之可言，以佛法视之，此乃为多欲众生，谋一修持出离之方便道也。苟为大智利根者，屠刀放下，立地成佛，又何须多此累赘哉！如据理而言，所谓双修者，岂乃徒指男女之形式！盖即表示宇宙之法则，一阴一阳之为道也。后世流为纵欲之口实，使求出离于欲界、色界、无色界之方便法门，反成为沉堕于三界之果实，其过只在学者自身，非其立意觉迷之初衷也，于法何尤哉！

民国缔造之初，对于汉藏文化沟通尤力。东来内地各省，传红教者，有诺那活佛；传白教者，有贡噶活佛；传花教者，有根桑活佛；传黄教者，有班禅、章嘉活佛，等等。各省佛学界僧俗入藏者，实繁有徒，举不胜举。密宗风气，于以大行。上之所举，亦仅为荦荦大者。活佛者，即"呼图克图"之别号，表示其为有真实修持，代表住持佛法之尊称，实无特别名理之神秘存焉。民国时期，红教徒众，集居于西康北部者为多；白教徒众，集居于川康边境者为多；花教徒众，亦以散居于西康及云南边境者为多；黄教则雄踞前后藏，掌握西藏之政教权，以人王而兼法王，形成为一特殊区域之佛国世间矣。

因汉藏佛教显密学术之交流，密宗修法，亦即源源公众。而且于近六十年来，传布于欧美者为更甚。大概而言，红教以大圆满、喜金刚为传法之重心；白教以大手印、六成就法、亥母修法等为传法之重心；花教以大圆胜慧、莲师十六成就法为传法之重心；黄教以大威德、时轮金刚、中观正见与止观修法为传法之重心。当其神秘方来，犹如风行草偃，学佛法而不知密者，几视为学者之不通外国科学然，实亦一时之异盛也。

要之，密宗之侧重修持，无有一法，不自基于色身之气脉起修者。只是或多或少，糅杂于性空缘起之间耳。大圆满之修法，例亦不能外此。所谓大圆满者，内有心性休息一法，即如禅宗所云明心见性而得当下清净者。又有禅定休息一法，即为修持禅定得求解脱者。又有虚幻休息一法，即以修持幻观而得成就者。今者，自由出版社萧天石先生，先取禅定休息之法疏通之，即其中心之第二法也。其修法之初，势必先能具备有如道家所云法、财、侣、地之适当条件。尤其特别注重于择地，一年四季，各有所宜，且皆加有详说。至于择地之要，当须参考《大藏经》中密部之《梵天择地法》，则可互相证印矣。至其正修之方法，仍以修气修脉，修明点，修灵能，如六成就法之第一法也。其中尤多以注视光明而定与注视虚空平等而定之法。道家某派，平视空前之法，其初似即由此而来者。最后为下品难修众生，又加传述欲乐定之简法。此即《大圆满禅定休息车解》一书之总纲也。造此偈论者，乃莲师之亲传弟子，名"无垢光尊者"所作。解释之者，乃龙清善将巴所作。译藏文为中文者，乃一前辈佛教大德，意欲逃名，但以传世为功德，故佚之矣。本书旨简法要，大有利于修习禅定者参考研习之价值。唯所憾者，盖因藏汉文法隔碍，译笔失之达雅，良可叹耳。但有宿慧之士，当参考六成就、大手印等法而融会之，自然无所碍矣。如能得明师之口授真传，了知诸法从本来，皆自寂灭相，性空无相，乃起妙有之用，则尤为难得之殊胜因缘。至于译者称此法本，名为《大圆满禅定休息清净车解》，此皆为直译之笔，故学者难通其义。如求其意译为中文之理趣，是书实为《大乘道清净寂灭禅定光明大圆满法要释论》，则较为准确。其余原译内容，颠倒之句，多如此类。今乏藏本据以重译，当在学者之心通明辨之矣，是为叙言。

（公元一九六一年腊月，台湾）

密宗《恒河大手印》 《椎击三要诀》合刊序

溯自元初忽必烈帝师发思巴传译西藏密宗大手印法门始，大乘密道之在国内，犹兴废靡定。迨民国缔造，藏密之教，再度崛起，竞习密乘为时尚者，尤以大手印为无修无证之最上法，以椎击三要诀为大手印之极至，得之者如获骊珠，咸谓菩提大道，独在是矣。然邃于密乘道者，又称大手印与椎击三要诀等，实同禅宗之心印；且谓达摩大师西迈葱岭之时，复折入西藏而传心印，成为大手印法门。余闻而滋疑焉！昔在川康之时，曾以此事乞证贡噶上师，师亦谓相传云尔。待余修习此法后，拟之凤习禅要，瞿然省证，乃知其虽有类同，而与达摩大师所传心印者，固大有差别，不可误于习谈也。盖禅宗心印，本以无门为法门，苟落言诠，已非真实，何况有法之可传，有诀之可修也哉！有之，但略似禅宗之渐修，固难拟于忘言舍象之顿悟心要也。倘依此而修，积行累劫，亦可跻于圣位。如欲踏破毗卢顶上，向没踪迹处不藏身而去，犹大有事在。况以陡然斥念而修为法门，不示"心性无染，本自圆成"，则不明"旋岚偃岳而不动，江河竞注而不流"之胜。以"乐、明、无念"为佛法极则，而不掀翻能使"乐、明、无念"者之为何物，允有未尽。以"心注于眼，眼注于空"为三要之要，而不明"目前无法，意在目前，不是目前法，非耳目之所到"之妙旨，则其能脱于法执者几希矣。今遇

211

是二法本合刊之胜缘，乃不惜眉毛拖地，揭其未发之旨而赘为
之序。

（公元一九六一年冬月，台北）

影印《大乘要道密集》跋

人生数十寒暑耳，孩童老迈过其半，夜眠衰病过其半，还我昭灵自在，知其我自所为生者攒积时日而计之，仅有六七年耳。况在此短暂岁月中，既不知生自何处来，更不知死向何处去，烦忧苦乐，聚扰其心。近如身心性命所自来者，犹未能识，遑言宇宙天地之奥秘，事物穷奇之变化，固常自居于惑乱，迷晦无明而始终于生死之间也，审可哀矣。余当束发受书，即疑其事，访求诸前辈善知识，质之所疑，则谓世有仙佛之道，可度其厄，乃半信半疑而求其事。志学以后，耽嗜文经武纬之学，感怀世事，奔走四方。然每遇古山名刹，必求访其人，中心固未尝忘情于斯道也。学习既多，其疑愈甚，心知必有简捷之路，亲得证明，方可通其繁复，唯苦难得此捷径耳。迨抗战军兴，羁旅西蜀，遇吾师盐亭老人袁公于青城之灵岩寺，蒙授单提直指，绝言亡相之旨，初尝法乳，即桶底脱落，方知往来宇宙之间，固有此事而元无物者在也。于是弃捐世缘，深入峨眉。掩室穷经，安般证寂。三年期满，虽知此灵明不昧者，自为参赞天地化育之元始，然于转物自在，旋乾坤于心意之功，犹有憾焉。乃重检幼时所闻神仙之术，并密乘之言，互为参证，质之吾师。老人笑而顾曰：此事固非外求，但子狂心未歇，功行未沛，何妨行脚参方，遍觅善知识以证其疑。倘有会心之处，即返求诸自宗心印，自可得于圜中矣。

从此跋涉山川，远行康藏，欲探密乘之秘，以证斯心之未了者，虽风霜摧鬓，饥渴侵躯，未尝稍懈也。参学既遍，方知心性无染，本自圆成，实非吾欺，第锻炼之未足，犹烹炼之未至其候也。乃返蓉城，以待缘会。日则赴青羊宫以阅《道藏》，夜则侍吾师盐亭老人，并随贡噶、根桑二位上师，以广见闻。既会心于禅、密、道、法之余，复核对藏密迻译法本，于其文辞梗隔，义理阻滞，深引为憾。时前辈同参，潼南傅真吾、华阳谢子厚，皆深入藏密之室，且得密乘诸教之精髓者，感同此见，乃促余肩荷整理藏密法本之责。傅谢二公，并尽出其历年搜集密本，付予审编。余乃谓欲探穷密乘之赜者，当从《大乘要道密集》求之，则于清末民初东传内地之诸宗秘典，皆可迎刃而解，而得其游刃有余之妙矣。故拟从编年之式，首冠其书。方欲编辑全帙，则适值日本投降。即因事南游，入滇转沪，遂未果所愿。乃举昔年共同搜集密乘典籍，寄托友家，以期他日藏事。忽焉二公作古，余亦尘展名山。时穷势变，蜀道艰难。吊影东来，法本荡然。每于梦寐思之，常复自笑多此结习也。壬寅之春，故交邵阳萧兄天石，发心印行藏密典籍，商之于余。窃谓大劫余灰，已非名山旧业，与其藏之私阁，徒资珍秘，何如公之同道，以冀众护。但求无负吾心，何须踌躇损益，乃促其完成斯业。萧兄即不辞劳瘁，亲赴香港搜求。有志者事竟成，终复觅得斯本，并嘱冠记其端。余以庆遇所愿，随喜无似，遂不辞肤陋，率尔为叙。

夫《大乘要道密集》者，乃元代初期，崇尚藏密喇嘛教时，有西藏萨迦派（花教）大师发思巴者，年方十五，具足六通，以童稚之龄，为忽必烈帝师，随元室入主中国，即大宏密乘道法，故拣择历来修持要义，分付学者，汇其修证见闻，总为斯集。其法以修习气脉、明点、三昧真火为证入禅定般若之基本要务，所谓"即五方佛性之本然，为身心不二之法门"也。唯其中修法，杂有双融之欲乐大定，偏重于藏传原始密教之上乐金刚、喜金刚等为主。终以解脱般若，直指见性，以证得大手印为依归。若以明代以后，宗喀巴大师所创之黄教知见视之，则形同冰炭。然衡之各种大圆满，各种大手印，以及大圆胜慧、六种成就、中观正见等法，则无一而不入此范围。他如修加行道之四灌顶、四无量心、护摩、迁识（颇哇）往生、菩提心戒、念诵瑜伽等，亦无一不提玄钩要，阐演无遗。但深究此集，即得密乘诸宗宝钥，于以上种种修法，可以了然其本原矣。至于文辞简洁，迻释精明，虽非如鸠摩罗什、玄奘大师之作述，而较之近世译笔，颠倒难通者，何啻云泥之别。集中如《道果延晖集》《吉祥上乐轮方便智慧运道》《密哩斡巴上师道果集》等，皆为修习喜乐金刚、成就气脉明点身通等大法之总持；如《修习自在拥护要门》《修习自在拥护摄受记》，则为修六成就者之纲维；如《大手印顿入要门》等，实乃晚近所出大手印诸法本之渊源。其他所汇加行方便之道，亦皆钩提精要，殊胜难得。若能深得此中妙密，则于即身成就及心能转物之旨，可以释然，然后可得悟后起修之理趣。且于宋、元以后，佛道二家修法，其间融会互通之处，以及东密藏密之异同，咸可得窥其踪迹矣。

或曰：若依所言，则密乘修法，实为修持成佛之无上秘要，余宗但有理则，而乏实证之津梁耶？答曰：此则不然。显密通途，法无轩轾。至道无难，唯嫌拣择。修习密乘之道，若不透唯识、般若、中观之理，则不能得三止三观之中道真谛。习禅者，苟不得气脉光明三昧，则终为渗漏。自唐宋以后禅宗兴盛，虽以无门为法门，而于显密修学，靡不贯串无遗。第历时既久，精要支离，故后世成就者少。借攻错于他山之石，炼纯钢于顽铁之流，幸而有此，能不庆喜。至若心忘筌象，透脱法缚。一超直入，不落窠臼，则舍达摩传心之一宗，其余皆非真实。末后一句，直破牢关，自非道密二家所能也。进曰何谓末后句，可得闻乎？曰：也须待汝一口吸尽西江水时，再向汝道。是为叙。

（公元一九六二年，台北）

西藏密宗艺术新论

人类精神文化的延续，在言语文字之外，应该首推绘画。上古之世，文字尚未形成之先，在人们精神思想的领域中，凡欲表达意识，传播想象之时，唯有借画图作为表示。中国文化之先的八卦、符箓，与埃及的符咒、印度的梵文等，推源其始，都是先民图画想象之先河。降及后世，民智日繁，言语、文字、图画、雕刻、塑像，各自分为系统，而绘画内容，亦渐繁多。人物、翎毛、花卉、山水、木石，由平面的线条画，进而至于立体。抽象与写实并陈，神韵与物象间列。由此可见人类意识情态综罗错杂，不一而足。但自穷源溯本而观，举凡人类所有之言语、文字、图画等，统为后天情识之产品。形而上者，原为一片空白，了无一物一事可以踪迹。故禅门不取言语文字而直指，孔子以"绘事后素"为向上全提，良有以也。

由图案绘画而至于描写人物、神像，在中国画史而言，据实可征，首推汉代武梁祠石刻。过此以往，史料未经发现，大抵不敢随便确定始作俑者，起于何代何人。自汉历魏、晋、南北朝、唐、宋以还，佛教文化东来，佛像绘画与人物素描，即形成一新的纪元，如众所周知的云冈石窟、敦煌壁画，以及流传的顾恺之的维摩居士图、吴道子的观音菩萨等，形神俱妙，但始终不离人位而导介众生的神识想象，升华于天上人间。

然自隋唐初期，随佛教东来之后，由中北印度传入西藏之密教佛像，神精笔工，形式繁多，颇与当时敦煌壁画相类似。唯大行于边陲，中原帝廷内苑供奉，亦少所概见。迨元蒙以后，方渐流行。明、清以来，民间稍有流传而亦不普遍。在绘事而言，西藏的佛画、雕塑，均与内地隋唐以前同一法则，所有佛与菩萨之造形，大多都是细腰婀娜，身带珠光宝气，如佛经所谓"璎珞庄严"者也。宋元以后，凡中国内地之佛像，大体皆喜大肚粗腰，颟顸臃肿，肌体以外，最好以不带身外之物为洒脱。由此可见，隋唐以来之佛像，无论绘画或雕塑，多具有佛经内典的宗教气氛，以及浓厚的印度文化色彩。宋元以后，画像与雕塑，亦受禅宗之影响，具有农业社会的素朴，人位文化的平实。此从大概而言，要当如是。

晚清以来，文明丕变，西藏密宗忽又普及内地。而中国与流传日本的显密各宗，彼此互相融会。旧学、新说之外，连带久秘边陲之藏密佛像、图画、雕塑，无论为单身、双身或坛城（曼荼罗），已非昔日锢闭作风，大部公开流传。抗战时期，成都四川省立图书馆，曾经举办一次西藏密宗佛像原件的大展览，洋洋大观，见所未见。及今思之，当时这批博大文物，想已烟消云散，不知是否尚在人间，颇为怅然！

初来台湾时，显教之经典画像，亦寥寥少见，遑论密教文物。1949 年后，间或有之，大抵皆深藏不露，视为绝不可公开的神圣瑰宝，不是视同拱璧，即是价值连城。佛说："法无正末，隐显由人。"今之行者，不知与时偕行之理，徒以抱残守阙之愚，欲与科学时代之公开文明相拒，岂非自取灭裂。《易》乾文曰："先天而天弗违，后天而奉天时。"此理不明，何以言佛。但此一情势，待西藏改革之后，又忽焉大变，凡藏人僧俗携出之佛像，绘画的，雕塑的，均可于海外各地随便收购而得。而国内行者缺乏整体概念，不知从文化观点作一统筹收集，致使吾佛如来、诸大菩萨，亦皆随时与势易，流落他方。而二十余年后的今日，大多藏密佛像，已在美国被人收集而作学术性、艺术性、神秘性的公开翻印，公开研究。无论为单身的、双身的、坛城的，皆有黑白集与彩色集之影印，与大幅像、小型像之销售。青年学生留学彼邦者，或为崇敬请购，或为趣味欣赏，大体都视为奇异刺激而疑情顿起。国故外流而家人乖睽，自家文化宝藏不识而求珍于异域，良可慨也！

但在美国而言，密宗画像之收集翻印，初由少数医生，试用密宗的神秘修法，作医学治疗试验；渐而扩充为精神科学的研究，将摆脱宗教色彩而形成新文化的一系，与原始宗教信仰的形式，已大异其趣。且已有人将莲花生大士与各种坛城图案，做成旅行袋或腰袋、背心上之装饰，蔚成一时风气。思想形态古今变易，宗教信仰与物质文明互相抵触，卫道者仅从表面视之，颇为忧愤，殊不知未来科学发展的归趋，正为剖寻昔日宗教的目标，终无二致。过去在民智未开之时，宗教以神秘作风指示生命的真谛。现今以后，科学以精详剖析，寻讨生命神秘之究竟。即俗即真，空有不二，不受形拘，但求神髓，终至两不相妨而相成也。

唯今国外因密宗艺术佛像之公开出版，质疑函询，争论繁兴。今就其中问题之荦荦大者，并此寄语。

一为密宗画像之形态问题：

如由表面视之，此类画像已失去显教佛像庄严慈祥本色，且坦然言之，却易使人生起狰狞怖畏之反感，何况大多不类人形，又异习见物像，其故为何？曰：在佛而言佛，一切佛皆就体相用而取法报化三身之别名。显教佛像之庄严慈祥面目，乃表示本性清净法身之本来。密教佛像之奇形异态者，乃表示化身、报身之各具因缘。诸如多目、多头、多手、多足、多身、异类身，等等，统为佛学内涵之表象。举一言之，如大威德金刚像之怪异，实皆为显教教义之图形，旧称谓之表法。如云九面者，即表大乘九部契经。二角者，表真俗二谛。三十四手，加身语意三门，即表三十七品。十六足者，表十六空。右足所蹈人兽等八物，表八成就。左足所蹈鹫等八禽，表八自在。裸形，表无罣碍。发竖，表度一切苦厄。他如有身具三十六足者，即为三十七菩提道品之表法。十八手者，即为大般若之十八空，亦为十八界。三眼者，即三明，亦为佛眼、慧眼、法眼之示相。九个头者，为九次第定，亦示大乘以十度为首。两只角者，即为智慧庄严、福德庄严之示现。其面为牛头者，即具大力之意，亦含有印度文化习惯观念，尊重牛的象征。风土人情不同，不必拘为一谈。全身璎珞庄严者，表示一切差别智的圆满。脚下有许多的牛鬼蛇神，人非人等，即表示解脱下界，破除魔军，升华绝俗之意。其他画像如六臂者，即表六度法相。四臂者，示慈悲喜舍风规。凡此等等，皆为佛经义理之图形，故为浅智众生，由识图而明义而已。是以经说大威德金刚，即为大智文殊师利化身。举此一例，余由智者类推可知，不必一一详说。

至于各种坛城表法，与人身气穴亦有关联。如莲花为心脉气轮，三角为海底脉气轮，但视初生婴儿之外形即知会阴为三角地带也。在此附带说明今日针灸之学，一般皆未仔细研究及此。盖人身之气穴，并非完全如圆形，正如天体星星相同，有三角形的，有长方形的，有椭圆形的，有六角形的，等等。故有时用针，抽出稍带血迹者，虽无碍人体，但实不知人身乃一小天地，某部某穴，如天体星星的布列，应属何种形状，倘在三角形穴道之处，针偏外角，已非正穴，略偏外围，故触及微血管，拔之即有血迹。如明乎此，对于针灸气穴之运用，又当另启新境界也。此乃古传所秘，我今在此亦明白说出，俾更有益于医学，如用佛学术语，则可说为：以此功德，回向法界众生，同得乐康之身，是所愿也。

一为密宗双身佛像，迹近秽亵问题：

此实古今中外久远存疑，昔日人所讳言，今则因教育之发达，国外性教育之公开，反有欲盖弥彰之势。甚之，在国外之流毒，有因此而促进性行为之泛滥不轨者。在国内而言，不知内义之士，往往将清代雍和宫之欢喜佛与《金瓶梅》并列为海淫之嫌。旧时视此为密教之密者，当亦有避嫌之意。其实此一问题，有三重要义理，却非一般所知。

首先以宗教教旨而言，此乃吾佛慈悲，为欲界多欲众生，谋此一路，正如《法华经》所说："先以欲钩牵，渐令入佛道。"为教育上不得已的诱导向善的方便，智者一望而知，不足为训。

次则，昔日中外文化，无论为宗教的、哲学的、教育的、伦理的，对两性问题，不是遏阻的不许谈论，即是道德的逃避之。然文不胜质，千古人类，未尝因宗教或教育而稍戢淫欲，甚之，可说是随时代的演进，愈趋愈烈。在古代而言，不避嫌疑而面对现实，作解铃系铃之教育者，唯此藏密和道家南宗而已。综其教育目的，在以楔出楔，警告世人纵欲者不过如此，当从速回头。但世间万事，利害相乘，顺化逆化，都滋流弊，岂止此一事如斯而已。即如今日欧美性教育之公开，亦未敢断言必然是利多于弊。但两害相权，隐亦未必如显耳。

再其次，双身形像，实表示人体生命中，本自具有阴阳二气之功能。凡夫未经严格修持，不能自我中和阴阳二气，故偏逸流荡而引动淫欲。如能中和自我生命之二气，则"天地位焉，万物育焉"，即可超凡入圣。不然即为欲界众生，具体凡夫，生于淫欲，死于淫欲而已。如能严持戒、定、慧而离欲绝爱，方能至于"菩萨内触妙乐"之境，终而成为无男女相，不向外驰求矣。

如《大智度论》卷二十一所谓："是人淫欲多，为增淫欲而得解脱。是人嗔恚多，为增嗔恚而得解脱。如难陀、优楼频螺龙是。如是等种种因缘得解脱。"智者由此观而精思，不为法缚，不从相求，即可洒然一笑而得除黏解缚。然后方知应以何身得度者，即现何身而为说法。所谓男女相，即非男女相，方能得少分相应。

一为今世现实的人类学与神学问题：

对于密宗画像，凡具有宗教成分者视之，易启精神幻观境界云云；而从学术研究者视之，则认为荒谬绝伦云云。凡此两种观念，亦应有一说。

在前者而言，须当明了密宗佛法之兴趣，确为后期佛学之传承。唯其教理，则凭唯识法相之学。用之表法，则取印度固有婆罗门等教遗绪，糅以佛法而升华之。如真知灼见印度流传至今之婆罗门等教神像，则对此已无足异。例彼与此，大致类同。国内国外收藏家，有印度婆罗门等教之单身双身像者，不乏其人，求证可知。如不明唯识法相之真义，徒事盲目推崇，未免为有识者所讥，应当自省。

有后者而言，举凡世界各处之宗教神像，要皆与该教发源地之人位本像相同，始终未离人界而能另图天界神像者，其理至为有味。甚之，谈鬼者亦如是，并无二致。唯密宗之像，取欲界、色界之抽象，杂人性、物性之图形为主，故视他家皆为不同。是否神人之形，确为如此，姑存之他日以待求证。

总之，佛说心外无法。"心生种种法生，心灭种种法灭。"禅门古德有谓："即心即佛。"又说："不是心，不是物，不是佛。"即是即非，无不非而无不是。如观密宗像法，由艺而至于道也，亦何不可。至于咒语问题，如密宗《大日经义释》曰："一一歌咏，皆是真言。"且拈此解以为结论，并以应钱浩、钱朱静华夫妇影印是册时，几度虔诚恳嘱之愿，是否有当，皆成话堕。知我罪我，自性体空，还之弥勒一笑可也。

（公元一九七二年，台北）

健身之部

《静坐修道与长生不老》前言

　　人，充满了多欲与好奇的心理。欲之最大者，莫过于求得长生不死之果实；好奇之最甚者，莫过于探寻天地人我生命之根源，超越世间而掌握宇宙之功能。由此两种心理之总和，构成宗教学术思想之根本。西方的佛国、天堂，东方的世外桃源与大罗仙境之建立，就导致人类脱离现实物欲而促使精神之升华。

　　舍此之外，有特立独行，而非宗教似宗教，纯就现实身心以取证者，则为中国传统的神仙修养之术，与乎印度传统的修心瑜伽及佛家"秘密宗"法门之一部分。此皆从现有生命之身心着手薰修，锻炼精神肉体而力求超越物理世界之束缚，以达成外我的永恒存在，进而开启宇宙生命原始之奥秘。既不叛于宗教者各自之信仰，又不纯依信仰而自求实证。

　　但千古以来，有关长生不老的书籍与口传秘法，流传亦甚普及，而真仙何在？寿者难期，看来纯似一派谎言，无足采信。不但我们现在有此怀疑，古人也早有同感。故晋代人嵇康，撰写《养生论》而力言神仙之可学，欲从理论上证明其事之真实。

　　嵇康提出神仙之学的主旨在于养生，堪称平实而公允。此道是否具有超神入化之功，暂且不问，其对现有养生之助益，则绝难否认。且与中国之医理，以及现代之精神治疗、物理治疗、心理治疗等学，可以互相辅翼，大有发扬的必要。

　　一种学术思想，自数千年前流传至今，必有它存在的道理。古人并非尽为愚蠢，轻易受骗。但是由于古今教授处理的方法不同，所以我们今天对此不容易了解。况且自古以来毕生埋头此道，进而钻研深入者，到底属于少数的特立独行之士，不如普通应用学术，可以立刻见效于谋生。以区区个人的阅历与体验，此道对于平常注意身心修养，极有自我治疗之效。如欲"病急投医，临时抱佛"，可以休矣。

至欲以此探究宇宙与人生生命之奥秘，而冀求超凡者，则又涉及根骨之说。清人赵翼论诗，有"少时学语苦难圆，只道工夫半未全。到老方知非力取，三分人事七分天"之说。诗乃文艺上的小道，其高深造诣之难，有如此说，何况变化气质，岂能一蹴而就，而得其圜中之妙哉！

本书的出版，要谢谢多年来学习静坐或修道者的多方探询，问题百出，使我大有应接不暇之感。乃以浅略之心得与经验，扫除传统与私相授受的陋习，打破丹经道书上有意隐秘藏私的术语，作一初步研究心得之平实报道。对于讲究养生的人或者有些帮助。

在此尚须声明，所谓"初步"并非谦抑之词，纯出至诚之言。要求更为深入，实非本书可尽其奥妙。如果时间与机会许可，当再从心理部分，乃至综合生理与心理部分，继续提出研究报告。

（公元一九七三年，台北）

《易筋经》叙

　　相传达摩祖师西来，传授禅宗心法以外，复授有易筋、洗髓二部工夫，以为修习禅定即身成就之助。后传至武术界，成为少林派之上乘工夫云云。稽此二功法之目的，为炼精化气，炼气化神，达于形神至妙，而为成佛作祖之助道品，与历来武术界视为绝顶神工者，意有迥别。相传洗髓工夫，传承幽渺，似已中断。易筋工夫，虽习者代有其人，然各家所传不同，莫衷一是。尤以坊间流行及抄传之秘本，相似者各有出入，不同者面目全非。各称嫡传，真伪难辨。达摩祖师传授禅宗心法以外，同时传有外功方术，当为事实。河南嵩山少林寺，自祖师以后传出之易筋洗髓工夫，以谙于武术之学者考证，则非祖师本来面目，乃唐宋间武师，入山出世，糅集中国固有之武术内功，参合道家导引之法而成。厥后流传愈广，出入愈多，附托者有之，假借者有之。且武术家一脉师承，常多秘惜真传，盖恐险恶者得之，如虎添翼，适为其作奸犯科之利器，故讳莫如深，不尽其说，支离授受，各师其师，各是其得，欲穷溯本原，考定真伪，殊非易事。然凡所传习者亦必各得其一支，能综而择其善者而从之，则大可为炼功养生之助矣。

　　一九四三年秋，余憩影峨眉，偶于中峰绝顶一苦行头陀处，得睹此祖师真传珍本，阅其内容，与历来传授者迥异。头陀习此有年，年逾耄耋而宛如四五十许人，攀山越岭，健步如飞，拔竹折木，犹如拉朽。尝戏引钟杵重击其腹，屹然不动，撞击百余，若无事焉。过从既久，恳其借抄，慨然付授。第频年转从，鬓添二毛，而书剑荒芜，百无一就，萧条行箧中，历年抄录之秘笈荡然，唯此孤本尚存，殆非夙缘耶！自由出版社年来搜印中国隐秘典籍，以广流传，借保吾先民之传统文化遗产，独任艰巨，至感钦迟。承嘱将此本公诸于世，并与叙说出处，因不敢自秘，乃略述其因缘如上，至于此本所传之工夫方法，是否即为上乘，当在学者之抉择，谫陋如余，未敢冒然臆断也。

（公元一九五七年，台湾）

葛武棨先生著
《气功之理论方法与效力》序

　　吾闻学问之道，在变化气质。变化气质之道，大约不外二途：从斋心敬一而诚意正心修身至于致知格物，此为其一，乃集义之所生，由内而达外者，理极平实，行之非易。其次，从苦其筋骨劳其体躯做起，至于炼气凝神，以定静之功以变化气质之性，乃修炼之功，由外而进于内者，事极易行，而坚贞有恒笃行之者，亦不易得。知者过之，愚者不及。故学道者皆是，及其成而臻于实用者颇不多得。葛武棨先生，韶年立志报国，半生奔走革命，其事业勋名，素为识者深知，不待推述。避居台湾，偶得重病，于药物不能治疗之时，改习气功，三年勤奋，昼夜无间，不但体健色壮，且已知其中玄奥，不觉欣然雀跃，认为道在斯矣。乃秉其坦率仁爱之念，欲推己及人，救世利物，著此气功一书，嘱余为言。余自愧慕道无成，行无余力学文，恐辞多害意，唯信笔述其事实如此。

（公元一九五九年，台湾）

谢译《印度瑜伽健身术》序

　　瑜伽者，原为古印度学术思想之一派。与婆罗门、数论等学齐名并驱，当释迦牟尼开创佛教之时，固并存而未稍戢也。梵语"瑜伽"，译义谓"观行"、"相应"，或亦译为"禅思"。数论学派的学说，大抵为二元之实在论，倾向于无神之说。而瑜伽则以神我、梵我为主，作清净之观行修持，以求解脱欲世之累，升华而达于梵净之域。故原本《瑜伽经》之内义，依四品立说：一曰《三昧品》，述说禅定境界之本质；二曰《方法品》，说明入定境界修持之方法；三曰《神通品》，演叙神通之原理及种类；四曰《独存品》，阐述其终极目的，而入于神我之境。此派学术思想，大体承受数论学说，析"自性"为二十四谛，"神我"为二十五谛，更建立"神"为第二十六谛，即佛经所称之"自在天神"，为色界主者。其学说思想，既形成一大宗派，自必有"言之成理，理足为文"之一家之言。

　　该派实验修持之方法，大体建立"八支行法"，为达神通境界而至于解脱之次第。所谓"八支行法"之原则，即禁制、劝制、坐法、调息、制感、执行、静虑、等持也云云。依此修持之极，即变八微为八自在。所谓八微者，即地、水、火、风、空、意、明、无明也；八自在者，即能小、能大、轻举、远到、随所欲、分身、尊胜、隐没也。本此学说与方法之演变，枝蔓分衍，乃有各种瑜伽之术互相授受，其中以军荼利瑜伽术，播扬尤广。

此种学说方术，迨释迦牟尼兴起，整理印度从古以来全部文化，融通诸家异同之说，删芜刈蔓，归之真如，无复往昔之盛。盖佛学中唯识法相之学兴，糅集整理瑜伽等各派之理，熔铸陶冶，趣之正智。禅观密行之学兴，撷取瑜伽等各派之观行方术，含英咀华，流归法性。论藏中如无著大师所述之《瑜伽师地论》，穷源探本，理极其精。东密藏密，术极其能。如日照萤光，果然灭色。但吾国自宋元以还，印度本土，已无佛学。他山之石，早已移植于此土。故彼邦历近千年而迄于今，由婆罗门、瑜伽派之余绪，郁然复萌，渐渐形成印度教之建立，而与回教等并存而不相悖也。

大抵人生宇宙之学术，富于神秘色彩者，莫过于东方古老国家之文物；中国、印度，尤为彰明较著者也。近世以来，欧美人士探求东方之奥秘，如雨后春笋，争相挖掘。彼等惊震于瑜伽术之神奇，竞相传译其学。流风所及，近年国人走相访习，不乏其人。因之以讹传讹，欺世自误者，亦在所难免。如以该派之术而论，其特异效验之处，确有速成之功，较之吾国方伎气功丹经家言，实有超胜之处。甚之，其精细透辟，尤有优越于彼者在也。至于佛家禅定观行，博大精微，与瑜伽术等相较，更不可相提并论。唯国人数典忘祖，目迷外视，不能内省不疚，起而整理之，研究而实验之，致使悲叹迷方，不知所归。身怀异宝而行乞四方，曷胜浩叹。

吾友谢君元甫，研究博物，毕生从事教学，历任各大学教授有年。近复有志国故，涉猎道家方伎之学，药物之方，因此而于瑜伽术亦发生兴趣。数年前，嘱为代购《印度瑜伽健身术》一书，赓即亲自翻译以成。冒暑涉寒，心不退转，其意为学术兴趣而研究，固不计其他也。书成以后，将由真善美出版社宋君今人为付铅椠，复速缀数言为介。义不容辞，姑妄言之如是。其译文注重质朴，以征信为尚，匆匆不及藻饰，其亦留待后之有心人为之耳。

（公元一九六四年，台北）

《印度军荼利瑜伽术》前言

　　瑜伽之学，源于印度，为彼土上古学术之巨流，与婆罗门相传之"四吠陀"典递相表里。自释迦文佛应现彼邦，汇原有百家之说，删芜刈繁，归于无二，瑜伽之术，亦入其宗矣。瑜伽之义，旧释为"相应"，新释为"连合"，皆指会二元于一体，融心物而超然之意；与此土之天人合一，性命双融之说意颇相似。稽之内典，凡趋心禅寂，依思惟修，由心意识至解脱境，皆已摄于《瑜伽师地论》中。复次从有为入手，修一身瑜伽而证真如本性，则密宗胎藏界三部中之忿怒金刚、军荼利瑜伽等法尚焉。西藏密宗传承，无上瑜伽之部，内有修气脉明点，引发自身之忿怒母火（又曰"拙火"，或"灵力"、"灵热"等），融心身于寂静者，亦即胎藏界中忿怒金刚之修持也。凡此受授，皆经佛法陶融，因习利导，而入于菩提性相之中，是乃佛法之瑜伽，志在解脱也。此外，印度原有瑜伽之教，固自代有传承，源流未替，变化形蜕，如现在印度教等，术亦属焉。年来国际形势转移，世界各国沟通学术，互资观摩，欧美人士，初接瑜伽之教，惊彼修士神异之迹，递相转告，于物质科学之目迷十方、耳聩八音外，群相骇异；于是印度瑜伽修士，在海外应科学家试验者，时有所闻，或沉水不溺数十日，或埋土不死若干周，或火不能焚其身，或物不能挠其定，各种神通奇迹，变化莫测，则未可以现代科学知识论矣。凡此之徒，乃瑜伽派修士，与密宗修身瑜伽学术，大同而小异，其中心宗旨与乎究竟归趋，迥然有别，军荼利瑜伽，即为其术中之主干也。

以瑜伽而言瑜伽,凡诸究心身性命之学,趋心神寂者,莫不属之;故瑜伽修法,大体可分为心身二门,若依心而起修,则禅思观想等属之;外其身而证真我,空其意而登净乐。尤其依密宗字音声明证入宇宙真谛,感通于形而上者,为其法中密要;即同佛法之返闻自性,观音入道之门也。伟哉观音!远在婆罗门教之前,固已常存宇宙,为诸教之宗师矣。而军荼利修身瑜伽中,于此仅具端倪,未窥全貌,欲探其源,必须通明密咒奥秘,入观音之室,方得而知。若依心而起修,则气脉明点,忿怒母火之修法等属之;化朽腐为神奇,融心物于一元,指物炼心,莫此为胜;军荼利瑜伽,已见其梗概,而犹未尽其妙也。

本书中传述诸法,若持之有恒,如立竿见影,功效卓著:小而却病延年,大而神妙莫测,而修得五通(天眼通、天耳通、他心通、宿命通、神足通),诚非戏语。而若干细微过节,及对治之方,苟无师传,受害亦非浅鲜。且其法首重独身,专志苦行,不能遗世独立,修之适得其反。例如诸身印之术,在彼土专修者,往往坐立倒持,可历久长时日。以勉强为精进,以苦行为勇猛,一般学者,实非所宜。又如用布洗胃,以刀割舌,乃至吐火吞刀之流,既易入魔,又易致病而夭折,未可妄自尝试。更如用银管以炼下行气,吸水提收之术,妄者习之,即流于房中采战之歧,可以杀身,可以败德,与瑜伽之本旨,背道而驰矣。此举其荦荦大者,余未详述。若心恋世情之圄,术操超解脱之方,此为绝对矛盾,不待智者言而自明焉。

或曰:佛重修心,道主炼气,以密宗修气脉明点与乎瑜伽之术,同于道家,固为佛斥为外学也,习之可乎?曰:心非孤起,依境而生,境自物生,心随能动;所谓能者,充塞宇宙,生万物而不遗,依心而共丽,同出而异用;心身相依,交互影响,凡心求定而未能者，即此业气为累；犹浪欲平而风未止，云无心而气流不息；苟心气同息，转物可即，此为定学之要，非空腹高心者可得而强难也。定学为诸家共法，直指明心，岂能外此。若道家导引、吐纳、服气、按摩之术，为其专主修身之一端，属于炼气士之修法，法天地阴阳化育，参生机不已妙用；大抵皆粗习其支离片段，自秘为绝学，能通其全要者，殊不多见。若武术家习炼之气功，则又为其支分，不足以概全也。依道家而言道家，瑜伽气脉之修法，同其导引服气之术；而二者比较，瑜伽之术，较为粗疏，此则难逃明眼者拣择。唯此土修炼之士，有一传统习惯，造就愈高深者，入山唯恐不深，逃名愈恐不及，终至寥落无闻，受授不识。而瑜伽之学，适以时会所趋，张明广著，宏扬于海外，得其译本者，或宝为枕秘，或恐为流毒，多深藏而不布，其心固可嘉，其事则未是，"谩藏诲盗，冶容诲淫"，珍密法而神秘之，其斯之谓乎！

庄生有言："野马也，尘埃也，生物之以息相吹也。"极言穷宇宙之奇，唯此一气之变化，天地为一大化烬，人生为一大化境。此气者，即现代科学所谓电子原子之能也。苟以宇宙为炉鞴，以人物为火蜡，以智能为工具，以气化为资源，持其术以治之，摩挲炉鞴火蜡之间，则宇宙在手，万化生身，宁非实语！若进而知操持修炼之本，不外一心；天地人物原即幻化，觅心身性命而了不可得，何用系情事相，搬心运气，弄幻影之修为哉！萧兄天石，应同好之请，翻印《印度军荼利瑜伽术》一书，辱承枉问，自憾养气未能，吹嘘无似，聊缀数语，以塞责耳。

（公元一九七一年，台北）

《少林寺与少林拳棒阐宗》前介辞

有文治者必有武功，此乃中国传统文化之名言，亦为显示上古之世，文武合一之名训。然所谓武者，即止戈为武之义，以威杀而止残杀，以奋战而达非战，实为护生仁术之功德也。但武学约有分为广狭两畴。广义之武，即为军国大防兵法战阵之学，必以戒慎恐惧，好谋而成，非徒似暴虎冯河之所为也；狭义之武，即手足搏击，乃至以器械搏斗，所谓执兵戈以御社稷者是也。至于任侠尚气，睚眦必报，流血五步，在所不惜者，已非尚武之大义，徒为匹夫之勇耳，犹所不豫焉。然皆立基于强身健体，养志率气之道，则无论为兵经之武学，抑为个人之武术，其道一也。

远溯吾先民之尚武精神以迄汉、唐以后，由徒手胝足之搏击而至于把捉兵器之武术，由技而进乎道者，昔皆与文艺并重而称之曰武艺。习武而造诣于艺术之境，则其道也，已超越于搏击残杀为本事者，深且远矣。然武艺之境，谁能创此？曰：非为一人一家之所创始，实集先民累世之学力与实习之所得者，因时因地因人而授受，固非一端也。唯自唐宋以后，辄由博而返约，局于因袭成见，称外家而独尊少林，内家而推崇武当，殊为浅且陋矣。且言少林者，必宗主达摩，言武当者，则祖崇张三丰，尤不值识者之嗤也。

推究技击武艺之造诣，刚柔相生，内外互用，高低相倾，上下相应，左右兼顾，轻重并济，内炼精神气，外炼筋骨皮，无论少林、武当，乃至百家技艺，皆须臻于圆通，不可偏废。所谓武当源出于少林，少林创始于达摩，此皆因人而崇拜，囿于盛唐以后，禅宗之有五家宗派之分立，道家之有南北玄门之歧途，分河饮水，相习成风，门庭建立，执守师承，谬误生矣。然则，达摩固传有《易筋》《洗髓》二经，抑为非是耶？曰：传出有因，事非稽古。盖因华佗五禽戏而至小乘禅观之有安般呼吸以治禅病法门，乃有易筋、洗髓之说兴起。后世之《易筋经》，世传多种，各有专长。《洗髓》一经，并非亡佚，实自《禅秘要法》中白骨观变相之说也。至于少林拳棒，实为汇集各家善于技击，而遁入空门者之所长，代有增益，实非定于一人一技之发明也。例如明清以来世所习之大洪拳、太祖棍等，亦相传自宋祖赵匡胤所习于少林寺者。如依此附会，则周侗传岳武穆之形意拳、长蛇枪法等，源出河南，亦何尝不可谓胎变于少林，不须复归于内家拳之列矣。要之，后世之习武者而大半不文，故于我国五千年来技击武艺细密深沉之史学，杳然而不可考矣。惜哉！

余生自体弱多病，唯自童年即嗜好固有之技击国术，亦曾遍参南北诸师，醉心于少林、武当等内外功之学术。唯限于弱质，且禀赋疏懒，尤耽于寂静自恣。壮岁以后，心染世务，复厌倦于武林之不学无文也，故而尽弃所学，聊寄梦幻浮身以度劫浊。多歧亡羊，好学而无所成就，故杜口而不言技击国术者，已五十余年矣。今因张震海先生之促，重作冯妇，赘叙其所专著《少林寺与少林拳棒阐宗》，惭惶无似。先生乃民初大侠杜心五先生与胡半仙等之传人，擅长武艺而又为西洋运动学之名教授，蜚声国际，旅居美洲。况又勤于写作，潇洒成文，意之所至，兴之所发，随即远寄长函，旷论今古，殷勤咐嘱，敢不从命以应。至于本书所授拳棒架式，若能勤而习之，颖悟其中三昧，当可运用无方，强身御祸，自应无疑。谚云："艺多不养家。"学者当三复斯言，即可得其圜中矣。是为之介。

（公元一九八四年，台北）

《佛家静坐方法论》序

　　近代以来，学者研究佛学之风，蔚为学术界之新风气，然大多视为自成体系之哲学思想，若以之言身心性命之真修实证者，不流于异宗外道，即入于小乘范畴，如斯之辈，所在尽是。要之，佛法重于实证，其各宗派之学术思想云云者，无非开示修证之理论，俾其循方觅的，知所归趣耳；而佛修证之道，方便多门，归元无二，若以止观言之，则无量法门，无非止观之所概纳。大乘经典如《圆觉经》等，则以禅那摄止观；《解深密经》等，则以止观统诸法。实如拳手之变，运握不同而已。梵言止为奢摩他，观为毗婆舍那，止观双运为三摩钵底，此皆音译之词也。盖止即为定之因，慧即为观之果，止观也者，即修定慧之始基，证觉菩提之轨则也。佛法解脱之道，靡不由定发慧，方为究竟，则于此可知止观与修证之重要矣！

　　溯自东汉时佛教初传吾国，其最早输入之修证法则，如大德佛图澄等，皆以传授禅那止观为实证之门。迨陈隋之际，吾国高僧如慧思、智者大师师弟，创建天台一宗，独以修习止观为证果之极则。明代西藏密宗黄教初祖宗喀巴大师，亦以止观教人为修行之捷径。此外如唐代名士白居易、梁肃等，皆习天台止观之法，为学佛修持之基。明代儒者袁了凡，摄天台宗修持之要，著止观静坐之篇。清代名士如龚定盦，著文力斥禅宗，独主天台止观之学，尤为愤激。近人如蒋维乔静坐法续篇之作，刘洙源观心法要之说，亦莫非渊源止观大要，或为纯粹止观之修证者。然而

240

碌碌众中，言理者多，实证者少，系心一缘，尚不可能，何况于止中寂运观慧以证圣真哉！倘志诚学佛之士，舍止观而不习抑为非愚即狂者欤！

古鲁平昌高登海居士，初入仕途，即游心内学。抗战军兴之际，居士方任四川潼南县长，清慎廉明，政风肃穆，余适侍师返玉溪口渡岁，得识居士于潼南县署，观其长厚清斋，亦儒亦佛，退而戏与师言其为《循吏传》中人也，师亦为之掀髯，首肯余语。胜利复员以后，闻居士挈家东返，仕于山东省府，历任清要，而不通音问者十余年矣。入台以后数载，因遇其公子明一于台北，方知其已举家南来，深为庆喜。明一者，生而茹素，幼而颖悟，时在潼南，即以髫龄礼佛，游于吾师之门墙，故余亦以弟而目之。闻其所述，方知居士持斋念佛之虔，尤胜于往昔，盖亦默受其公子与吾师因缘之所化，善根深厚，良有以也。

今秋居士因公北上，命驾蜗居偶谈，云有新著《小止观讲义》一书，嘱余为序，自惭谫陋，无足以崇饰其宏法之愿，而因二十余年之萍水因缘，却之不恭，故不揣冒昧，赞述止观胜义而为其流布之先驱，如是我云。居士栖心净土，笃志在家毗尼，习定止观，羽翼弥陀胜境，行见其花开见佛，即生成就，容有何疑。

（公元一九六六年岁次丙午中秋，南怀瑾序于台北）

魏承思著《缘来佛教
——现生说法看佛教》序言

我自一九八八年由美国首返中国，寄迹香江，旋因香港佛教图书馆何泽霖居士之恳邀，初在佛教图书馆对内部少数人士开讲《解深密经》"奢摩他"及"毗婆舍那"两品。嗣后因人介绍，得见魏承思，是时彼方任《明报》主任，英姿焕发，谈笑风生，似有南宋儒者吕东莱论议之慨，并具陈同甫豪迈之气，但因初识，惜其未纯而不敢言。人有告我，承思耽酒，且于酒酣耳热之余，肆酒骂座，口无遮拦，故人多忌之。而我平生爱才成癖，笑谓古人有言：由来名士多耽酒，未有神仙不读书。当时实也不知承思潜修佛学，且常为人捉刀代笔，而人所不知。

此后，承思每于工余之暇，常有往来，并为晚餐座上之客，渐受我等喜于禅坐之习染，我也等视其为一般时髦学佛者之酬应，其未必真有佛法修证之诚也。旋而渐知，承思乃书香后裔，其兄也深涉佛教，并茹素念佛，不染尘缘，实感大奇！岂魏氏兄弟犹如世亲、无著昆仲之遗风乎？

去岁，我约承思来太湖大学堂任职，共襄宏扬中国文化事业。不料承思于朝晚之际，每进禅堂与众共修禅寂，似非偶然戏论之行，心实异之。今年春间，承思忽以其所著《一般知识分子看佛教》之书稿示我，请予鉴证。初我接稿之时，意谓其年过知命，当其少壮之时，则为"浮沉宦海如鸥鸟"，而其仍然有"生死书虫如蠹鱼"之癖，此著应如一般泛知佛学者之自我抒情之作乎？后经开阅，方知其有翻悟佛法重在真修实证之旨，甚为助喜，即望其改正原著书名为《现生说法看佛教》最为恰当。承思乃浙人，今有此发心，其犹如洞山良价禅师之诗谓"净洗浓妆为阿谁，子规声里劝人归，百花落尽啼无尽，更向乱峰深处啼"之意乎？

我自憾平生不文，每有舒铁云诗意"平生耻作公家语，但为花神撰寿言"之感。然今则特为承思写此小序，并为其题写书名，以志此时此事之因缘也。

（公元二〇〇九年六月下旬岁次己丑夏至，南怀瑾，

时年九十二岁）

历史之部

《武圣关壮缪遗迹图志》序

　　老古出版社自成立以来，发行书籍皆以开继承启文化为职志。顷者，负责业务之古生国治，编辑部之曾生令伟，偕来问讯，且告知即将出版《武圣关壮缪遗迹图志》一书，嘱为之序。骤闻其请，诚有难以下笔之感。盖自元明以来，关公事迹，由史乘而衍为演义，自人位而极为帝天，迷离惝恍，家喻户晓，俗成聚实，贤者犹不免于信奉，况已成为民俗文化之中坚信仰，普为四海同钦，须欲辨别其是非有无之际，诚无益于化民成俗之旨，且徒乱于季世神道设教之风也。

　　尝谓上下五千年，中国文化之人物，于史册名闻之外，而独能普遍流芳于百代，且又为后世所尽知之人物，誉圣颂帝，数不多得，文如尼山之孔夫子，固不具说。武则关、岳并称，而尤以关公为普闻，其故何哉？思之再三，俗称岳武穆独以精忠报国为典训，其量止于君臣之阃，而未能化及人伦之大者。至如世所标榜关公之忠义，则于忠道之诠释，不仅施于君臣之际，且可尽于人伦纲常之间。其于义道之影响，且可概于朋友之适而及于社会之则。是诚春秋大义之微旨。故关公之典范，终能由人道而臻于神明之尊，岂偶然哉？非徒然也。

　　孟子有言曰："可欲之谓善。有诸己之谓信。充实之谓美。充实而有光辉之谓大。大而化之之谓圣。圣而不可知之之谓神。"以之律于关公生平之尽心志节，诚如孟子所言前二者之实，后四者之基。若夫身后之修，抑为精诚之渐进，或为聪明正

246

直，死而为神之美崇，洵有不可知者。佛曰：不可思议，亦其斯之谓耶？

论者有曰：征之史实，演义之说关公事迹，不可尽信，且其为人所盛传徐州依曹之玷，计较马超之忌，拒绝孙吴之执，以及荆州之失，其可议者殊多，曷足以当武之圣者之誉乎？曰：此亦有说。孟子曰："尽信书，则不如无书。"况陈寿之撰，依违曹魏而轻议蜀汉，亦理所必至，事有固然也。然寿之史传曰：

> 初，曹公壮羽为人，而察其心神，无久留之意。谓张辽曰："卿试以情问之。"既而辽以问羽。羽叹曰："吾极知曹公待我厚，然吾受刘将军厚恩，誓以共死，不可背之。吾终不留。吾要当立效以报曹公乃去。"辽以羽言报曹公。曹公义之。及羽杀颜良。曹公知其必去，重加赏赐。羽尽封其所赐，拜书告辞而奔先主于袁军，左右欲追之。曹公曰："彼各为其主，勿追也。"

即此而观陈寿之微言，于关公之志节神采，及其进退权宜之际，情至义尽，从容不迫，固深得于《春秋》大义之旨，岂可以古文简略其叙述而诬以依曹为失节耶！故罗贯中之作《演义》，衍其内蕴，虽非信史，亦无溢美史迹之誉。《易》曰："知进退存亡而不失其正者，其唯圣人乎！"此诚万古纲常之典范，美哉其人是之足以谓之神也！

寿《传》又曰：

> 闻马超来降，旧非故人，羽书与诸葛亮，问超人才，可谁比类？亮知羽护前。乃答之曰："孟起兼资文武，雄烈过人。一世之杰，黥、彭之徒，当与翼德并趋争先，犹未及髯

之绝伦逸群也。"羽美须髯，故亮谓之髯。羽省书大悦，以
示宾客。

后之论者，据传所谓"亮知羽护前"一语，谓公有忌才之
嫌；复以"省书大悦，以示宾客"，量其器度之不广。殊不知
公与刘先主，崛起草莽，世途之辛苦艰难，人情诚伪莫测，备
尝备知。方其独当一面，威负重镇，乍闻西陲降将，而又非创
业故旧，衡之国策，岂可不有此一问，以定全面战略之机，何
忌之有？至于《传》称"亮知羽护前"者，盖谓诸葛亮深知
公情重故旧，嫌疑新降之意，故以老友轻松游戏之笔，以释其
疑。书称"犹未及髯之绝伦逸群也"，足以见诸葛孔明与公情
谊之亲切，故出之于戏言之句，因之而有公之"省书大悦，以
示宾客"之举。实非器局狭小之态，洵为君臣朋友相得无间之
情事。倘徒依文解义，不究其微言之妙，则其诬也，固亦当
然矣！

至若其拒婚孙吴，则在陈寿之传，及典略所载，固已详述。
当是之时，公"威震华夏，曹操议迁徙许都，以避其锐"。可见
孙吴之议和，仅为权谋而诡计，则公之拒婚，义固当然也。况孙
吴前有婚盟于刘先主，而终亦以违亲亲为诡谋，前车覆辙，殷鉴
不远。此公固知和亲于吴之不足恃，拒婚于孙吴亦不足恃。公谊
私情，两皆无益，当机在局者应所深知，殊非千载以后可轻议得
失也。

及其荆州之失，固又出于孙吴之渝信背盟，又复牵掣于故旧
将校，糜芳、傅士仁等辈之变志投敌，虽有"间谍"失察之嫌，
而古今至诚直道之君子，往往祸起萧墙，困厄于亲信旧谊之间
者，史实难以胜数，此所以读史者每为千古人心险恶易变而掩卷
长叹者，虽曰人事，岂非天命哉！蜀记有曰：

　　公初出军围樊，梦猪啮其足，语子平曰："吾今年衰矣，
然不得还江表！"

　　观此，此非公已预知时至，其亦生而神灵者乎！今为辑印此
图书，并附论及之。近者，世俗传称，天心易运，民封神榜曰
"关圣大帝"，且非民心即天心，神由人兴之意欤！是为序。

（公元一九七八年冬月，台北）

陈光棣教授与
《泛论中美外交关系》一书

去年（一九七一年）的秋天，为应清华大学（指台湾清华大学——编者注）同学专题演讲之邀请，特别去了一趟新竹。我向来不喜欢记事，更不愿意死记着往事的日期和数字，虽然事隔不久，也早已忘记是哪一月哪一天的事了。那天的上午，洪同教授打电话给我说：他有事到台北开会，不能在学校里等我，一切招待的事，已托陈光棣教授代劳。其实，我很怕这些公式化的应酬，什么招待不招待，毫无意思，答应来讲演就讲演，管他那些事做什么！但洪同教授以前与我有过一段因缘，现在他是清华的总务长，更重视礼节，陈光棣教授又是老朋友，很久不见，见面多谈谈，总是好的。

我记得到达新竹站时，已经日近黄昏，华灯初上了。我不认得来接我的同学们，同学们也不认得我，当我自己正要叫车去清华时，幸好来接我的校车上的司机，头脑真够清华，他看我东张西望，像个丧家之犬，便问我是否是到清华去演讲的。我就笑说："是的。"于是，来接的同学们也知道了，大家半中半西地礼貌一番，"嘟"的一声，直放清华。

到了地头，光棣教授早已在招待室内，彼此长久不见，见了面，就互道思念之情，如此如彼地嘘寒问暖一番。他和负责招待的同学们，陪我吃了中式的西餐晚饭以后，又上来一杯咖啡，打开了另一面的话匣。据我所知，光棣教授是一个杰出的人才，多才多艺，倜傥风流，兼而有之。但因时间匆促，我们来不及谈风趣，我只关心他的中国史的大著，有未完成。他当时对我说：目前正忙着写一部《泛论中美外交关系》的书，而且告诉我他所写的立意和方向。我当时听了，首先叫好，要他赶快完成这部书。因为我有自知之明，太粗疏，但可乐于与人为善，而且有激扬别人长处的呆劲，所以特别高兴听他谈著作的计划。如果当天不是被拖上"来讲演"的空架子，真想请他好好地讲下去，我极愿意作他的听众。

事情过去了，又快到过年了，恰好在一九七一年（阳历）除夕的那一天，接到陈光棣教授给我寄来了他的巨著《"中华民国"奋斗六十年》一书。开始我不知道是谁寄来的闲书，随手一放，堆在平日惯例的来件中，等到有空时再慢慢地清理。当时，站在我身旁的一位同学说："这好像是陈光棣教授寄来的新书呢！老师经常说他是很风趣的人，就是他吗？"我听了就叫他替我赶快拆开来看，才知道就是他那天对我讲的《中美外交关系》的新书出版了。因此，我连忙读他的序文——前言，顺便又翻阅目录，一面看，一面情不自禁地叫好。那个仍然站在我身旁的同学问我好在哪里？我说：这是此时此地，你们这一代青年同学们必须要知道，要先读为快的书，好就好在他为你们搜集撰述了应该知道的当代史料，可以使你们温故而知新，对于国家和个人的未来前途，知道应该走哪一条路。同时也可以使你们对于世界局势的变化，有更深刻的了解。

我向来不会替人作书评，而且读了每一本书，都好像无从评起，因此欠的这类文债也特别多。有些因所求不遂，或另有所写的人，因此便拼命骂我是"江湖"，是"旁门左道"。好在我对这些事，已听惯不惊，而且当它是过分恭维的耳边风，殊不知道我连"左道旁门"和"江湖"都不够格。但是对于陈光棣教授这一本书，我却乐意要为它推介，这是"世事洞明皆学问"的事，而且现代中国的青年学生们必须要读。也可以说，这就是我"任兴"的一面，只要自己兴趣所在，认为"义所当为"，就不管是非，该做该说的就说就做了，更不要通知光棣教授。——最后，附带说明，陈光棣教授的这部书，据我看到的版权页上所记载，在世界书局可以买到。

（公元一九七二年，台北）

黄著《中国近代思想变迁史》前言

我和黄公伟教授认识已有二十六年。黄教授过去在大陆时，曾有党、政、军、学、新闻事业等许多经历。那时虽然我们还不相识，但他的朋友长官们，有些我都熟识，因此也间接知道黄教授的为人，忠厚笃实，治学甚勤。在最近十余年来，我又和他同列教席，相见的机会比较多，相知也比较更深一层。他除了教书以外，便潜心著作，专志名山事业，求之现在的读书人中，实为不可多得的，值得钦佩。

当我在一九七一年夏天，开始创办《人文世界》杂志的同时，曾经对"廿世纪青少年的思想与心理问题"连续作过十多次专题演讲。我深深觉得要后来的一代，知道如何"拨乱反正"，需要把过去一个世纪以来影响历史文化变故的学术思想，有系统地告诉他们，这是很重要的工作。我想做，但精力和时间都不许可。同时也感觉到论议古人容易，评述今人未免有许多困难和忌讳。所以一再因循，始终没有着手。有一天，和黄教授一起吃饭，在席上我谈起此事，希望这位涉猎渊博的现代学人，能够担负起这件工作。当时，他慎重考虑之后，总算愿意一试。

到了一九七二年的元月，为了情势的需要，我又写了一篇《从处变自强说起的另一页》专论，刊载于《人文世界》（见本刊第二卷第二期）。虽然是言者谆谆，听者藐藐，但身为现代的读书人，有所见而必须要说的，总要坦陈而出。在这以后，有几位同学对我说："黄老师正在埋首写那一部书，他说，是您出的主意，真害苦了他。搜集资料，删订裁剪，大费心力。也许这是他关门的著作，完成以后，他想再不写书了。"我听了更加肃然起敬。

去年再度与黄教授见面，他对我说："已经完成此书，虽然有许多困难，不能尽如人意，但总算大体完工了。"并且要我写一篇文章，留作此事因缘的纪念。我虽谫陋，实也难逃其责。后来我想来想去，毕竟才思有限，另外写不出什么道理，只有把这篇旧作交卷，忝附骥尾，以陪衬黄教授宏著。此时正当大陆"破四旧""立四新""批孔扬秦""崇法反儒"之际，我想幼狮出版公司将黄教授此书出版，对于我们"拨乱反正"的文化思想，更加有所警惕。

（公元一九七二年，台北）

《再造中国》序——谈调水问题

"拯救黄河,南水北调,再造一个中国",这三个惊心动魄的响亮口号,初听起来,好像就是一件事,再经反复三思,却是三个不同的内涵,虽然可以混为一谈,但在事功的行动上,却有三个不同的理念,因此,在论证上,须从各个不同的观点出发,正如国内各位高明水利专家和学者们的意见一样,必须集思广益、求同考异、慎重行事。

拯救黄河

先说拯救黄河这个问题。其实,这也就是从汉、唐、宋、元、明、清直到现在三千多年来的老问题。寻找历史文献的主要研究资料,从《山海经》《水经注》与(公元初)汉儒贾让的"治河三策"以及康熙时期(公元一六八〇年)毕王孙的"治河三议",仍然不失为最有参考价值。古代所谓的治河的意义,也就等同我们现在所说拯救黄河。希望大家不要认为那是古书古文,缺乏科学论证而轻易放弃,其实,这些古书和古文中,正有许多有关中国古代科学的重要关键,不可因看不懂便认为是迷信,那就大错而特错了。

尤其有关治河问题,在清初康熙亲政的少年时代,他在宫廷的殿柱上,便写上"三藩、治河、漕运"是他当务之急的三件大事。所以在治河的历史上,也以康熙、雍正数十年间最重要、最繁重的政略大事，更值得反思参考。但从公元前廿三世纪开始，大禹治水，固然可说是代他父亲治水无功而赎罪，事实上，他是完全无私的贡献，他的治理黄河，导流入海，是为拯救万民的心情而从事。至于由汉初到清初两千年来的治理黄河，乃至隋开运河，以及明初的治河而兼治淮等作为，从广义来说，固然也可说是为国为民，但事实上，由汉唐到明清历代治河的主要的目的，只是为了巩固统治政权，用来运粮到京畿和财货上的转运。那和我们现在所提出拯救黄河的基本理念和目的，似乎相同，但却大有不同的意义。

因此我看到的另一个资料，认为黄河断流、黄河淤塞并非就是大害，只要先从西北高原调水北流，然后分流灌溉华北、华中地区，其利岂非更大于弊？他的构思是从水土流失的长远处着眼，希望能够覆地翻天，变黄河下游为耕植生产的农田，这实在大大出人意外，应该算是现代中国的奇人奇思，不可等闲视之。但理想归理想，事实归事实，把理想变成事实，还要经过许许多多方面的科学论证。大胆的设想，不是完全没有他的理由。这是附带在此一提，属于将来后代的预言。

南水北调

再说南水北调这个问题，其中也有古今两者相同而又不尽同的意义。从汉代贾让"治河三策"的上策开始，他就是主张治河要循大禹治水的故道，引河北流入海。清初毕王孙的"治河三议"，也是主张恢复大禹治水的故道，要使南徙的黄河，重归引入北流的故道。

清初有关治理黄河北归故道之议的还有多人，如说："禹后无水患七百余年。""汉武时期，导河北行，复河旧迹，八十年无水患。"其他如刘献廷说："西北乃先王旧都，二千余年未闻仰给东南，何则？沟洫通，水利修也。""自刘（渊）石（勒）云扰，以讫金、元，千余年来未知水利为何事，不为民利，乃为民害。故欲经理天下，必自西北水利始矣。""不知水道之当详，正在西北。"诸如此类有关古人南水北调的意见，他们所说历史上有关河患的数据，虽然并不完全精确，但其目的是主张引河北流，比较可以保障减少黄河水患的观念是一致的。至于我们现在所说的南水北调，不只是为了减除黄河中下游决口的水患，同时为了彻底解决华北、西北、东北的水旱灾害，而且要变黄土高原和广袤的沙漠为绿洲。所以要调动西南高原长江源头的水量，回流上引而注入现在的黄河，既可有利于农林产值，并且有利于其他种种水利资源，岂只是灭除黄河水患和沿河地区的干旱。甚之扩而充之，提升上引，开发西北，使沙漠变成绿洲，形胜江南，不是只为拯救黄河断流的干旱而已。这便是古今南水北调同而不同的观点，这一理解，大概不会离题太远吧。

再造一个中国

至于当今现在所提出再造一个中国的理念，与拯救黄河、南水北调，似乎就是同一个问题。事实上，再造一个中国的呼唤，并不是只为黄河断流和黄河决口的水旱问题。我们必须要知道立国之道，首先须要着眼于千秋万代，然后才是考虑确定百年大计。环观世界上任何一个国家、民族，在这个时空范畴以内求得生存，随时随地都包藏有内忧外患的隐忧，这是只能预防而无法避免的事实。大处着眼，从宏观来讲，我们中国现代开始的最大内忧，就是缺水和沙漠的扩展问题，极其紧迫地跟随我们的现代和后代。

因此，便有一群有心之士和研究水利专家学者们提出拯救黄河和南水北调的呼声。如果我们综合理解了这些重大的观念以后，便可知道问题的症结所在，就是缺水。换言之，中国人和世界上其他有些地区的国家一样，水的资源相当缺乏。水是养命的重要资源之一，水也是农耕生产和许多财富产值的根本资源，所以便有西线、中线、东线调水等呼声迭起。甚之，要从青藏高原雅鲁藏布江调水的构想各个方案的提出。当然不要误会这些方案是同于古代治河治水的"奏议"一样，其实这些提议都是学者、专家科学性的论证，听者有心，言者无过，真正行动起来，那是靠智、仁、勇俱备的大德者来推动，才能完成一代千秋不朽的事功。

天一生水问题

当我随笔写这篇乱谈文章的开端，同时也在仔细研究现在埃及、以色列，甚之，南非等地引水调水的问题。忽然又接到英淘、小强的电传催促说，书已完成，要我写序。这可为难了，我是个老顽童，胡吹可以，要我来真的，那就要我出"佯相"了！因为我正在想，世界上水从哪里来？根据一般自然科学的说法大约有两种：一是说水是从大气圈与光合作用变化而来；一是说火山爆发岩浆冷却以后变成水。我不懂科学，更不是研究科学的人，但对这种说法，好像就是我在十二岁左右的童话知识。据我读中国古书的所知，水、火、风、雷（电），都是从自然界真空动静变化的化合所产生。这方面的传统科学旧理论，其实不少，而且相当深刻，只是现代人盲目地扬弃古老传统的科学理念，并无深入的运思研究。现在世界上人们争说调水，都是从地面上现有水量多的地方来打算。为什么自称已达到精密科技时代的现代人，不用重赏资金鼓励科学家们去研究大气层的温室效应，改变地球物理的内在地热，变更地面环境和大气层的温差，随时随地随心所欲地做到"云腾致雨，风调雨顺，国泰民安"，却仍然和古人差不多，在靠天吃饭，靠地喝水呢？我想调水果然重要，赶快成立一个"天一生水，地六成之"向天调水的科技机构，设法彻底解决全人类不被水的贫乏所困，那是更为重要的事。中国人才济济的科学家们，决不会比别人差，因为国家社会并未为这个课题而高悬重赏，登坛拜印，所以没有科学家出来向天调水，敢为天下先吧！

（公元一九九九年六月，南怀瑾）

《清代名吏判牍》前介辞

名士、名臣、名吏、名宦的涵义

中华民族与世界上有些民族相同，自古到今，大多都有重男轻女的习俗，做父母的，都有望子成龙、望女成凤的潜在意识。如何望子可以成龙，在中国的传统习俗，唯一出路，就是读书做官，至于做官以后，要不要升官发财，那可说不定；不过，大多数是希望升官以后一定可以发财。如此这般，形成这个国家民族做官的便有先天性贪赃枉法习气，真是习染易就，善道难成。甚之，包括现在投身联考制度的内涵，或多或少，仍然还没有脱离这种意识形态的成分，实在很难分说了。

我们读历史，知道自秦、汉以来官吏的出身，是从选举或考试的功名而来。尤其从初唐建立选拔秀士的考试制度以后，经过宋、元、明、清而到现在，一仍不变，只是考试的内容，历来因时代的需要而稍有变革而已。最明显的是明、清两朝六百年间"秀才、举人、进士"的三级考试，作为选拔人才的成规，牢固地深植人心，直到如今，还是读书人知识分子心中的美好影像。

其实，有实权而能担当国事的，并非一定是由考试取得功名之士。而由三级考试选拔出来的"秀才、举人、进士"等人才，只是读书人取得学位的功名，能否因功名而受重用，得任官职，那可又有一道关限。汉代重视二千石的郡守；明、清两代，注重由基层地方官的县令或府台，升迁为巡抚一省的方面大员，由此入阁成为重臣或名臣的，才可算是学者功成名遂的得意功绩。因此，在清朝，便有名士、名臣、名吏、名宦等称誉不同的雅号。

其实，从西汉司马迁著《史记》以后，凡是出仕朝廷而有职守者，大致都可称之为吏，尤其对于社会民生有直接关联，职掌刑法、民事的重臣，根据《史记》体例，清正的归于《循吏传》，凶残的收在《酷吏传》，从此永为定式，成为历史公议的定例。例如晚清中兴的名臣，如曾国藩、左宗棠等人，亦有称之为"封疆大吏"，就是由此而来。

但无论"循吏"或"酷吏"，只要在此两传有名的，大多都是当代的名臣，权重位隆，不可一世，但不一定是当时的名士。所谓名士之称，大体上与"才子"一词有密切的关联，它与辞章文艺的高度手法不可或分。举其荦荦大者来说，如西汉的司马相如、枚乘；唐代的杜甫、李白；宋代的苏东坡、王安石；清朝北方的纪晓岚、南方的袁枚等历史上的名人，都是"名士"。其中有的虽有才名而不一定有高位重职，如果有才名而兼为重臣，享有一代清誉，安闲富贵而过太平岁月的，大概只有宋朝初期的名相晏殊，足以堪当名士而兼名臣的角色。他的名作《浣溪沙》："一曲新词酒一杯，去年天气旧亭台，夕阳西下几时回。无可奈何花落去，似曾相识燕归来，小园香径独徘徊。"独步千古，揭开两宋词坛的序幕。至如范仲淹、寇准、文彦博等宋史上的重臣，也都是由他的赏识提拔，而成为千古的名臣。

文章、功名与实用之学

在二十世纪初期出生的我们这一代，乃至现在的青少年，讲到古文学术，大多都读过从《古文观止》《唐诗三百首》等书上摘录在国文课本上的古诗古文。照一般人的常识，好像过去考试功名的文章，便是这种规格，甚之，认为都是陈腔滥调，无益于国计民生的作品，致使国家民族在科技文明、经济发展史上，没有进步，都是因为过去只读古文所造成的缺失。事实上，大谬不然。我们现在所读过、所知道的这些古文辞，只是前人从古人的诗文集中，摘录他们一些少数有学术思想的名著，作为后世学习文辞上的样本之一而已。至于唐、宋、元、明、清，千余年来，由考试制度所录取的文章，一般都不记载下来，故在这些名人的文集里，存录下来的少之又少。等于我们现在的学子们，决不高兴把自己在联考中的问答，记录在回忆录里。在明、清所规定的"八股"文章，等于我们现代七八十年来"党八股"的官式文辞一样，几乎是人人会作，个个看了不敢自信自肯，不值回顾。

由此须知，明、清两代从"八股"文章的考试而取得功名，虽然得到"进士""状元"的学位以后，乃至进了"翰林院"，或者出任为县令、督抚等官职，平常应用的文字，就与"八股"文章，毫不相干。如果是由"进士"选置在"翰林院"的，进一步想进入内阁中枢，便要留心学习替皇帝怎样写诏书制诰的大手笔，或者准备如何讨论国是政见的谏议奏本。所以由考取"进士"而进取为朝廷的命官，都先从礼部学习朝班的礼仪，那是必须经历的一种培训。至于有关国家的刑名律例，几乎大都外行，不肯涉猎，认为这些都是胥吏书办的余事而已。因此，在清朝而言，一个外放的县令或府台，本身是"进士"出身，而且又经过"翰林院"一段时期，那才算是正牌科举出身的大吏，对于僚属官员，便威风八面，自视甚高，很难侍候。不过，"进士""翰林"，只是科目的功名，并不一定就是才子型的"名士"，倘使僚属中科目功名只是"举人"，但他原是颇负盛名的

"名士"，那就不敢过分怠慢，须当另眼相看了。

清朝官制，大体多自承袭明朝，稍加沿革。作为地方基层官吏的县令或府台，必须综管民政、司法、钱粮（经济）等业务于一身，如果只有学问功名而不懂刑名律例，那就一筹莫展，举措皆非。尤其是清朝入关之初的满族官员们，更加为难。因此，必须依照明朝习惯，聘请一班读书而懂刑名律例的作为助手。可是这些做助手的文士们，本身既无科目功名，而在官制地位上，本无正式编制，只好由主官个人自掏腰包，分出本身饷银作为薪水，以礼相待，等于请来家庭教师，与做主人的东家平等相对，称谓西席先生；而在学名上又称之"幕宾"或"幕客"；僚属下层的习俗相沿，便叫他"师爷"。明、清两朝，中国官场中之有师爷的存在，等于是不成文规定的制度。直到清朝去位，民国成立以来，才改作秘书的编制。因此说清朝两百余年的治权，上至王侯将相，下及县令、典史（等于警官），从头至尾，自始至终，都与师爷共治天下，那是无可争议的事实。

替官僚背过的幕宾

在中国三千年的文化中，到了明、清之际，出现读书分子中有"幕宾"（师爷）的族群，他们不但是幕后操持上下政法的主干，而且多数还是当时颇负文才的名士，但在历史上，反而藉藉无名，湮没无闻，甚之，为一般人所诟病鄙视，认为"师爷"者流，无非是文人无行的文化流痞，等于民俗所称的狗头军师而已。

师爷何以会遭遇如此严重的诟病？因从清朝康熙、乾隆盛世以后，一般有功名或捐班出身的地方官吏，身任县令、府台之辈，既不深习刑名律例，又多以名士自居，一行做吏，便落于官僚习染之中，凡是钱谷（包括财税经济）、刑名（司法讼案）等事，都仗做师爷去安排定案。尤其有关词讼判牍，一切关系民瘼有切肤之痛的判决书，亦皆出于幕宾之手。古人所谓："居家戒争讼，讼则终凶。"只要牵涉打官司的事，无论胜败，双方都有很多的积怨。官官相护，民怨无法与官相争，而且判决书多出于师爷的主见或手笔。所以群怨所归的结果，自然就多落在师爷身上。相传郑板桥有一痛斥当时官场的对联说："诗酒琴棋画，银钱妾婢僮。"（下联最后三字太不文雅，改作如此）这确是清朝官场的真实写照，但也并无时空间隔的不同，的确切合于古今中外的官场形象。

倘从师爷的正面来看，当然又是另一番景象，如晚清时名幕师爷龚未斋先生，答友人书中的一段话，及其劝兄弟切勿学幕的一节，便可知其大概。如云："天生吾辈，既不智之，又不愚之，乃予之以不愚不智之身，而困之于不死不生之地，不禁击碎唾壶，作王郎拔剑歌也。"又如："至所谓幕者，乃家无负郭之田，而有兄弟之养，菽水无资，饘粥不继，读书无成，困穷立至，不得已而以幕救贫也。分作挈之余金，而欲为身家久长之计，此天理所不容。梦梦者入其途而不知悔，而穷极无聊者，虽悔而亦无可如何！且幕而贫，尚不失幕之本来面目，若幕而富，则其人必不可问，而其祸亦必旋踵。学幕虽较读书为易，然亦须胸有经济，通达时务，庶笔有文藻，肆应不穷。又必须二十内外，记诵难忘，举一反三，更须天生美才，善于应酬，妙于言论。而学不足以服人，品不足以信人，虽居宾朋之列，无殊门客之容，其中委曲周旋，更有不可以言喻。"

龚未斋是晚清时期名幕师爷中的佼佼者，道德文章并不亚于那些进士、举人之流，只是时运不济，所以一生数十年，老死于幕宾之列，遗憾终生。

考据、词章、义理与判牍

明朝中叶以后，朝廷政务与学术文化都已腐败不堪，一班尊重程朱理学的大臣与内廷宦官太监的族群，互相对立、结党争权，终于出现国亡家破的局面。顾亭林曾痛心疾首指责当时北方的学者"饱食终日，无所用心"；南方的学者"群居终日，言不及义"。因此，满清入关以后，学风也随改朝换代而大变，逐渐形成"考据""词章""义理"的三大主流。

在顺治、康熙的初期，秉承义理之学的儒者，如汤斌、陆陇其、于成龙等人，转向入世从政的实用，成为历史上的"循吏"名臣。至于置身局外，不肯出仕清朝，如顾亭林、顾祖禹、李二曲、傅青主、王船山等人，终身隐居著述，开启清朝一代"经学""考据"的先声，影响深远。

继由康熙、雍正、乾隆三代，特别开设"博学鸿词科"网罗天下名士，便使前明的遗老遗少们，不得不尽入其彀中。因此从乾隆、嘉庆以后，乃至清末，学术文化的风气，都以偏重于"词章"为主。尤其在乾隆时代最具影响力的名士、名臣，北方有纪晓岚、王渔洋等为代表；南方则有袁子才、郑板桥等为翘楚。甚之，以一代之尊的皇帝乾隆，也不知不觉陶醉于"名士""进士"的荣衔，自称"翰林"天子。

任何时代或任何民族的文化，都以文学为枢纽，文学的中心，用过去的名词来说，便是文学的诗、词、歌、赋，外搭美学的琴、棋、书、画等艺术为主。如果纯从文学"词章"来看，清朝康、乾盛世最具影响力的名士、名吏，应该说袁子才（枚）是首占鳌头的人物。袁子才既反对义理，更不喜"考据"，文章艳丽通畅，挥洒自如，尤其对于诗学，另辟场面，极力提倡以灵性为主，一变明末清初以钱谦益、吴梅村等为代表的流风余韵。他绝顶聪明，考取"进士"以后，做了两任县令，就匆匆辞官归隐，筑屋于钟山，取名"随园"，优游林下，终年八十有余。并且就在他辞官隐居以后，开始著作《随园诗话》，任意评议古今诗人的得失，尤其喜欢录取无藉藉之名者的诗词，以及闺门仕女的佳作，因此而声动朝野，名重公卿。至于有关学术文章的著述，并无特别贡献，但因他的影响，而使乾、嘉以后，官场与士林之间，特别重视"名士"而兼"名宦"的声价。"文章草草皆千古，仕宦匆匆只十年"，这是当时才子黄景仁呈送袁子才诗中的名句，便可见其一斑。

袁子才在《随园诗话》之外，既无其他有分量的学术著作，但又爱惜羽毛，不肯轻易抛弃他自己"草草匆匆"的文字，便将一生与人往来的书信，也汇为专集，取名《小仓山房尺牍》；又保存做官时期自己一部分的判牍，留作专书，表示自己兼有名幕之长才。这些在清初以前的古人看来，并不算是大文章，但从他开创这种风气以后，好像开了后人的窍门。跟着犹如袁子才声名的张船山（问陶），除诗文以外，也就有样学样而保留判牍。因此到了晚清时期，名幕的师爷龚未斋、许葭村也起而学步，便有《雪鸿轩尺牍》与《秋水轩尺牍》的著作，使后人由此而稍窥幕宾师爷与名宦、名吏之间的才情，同时也对检讨《大清律例》者大有帮助。但很可惜的是，他们没有把自己替主官所作的判牍保留，以为后来司法行政判例公牍的参考。只有光绪末年的樊增祥，自己集编为《樊樊山判牍》一书，作为民国建立以后的"大理院"研究前清法律判例的范本。

其他如晚清中兴有关的名臣，如胡林翼、曾国藩、李鸿章、端方等人的判牍，是否是他本人或后来者有意为之收集，就很难论断。

其实，读判牍，不但只是了解古人的才华，同时也是认识历史社会的演变，古今法律的异同，因此而更透辟地了解历史，尤其可当许多短篇小说或电视影剧来看，也是一大乐事。

（公元二〇〇〇年七月，南怀瑾）

序说《虚云老和尚年谱》致净慧长老

传记与年谱

列传文学之作，以司马迁著《史记》所首创，唯迁史列传，首以出世高人伯夷、叔齐为点目之睛，而世少注意之者。自东汉以来，则有刘向首著《列仙传》之作，盖其感于身世而翻然有慕方外之意欤！及至魏晋以后，而有梁僧慧皎（公元四九七至五五四年）著《高僧传》而别开生面，为东土佛教首放异彩。自此以后，历代踵起，高僧传记，代有其人。尤为禅宗一系，自宋真宗时，有僧道原，采取《世说新语》之例，首辑盛唐以后禅师语录，汇为《景德传灯录》行世，即与《高僧传》等并驾齐驱，尤为世人所醒目而迷离莫测者也。

时至明朝，佛门而有明末四大老之誉者，如憨山、紫柏、莲池、蕅益各有专著，最为人所称誉者，则为《憨山大师年谱》之作。是书乃憨师侍者福善纪录，弟子福徵述疏，叙理于事，令人可生敬信。但憨师被贬，事涉神宗宫廷子嗣之争，《年谱》则隐晦不详。时势艰危之际，事多难言之讳，古今同例，但留为后人考据话柄而已。从此之后，僧俗年谱之作，蔚成风气，由简而繁，人事史事，交相互涉，是非虚实，求证更繁。

及至民国，人有仿明末四大老之说，称虚云、太虚、印光、谛闲为民国佛门四大老，固其然乎，或其不然乎！昔年我在蜀山，有一禅和子与语，谓虚老乃憨山后身，盖憨山法名德清，虚老法名亦是德清，憨师曾于五台山修行入定，虚老亦曾在五台山修行入定，今生前世，如出一辙。我则谓此一德清，彼一德清，三世因缘，比量难清，欲参话头，不一精明。此皆宗门逸事，然当时亦广有传闻矣。

虚老一生，出世于清末民国多事之际，世寿百有二十岁，僧腊百零一年。初期则苦行参方，专修禅寂。据传记自述，及在高旻寺参堂，不意打破茶杯，即已发明己事。然后因遭逢世变，备见佛教衰败，宗门寥落，即发愿于诸名山古刹，重建丛林寺院而恢复禅风。由此而百年之间，辛苦艰难，备尝之矣。世之情伪，亦备知之矣。而此心皎如日月，历劫不移。此皆为世所公认事实，无可疑议者也。

盖自清朝退变以后，民国初建，西风东渐，国体丕变。民主声嚣，破除迷信之说而大行其道。社团躁起，破除寺庙之风乃遍及各地。佛教虽亦随时响应，成立协会，但首任佛教协会之会长敬安别号寄禅法师者，虽为全国文人所景仰之诗僧，却遭北洋政府主管内政者之大辱而悲愤圆寂。嗣以其徒太虚法师继起，改弦更张，为适应时势，即以禅宗六祖慧能大师之"佛法在世间，不离世间觉。离世觅菩提，恰如求兔角"之意，而创人间佛教之说以自图存。惟其如此，太虚法师与民国以来之中国佛教协会，故能与国民政府而相始终，岂非异数，亦为人事之有先见之明者乎！而当此时期，虚老则专志修建丛林，迎玉佛，波波奔走于缅甸、泰国等地。但较为长期驻锡于云南广东之间，故与南方当时之军政将领，颇有交往，大多皆得皈依禅门而称弟子者，如云南之唐继尧，广东之李济琛、陈铭枢等，彼等虽为当世所诟病而称之谓旧军阀者，而虚老却得其为常随众之外护，实亦难能而可贵者矣。

护国息灾法会中事

泊及抗日战事军兴，全民奋起御敌，国无宁日，遍地无安。德、日、意联盟，引发世界第二次之大战，致使全球鼎沸，弥满战云。日军夜郎自大，竟至爆发"珍珠港"事变，意在打击英、美而无暇东顾，迫使中国再也无力抗衡，即可囊括华夏而霸权东亚矣。际此时期，有人传称日人乃启动"高野山"之密宗高僧而修"降伏法"，故敢有此举动。因之而使国民政府之党国元老，如戴传贤（字季陶），国府主席林森（字子超）等人，金向领导抗日之最高统帅蒋中正（字介石）晋商，以《易》辞之"神道设教"而施之以佛道治平。故有以国府主席林森名义，邀请虚老到重庆而举办"护国息灾法会"之举。时在岁次壬午年腊月，至癸未年正月之间，即公元一九四三年，民国三十一年岁末而接三十二年正月之交。正当虚老一百零四岁之时也。此时亦即我随袁师焕仙先生，代表成都四川佛教会邀请虚老莅蓉城而未果，但得亲与虚老对话而参学皈依，同时又与密教上师贡噶活佛，亲聆大手印法语之时。

而当时所谓之"护国息灾法会"，举办地点是在重庆南岸狮子山慈云寺。法会共有显教与密教两坛。上午显坛，乃虚老所主持。下午密坛，乃贡噶呼图克图所主持。两坛盛况，正如俗言，人山人海，万头攒动者。如欲皈依显密两大师而得亲面亲授，犹比面见如来而亲得教诲者尤难。我因随焕师，并有林子超主席及戴季陶先生之特殊因缘，每可在两上师稍暇之时，随时入室而亲聆参诲，且及兼闻诸多外间所不知之事。同时，因此而识当时参与法会而任虚老首座之显明法师。法师乃天台宗传人，后又代表中国佛协而参加青年军，为有识者之所敬佩。三十年后，与其在台湾再见，我为办赴美国宏法之事，继而就任美国纽约大觉、庄严两寺方丈。人生际遇因缘，真非思议所料。同时得遇献身战地而收养敌我两方孤儿之弘伞法师，及修黄教密宗之能海法师之师弟能是法师，与蒙古之安喇嘛等人。弘伞法师者，乃弘一法师之师弟，安徽人，闻系北洋时代之将官而出家。其人其行，卓荦不群，故与之交情颇笃。总之，当此战时陪都，有此佛教大法会之盛事，凡僧俗参方知名之士，云卷雾散，不期而遇，随缘来去者，大有其人。

如此法会，既为护国息灾而办，而身负抗日战争最高统帅之蒋先生，必须有所表示。故在法会中某一早晨，亲临拈香礼座，虚老特亦与之入室接谈。后闻蒋先生曾于宇宙生命缘起之说，特向虚老请益。而诸相关之士，皆不知问答机辩而作何言，只知虚老为重申彼此谈话内义，曾补写一信与之。此即后来在虚老年谱初版中所谓"答某巨公书"之一事，实乃著者当时，为避免政治信仰形式问题，而为当局者讳，称之为某巨公也。解放后再版，改为"答蒋公问法书"。此信大部分是照抄《楞严经》中"性觉必明，妄为明觉；觉非所明，因明立所。所既妄立，生汝妄能……"等语，无怪此事再无下文，殊为遗憾。

盖虚老上人，偶或忽略蒋公生平是专参笃信阳明禅之学者。且在早岁，曾为其母王太夫人抄写《楞严经》，并受雪窦寺一老和尚所启蒙，印象甚深。故在壮岁以后，终身不蓄发。而每遭逆境巨变，必归至雪窦寺韬光而闭门反省。又在出任北伐总司令前期，曾皈依杭州灵隐寺之慧明长老，参学旨要，深受慧老所提示。慧老圆寂后，蒋公即目视云汉，未尝再与一般禅衲接触。但于平常早晚，皆端身正坐专修静虑两次，并无一日间断。有时陪夫人出入基督教堂，是否为公私和睦方便，则不得而知。但其平日以心得而传授学生者，即有"穷理于事物始生之处，研几于心意初动之时""生活的目的在增进人类全体之生活。生命的意义在创造宇宙继起之生命"等名言，颇皆自负已得见道之概。唯于心性本体之旨，疑情未破。末后牢关，向上一着，即如阳明先生，亦欠透彻，遑论余子。故蒋公虽得虚老此信，淡然置之，固所当然。此事犹似东坡与佛印之事，所谓"病骨难支玉带围，钝根仍落箭锋机"，可为此一公案作为脚注。我今叙述及之，不得不将存于心之多年积愫，秉笔直书，并非不为尊长讳也。如虚老当时抄录蒋山赞元禅师答王安石语示之，想必当有截然不同之际会，惜哉！

又在法会期间，正当抗日圣战已过五年之际，两党并肩抗战，朱德将军受国府之命，出任第八路军总司令。其往昔行履，亦为高层参与法会者之所乐闻。朱德将军，字玉阶，早岁毕业于云南讲武堂，后任川军将领杨森（字子惠）部要职，为升迁事与杨冲突有隙，几遭杀身之祸。袁师焕仙先生时任杨部军法处长，秘闻其事，即暗自赠银洋百元，促其离去。此事我在成都，亦曾闻师母言及。因此将军重返云南任职，又遭逢失意，曾面见虚老，意欲出家。虚老谓其非佛门中人，且赠银洋二十元，劝其他适。故由此出国而加入革命行列。事出有因，后来外间亦有传闻。但人有面询虚老与焕师，以求征实。二老皆顾左右而言他，不答所问，故亦随笔及之。

虚老嘱咐各行各的

此时，我虽随焕师与虚老聚首三四日，但须随时过江到重庆，处置俗事。山路崎岖，轮渡拥挤，昼夜身心均介于佛法与俗务之间，颇有劳倦之感。一日傍晚，赶上轮渡过江，恰于船旁得一座位，即欲闭目养神，不意江岸华灯，闪烁于开眼闭眼之际，忽尔进入醒梦一如之境，大地平沉豁然，夜空一体。唯天色虽黑，船已靠岸，即举足前行。忽见虚老亦孤身一人，走在我前。沿途坎坷不平，乱石烂泥犹多，我即趋步上前，手扶虚老右臂曰："师父，太黑了，危险，我来扶你。"虚老顾我微笑，即脱臂而出，曰："前路暗淡，你我各走各的，不必相扶。"只好依命同行，但加留意而已。及抵慈云山门，方各自回寮。此情此景，我在台湾以后，传闻虚老遭遇，方忆当时此话，岂亦偶中乎！

护国息灾法会后之两年余，在我国全民长期浴血抗战八年之结果，竟得日本无条件投降之事实。虽曰国际人事之变化，抑亦天麻中华而不致沦堕于魔手乎！然而外祸既息，同室阋墙之难方萌。"祸兮福之所倚，福兮祸之所伏"，诚为万古至理名言。在此期间，我曾于成都、重庆经云南而返乡探亲，且亲至南京观风。即于民国三十七年（一九四八年）夏秋之际，转赴庐山天池寺之圆佛殿专修静虑，并思如何自处而得暂可栖身之域。秋后下庐山，再到杭州中印庵与通远师弟晤面，经其介绍而认识巨赞法师，并在灵峰寺借住。此处乃法师所主持之武陵佛学院，放鹤亭即在梅林之中。同时，再由巨赞法师得识住在黄龙洞之印顺法师，彼二人者，皆为显教学者之义理法师，乃当今教下之僧才，实亦难能可贵者也。

巨赞法师且邀我为佛学院僧众讲授禅修之课，即便应命结缘。但其时国事紊乱如麻，人心已甚惶恐而极不安定。故我已决志拔足东流，将赴海外。一日，巨赞法师邀我丈室与言曰："阁下乃不世之士，禅门健者，况相交知心，今有事不得不直言相告。不出三五日，我即将为有关当局杭州站拘捕，或即此断送性命。君住此间，恐有牵连，故不能不坦言也。"时我闻之诧然，即问之曰："法师固为彼中人乎？我是尢任何偏倚之身，但与其中当道者，颇有方外道义之情，如法师直言相告内情，或可助君一臂之力而脱困也。"法师即曰："我非彼中人，但已决心为维护佛教而已与对方联络输诚，并得虚老同意，虚老自称为应劫之人，决不退避。"我闻即曰："此事想必是陈铭枢鼓动虚老且为牵线。"法师笑答："所料不差。"我再问曰："法师等说为维护佛教而不得不如此，固为真言而不妄语者乎！"师即合掌作答曰："决非别有异念也。"我即起而言曰："既如此，我于今夜动身到南京，后日即返，望君多福。如我友许衡生在京，必可使我面见当局而为法师乞留一命以完心愿也。"

此事，果如我所预期，虽费两昼夜奔走于京杭之间，但得保存巨赞法师而度此危机，且亦因闻虚老亦已心许故也。后闻巨赞法师出任全国佛协副会长，不知为保全虚老是否有所作为，此亦我与虚老有关之另一公案，故又随笔及之。此事既了，感慨殊多，曾有数诗以自志心境。巨赞法师亦曾示我有"无端岁月堂堂去，万种情怀的的来"之句。时在民国三十七年（一九四八年）岁寒腊月之初，我即离灵峰而赴沪订购船票。不意在沪而又巧遇灵岩之老友曾宝森（字子玉）先生。曾老于清末留学日本，乃同盟会之老党员，民初曾任四川财政厅长，其公子宪民，亦与我交情甚笃。曾老夫妇，皆刘洙源先生之入室弟子，且亦认识虚老。此时，曾老正在南京开立法会议，观时鉴事，已知时局将有大变，拟即返蓉城，借思自处之道。见我有行色匆匆之举，彼即以古文体之语直相询问曰："足下乃今健者，且素负荷宏文之愿，而今局势，意将'南走越，北走胡'乎！"（此二语出在《史记》）我笑而答曰："我与老伯乃灵岩旧友，相知颇深，行行重行行，我已决志东赴蓬莱，将为海外散人。不知老伯如何自处？"曾老点首不加可否，唯神色凝重语我曰："即将返蜀，玉阶过去与我有僚属因缘，或可幸免乎？"忽而陈云先生来拜望曾老，我与之握手为礼，交谈片刻即便辞去。

胡适胡聊虚老

旋于一九四九年（民国三十八年）二月廿九日我到台湾，初则蛰居基隆陋巷，四壁无依。一日，忽梦一老人向我挥手，身旁有一牢笼，有流血之病狮向我猛吼，醒而异之，不数日，传闻虚老有云门事变之事。此时，海峡两岸风云紧急，美苏之间亦正剑拔弩张，人心惶惑，大有不可终日之慨。寻又有以《虚老年谱》相赠，读之，方知虚老已经北京而得住云居，但不得其详。

当此期间，负当今一世大名之学者胡适（字适之），自美返台，出任"中央研究院"院长。彼忽转而研究禅宗，且与日本在美之禅学者铃木大拙有所争辩。有人促我必须挺身而出而有所表示。我则谓胡适之先生乃五四运动之健者，其一生之学术文章，对中国文化之功过，实非现代人可下定论。以后生之身，欲与前辈成名学者争辩是非，殊为不智。但趁此穷居陋巷之际，信手而著《禅海蠡测》一书，以表谈禅论道，毕竟非文字言语之所及也。其时，有著名老教授而今在台大任教诸先生，如徐子明、吴康、董作宾等，常相过访，彼此皆对胡适有所非议，或大肆鄙薄之言。较为后辈如方东美教授，则比较保留。唯有徐子明先生常来，并示我以其所著《胡祸丛谈》及《胡适与国运》等作，极言胡适从五四运动直至今日祸国殃民之罪，不可饶恕。此等原著，今皆尚有存本。尤其佛学中人，对于胡适挑刺《虚老年谱》初版所载，言其父萧公曾在闽为官，乃考据所无。且胡又自称其父曾在闽台之间为官，查无萧某其人。甚之，攻击虚老之生年亦有问题。有一出身北大之老学生说：且于《万年历》无据，谓胡说并非无故。在此期中，为论胡祸与胡诬虚老公案，我之陋巷，俨然如市。我则谓胡适之是非，目前言之过早，将来必有公论。有关《虚老年谱》所说家世，或因其少年早蓄离世出家之志，不大熟悉官场，或记忆口述有误，或为著者忽略考证，尚不得知。至于以市面流行星命之《万年历》去对生年，据我所知，台湾当时流行版本，已无道光时期记载，岂足为凭。如查历代大事年表，虚老生年，正当鸦片战争阶段，应无疑议。胡适既为代表此一时代之大学问者，何必对出家修行极有成就之高僧，做此无意义之事。而对禅宗与禅学正脉，则言不及义，毫不相关，未免可惜。但另一北大出身之学者则对我说：胡适所著《中国哲学史》之书，实乃抄改其父之遗作，故终难绝续。我则谓对于魏晋南北朝之后，有关佛学等著述，胡适之面对汤用彤、陈垣二先生之书，应有惭色。学术文章所争在千古，人事是非，则千古均有遗漏之处，胡适此举实为人所不齿。后在台湾，因与胡适阴影有关之雷震与文星案之爆发，又有吴国桢案之影射，胡适之声名气焰，渐形沉没。而《虚老年谱》，亦因之一版再版，皆有所改正矣。但老友刘雨虹却说："有人谓胡适实乃虚老之大护法。因虚老虽名重佛门，而学术等各界，所知不多。今因胡适之争议，竞相读《虚老年谱》。此所谓'成者毁也，毁者成也'。"闻之则为莞尔。但我每对著书立说之事，从来极为赞赏吴梅村之咏蠹简诗曰："饱食终何用，难全不朽名。秦灰招鼠盗，鲁壁窜鰍生。刀笔偏无害，神仙岂易成。却留残阙处，付与竖儒争。"读此，则可为之搁笔矣。

相关禅门与虚老的疑情问题

狮子山慈云寺之护国息灾法会，主持显密两坛之虚老与贡噶呼图克图，皆为吾师。而今二老皆已应化善逝，且当时与会之相知诸公，亦皆随缘物化。唯显明法师尚在美国，今已一百零二岁矣。但群生之劫浊、见浊、烦恼浊等，亘古依然，尚祈此会之慈悲愿力，仍当永护中华。有关昔日对虚老之名高谤随之事，已成空花往迹，不足为论。唯今禅门寥落，郢匠无多，人有谓我于慈云法会上，曾随焕师亲见虚老，而得面许者，误以我亦知禅，故于《虚老年谱》中所记重点，常有咨询。其实，佛说《楞严》，即有垂示曰："理则顿悟，乘悟并销。事非顿除，因次第尽。"禅须真修实证，不尚空谈，我乃尘中俗物，误则有之，悟实不然，何有于禅哉！但为释众所疑，故常权充解人。

一问：三步一拜朝五台而礼文殊，修行参禅者，必须如此否？

答：此未必尽然。朝山之风，兴于明清之际，我昔所皈依诸师，如光厚师父等，曾有多人皆行其道。他如燃指供佛，刺舌写经等，皆用于旧时农业社会之交通不便，印刷不发达，而成为苦行忏法之一门。

二问：虚老在朝山途中，遇文殊化身之事如何？

答：此事犹如禅门旧公案中文喜禅师故事之翻版，不论僧俗中人，至诚所感，菩萨显灵，古今常有。但须谛参文喜禅师公案。最后文殊菩萨在文喜饭镬上显身，反被文喜禅师用饭勺赶跑他，而且说"文殊是文殊，文喜是文喜"。因此，文殊菩萨即说偈曰："苦瓜连根苦，甜瓜彻蒂甜。修行三大劫，却被老僧嫌。"知乎此，则可以参禅而言佛法矣。

三问：虚老早年，曾有多次入定经过。人人皆说参禅修道，必须先要得定，此事之意旨如何？

答：佛法所言，戒、定、慧三学，为学佛必修之加行，唯在定学而言（梵言三摩地，或三摩钵底，中文简称三昧），大小乘及显密各经所载，有百千三昧。不知所说参禅者，应是何种定境？即以虚老或明末憨山大师年谱所载，皆曾先后于五台或终南山入定，但其本身亦未明言是何种定境。又如数十年前，由福建到台湾之广钦法师，亦曾于闽山等处绝粒入定。我曾当面问其定境如何？彼亦自不知所云。但一般学人，则认为无妄想即可得定，殊不尽合佛法玄旨。况且，无妄想与无想定之界限，又作何说？无想定犹为色界外道之顶高境界，而一般所说之无妄想，究竟意何所指？妄想本身即是虚妄，故称妄想。如无妄想而曰入定，则凡人熟睡而大睡时，亦当应是定境乎？可惜世人都不注意实修禅门入手之正定之学，如南北朝初期之僧稠禅师，专修禅定之法，及竺法护所译禅经与佛陀跋陀罗尊者所传之《达摩禅经》，并且忽略达摩祖师所授之"外息诸缘，内心无喘，心如墙壁，可以入道"之初基。宋徽宗曾颂入定七百年之慧持禅师诗曰："七百年前老古锥，定中消息许谁知。争如只履西归去，生死徒劳木作皮。""有情身不是无情，彼此人人定里身。会得菩提本无树，何须辛苦问卢能。"真可借此一参也。如问虚老之定境如何？可惜随侍虚老左右诸上人，皆未当面参问，如我小子，则又何知。

四问：虚老有神通否？何以在云门事变中，又遭此大劫？

答：释迦文佛，常有批驳神通一事，故佛对神通第一之弟子目连尊者曰：最大神通，不敌无常之力。以目连神力，临终亦遭外道打杀之劫。虚老有无神通，我所不知。但虚老早已自知为应劫之身。石可移，海可枯，生灭成坏无常之力，大势所至，劫运有关，真明佛法之理，当不待言也。如以神通以量佛法之有无，不如学科学技术较为快便。

五问：虚老自以禅宗五宗之传人为标榜。但其一生极少见有如古宗师之接引后学手法，且亦少有机锋妙语，即可令人发起警悟之处。其事究竟如何？

答：禅宗之五宗七派，鼎盛于中唐至北宋末期，自南宋迄元明两三百年间，既受元朝入主喇嘛教挫折，又遭明儒理学起代禅宗心法之蜕变。到清初两百余年来，几已若存若亡，不绝如缕。何况自道光、咸丰以后，更形衰落。民国以来，不但禅宗，即如整体之中国佛教，皆遭新文明撞击而没落。虚老眼见佛教与禅宗之劫运，故不辞疑谤，并承五宗而书写付法帖以传人，实亦明知其不可为而为之，此所谓拟继先圣之绝学，义所不辞也。其坚修苦行如头陀，实有合于达摩祖师之四行门，且修难行能行、难忍能忍之菩萨道，足为后学楷模，当之无愧也。至其平生修持行谊，则近似曹洞风规。但不必范以临济门下之棒喝交驰，或夹山、洛浦之言文深邃也。现代人已统无文采风流遗韵，则又何须专疑于虚老上人乎！

六问：现在禅宗，专用参一句"念佛是谁"话头作标榜。如虚老有关之云居、南华、云门等处，亦皆如此。且于云居山门外，矗立一"赵州关"之牌坊让人参，这与虚老当年专参"拖死尸是谁"的话头，大不相同。凡此等事，意又如何？

答：禅宗从达摩东来，直指人心，见性成佛开始，秘密传承而直到盛唐，方由六祖慧能、神秀等崛起北渐南顿之风，从来未有以参一句话头相标榜。到了南宋初期，禅门随国运变迁，加之五大儒等之理学崛起，才有大慧宗杲极力提倡教人但注一心疑议法门，专参赵州禅师的"僧问：'狗子还有佛性也无？'赵州曰：'无。'"的话头（唐宋时代所说的"无"字发音，即是现在客家话、广东话、闽南话所说的"莫"字音）。从此以后，渐变成为参话头即是参禅了。而且传说赵州从谂禅师说"念佛一声，漱口三日"，因此又形成后来的禅宗门下从不念佛的陋规。但从南宋到元朝，再经明清两三百年间的蜕变，禅门大师的声威衰落，净土宗的一声佛号已为世人所乐闻。因此，禅宗门下，便改成以参"念佛是谁"而直到如今。如明乎禅宗历史之演变，便可知云居山门外立"赵州关"牌坊之缘起；同时也可知虚老当时所参"拖死尸是谁"的话头，是宋末元初雪岩钦禅师问高峰妙禅师的话头。此与赵州的"狗子无佛性"的话头，又是另一重公案。然参"念佛是谁"，则何如参清帝顺治自省的话"未生之前谁是我，既生之后我是谁?"更为亲切。

七问：现行禅门之钟板与打香板等遗风，与虚老是如何?

答：禅宗之有禅堂与清规，皆从马祖百丈师徒，正当盛唐之时，毅然建制而来。此乃佛教在中国一次大胆改革之盛事。不但因此而建立丛林制度而有禅宗，同时亦因此而使佛教在中国而永垂不朽。《百丈清规》之作，是浓缩印度佛教传统戒律为中国文化之修行戒相，因此而渐次形成后世禅门五宗之有钟板遗风。但此仅是前因。总之，中国佛教之与禅宗，到了清初雍正王朝，又是一次重大的改革。雍正以帝王之身，而又自居为非帝王之禅宗大师，既对迦陵音禅师等深存不满，尤其痛恶汉月藏一系如《心灯录》之狂禅，以及明末遗民借逃禅出家而反清复明，故特再三诏告天下禅门，统归临济门下。亦有认为规定出家僧尼持戒牒、烧戒疤、坐禅打香板等之举，亦是当时所定。同时又以自选在宫廷亲随打七参禅之出家徒弟，派驻嵩山祖庭少林寺及杭州净慈寺等处为方丈。且又明诏不以帝王身而要亲自接见天下禅师，共相印证。当此之时，其雷厉风行之举，自然使佛门僧众钳口无言，谁敢与当今天子禅师而争自己已否证悟之果。但以其十三年昼夜勤政之躯，又自选编禅宗语录，与选《宗镜录》及佛经要典。自知不能专作工夫而留转色身，只好临时自救，而乞灵道家养生等内外丹法，终因劳累过度而中道崩殂，颇为可惜。不然，中国禅宗，又当面临一次重大改革，不知变成如何形式。乾隆虽自少从其父雍正在宫廷道场中打七参禅，已得雍正印可。但继位之后，明知不及其父之成就，只是亲自翻译一部密宗《大威德修行仪轨》之外，极少谈论禅宗（此等资料，现存故宫档案中甚多，唯无真知灼见者研究耳）。

因此，在乾隆、嘉庆开始，禅门各宗只好悄然自制方圆长短，以及三角壶式等钟板，以便私自分别保留宗派门户观念，犹如商业招牌、市场广告之标记，本来空、无相、无愿一乘道之佛法，却成分河饮水、各立门市之风，殊为有趣。至如禅堂坐禅而打香板之风，尤非古制。此事，有大慧杲、田素庵每常手握竹篦以接引后进，近似临济棒之遗风。再因雍正在宫廷打七参禅，看中一僧而参究不悟，乃取一剑予之曰："七日不悟，即拿头来。"此僧迫急，却在预期中而悟。故后来禅门，特制成一如剑形之香板以鞭策精进，初衷并非以此随便打人也。但从清朝中叶以后，丛林香板之风，遍及全国，乃至日本。愈演愈烈，各自相承创立规矩愈多。甚之，有专心求人打自己香板，说是消除业障之故。至于一般可执司香板之人，既不知参学者身心变化之内情，更不明古德禅师锻炼学人之钳锤手法。上焉者，只要看到坐禅者落在昏沉，或钩腰驼背坐姿不正，即打香板为之警策；下焉者，正如一般平人自以我见慢心情趣，"一朝权在手，便把令来行"，却曰"棒下无生忍，临机不让师"矣。

至于现在丛林名刹之禅堂坐禅，虽诩说"德山棒、临济喝、云门饼、赵州茶"等口头语，而真能知棒喝之妙用者几稀，能稍近曹洞风规，已是难能可贵者矣。虚老一生于禅门规矩，大多是注重护持，恪守传统遗风，是为最要。至于何者是何祖师之所创立，何者应当与时偕进，虚老则不苟且赞成。我曾闻虚老有言曰："将来事，将来自有人做。我等都做好了，后人还做什么？"此语足可留为师法。

虚老乃一代高僧，行化因缘，犹如多面观音，非凡夫之所知。我知虚老，仅此而已，聊备一格云尔。

岁次丁亥（二〇〇七年）春夏之交，住持黄梅四祖寺之净慧法师，屈尊相访，并赠先后所作诗七首，谦称曾于数年之间，已有十度欲见而未果。今为虚老全集专程索题。初我但知法师为佛教长老，殊不知其诗才清越，隽出常流，且谦抑之诚，溢于言表。唯我生平不善书法，今勉为其难而不自惭其拙陋也！且补叙与虚老有关诸事，盖亦烦惑未销，积习难除，不觉自作赘疣之言也。

（公元二〇〇七年岁次丁亥秋八月二十五日，南怀瑾）

书杜忠诰著《汉字沿革之研究》

童年诵古，曾闻老子有言："为学日益，为道日损。"绎申其意，则损之又损之谓道，人所未能，精进勤力之为学，亦所难能。

我识杜君忠诰之初，正值君少壮之年，就读于师范大学。君年方壮盛，而禀性狷介，岩岩不阿时尚，迥异常流。此皆缘君生于耕读之家，素习传统所然也。

自我远游欧美，闻君亦负笈东瀛，更期深造。及我回国初寓香港之时，君因外出讲学之便，专诚过访，方知君于书法源流及训诂之学，孜孜不倦，择善固执，殊非常流可及也。

今君以所著《汉字沿革之研究》即将出版，告知刘老雨虹，欲我有所表示，惜我老眼昏花，且平生喜谈书法而不勤习，故不能为之涂鸦增羞。唯知君之所著，实为维护保全中国传统文化，寓风雅兴颂之谏议，可谓今之书侠，足以见其为学日新日益之诚也。

(时际庚寅冬月，亦即公元二〇一〇年十二月下旬，

九三龄童，南怀瑾)

序孙穗芳《我的祖父孙中山》

　　世人推崇孙中山先生，多以其政治上之成就者为着眼。先生领导革命，推翻先秦嬴政以来所建立之帝制，开创亚洲第一个民主共和国，国民党人则尊之为"国父"，共产党人则尊之为"革命的先行者"。无论如何，先生在中国政治史上已立下不世之功，而作为垂则千秋万世之先声。然先生之贡献尤甚于政治者，此即其博爱为怀的人格典范，以及其撷取中华文化之所长，并融和西方现代文明之思想学说。揆其所有学说之用意，旨在使我中华民族"自信而不自盲，自知而不自卑"，迎头赶上西方各国。故有识者咸信，若国人能一致奋发，以先生之人格为榜样，以先生之学说要旨为规矱，则中国必当强盛。

　　穗芳女士为先生之苗裔，近年笃信佛教，发愿行善，又能勉力于著作，望能发扬祖德，其志其行，可谓尚矣！故乐为之序。

　　　　　　　　　　　　（公元一九九四年五月于香港寄寓）

《中华文化要义》序

多部契经有"五浊恶世"之说。如《法华经·方便品》云："诸佛出于五浊恶世。所谓劫浊、烦恼浊、众生浊、见浊、命浊。如是舍利弗。劫浊乱时，众生垢重，悭贪嫉妒，成就诸不善根。"

回顾百年中国史，外受列强蚕食鲸吞，神州随时有瓜分豆剖之危；内则战祸相循，人命贱于蝼蚁。尤可畏者，政客竞为权欲之私，不惜以种种邪说兴风作浪；志士多丧正见，竟以打倒传统文化便是救国丹方。凡此邪见妄为，所聚就共业恶果，至今犹未尽歇。是以这段国史，已非"浊恶"二字可以形容，谓为"骨狱血渊"亦不为过。虽然，中华民族之所以历尽灾难，终能由剥而复，自有其颠扑不破之精魂存焉。所谓天地正气与民族慧命，即系乎少数仁人君子之浩然志节之中。当兹恶浊世途，尚有清流之灵光独耀，足以划破无边幽暗者也。

余家菊（景陶）先生，即此迍邅时代中之皎皎君子。综观其一生，为救国而投身于政党，却能避免政治权诈之污染，始终保持读书人之清流本色，尤以莅台以后，与张君劢先生等承担在野友党之责任，稳定台湾初期廿余年政局，实有不可磨灭之贡献。当轴向来视之为净友畏友，倚重有加；陈辞修先生且与之结为儿女姻亲，固非无故。

景陶先生之哲嗣传韬君，即辞修先生之贤婿，秉承庭训，克绍箕裘，从事学术研究与教育工作，曾任"教育部"次长、中山大学校长等清高要职，斐然有成。今汇集其尊翁数十年之重要著述出版，俾后世借此知景陶先生之思想行谊，足为处浊乱世中清流之楷模，当有益于来兹。而传韬君之惓怀先人，流布德泽，可谓哲人有后、麟趾呈祥矣。

　　余与景陶先生为同一时代之人，近百年民族苦难，均曾亲历或目睹。今展读其文，倍增今昔之慨。撦此芜言，且充不文之序。

　　　　　　　　　　（南怀瑾于香江，辛巳初夏二〇〇一年五月）

其他

《人文世界》杂志创刊词

　　新办刊物，循例须有创刊词，宣明其宗旨、目的、内容、风格，与读者作者的共同需要、共同兴趣，冀以引起共鸣与支持。当今世界，传播事业，如风起云涌，一般知识的普及，几已无须借文字帮助。新闻报章，行将渐趋落伍；何况此时此地，杂志刊物的流行，到处可见，创刊皆有词，且皆文章华丽，构思精辟，再复侈言文化学术，宣称为中国文化而努力，为东西方文化交流而服务，不是流为口号，即是成为具文，多加一本刊物，多增一堆废纸而已。而吾辈不避艰辛，不畏挫折，为融会交流东西方文化思想，为复兴中国学术文化而创此园地，固然明知故犯，实亦不忍坐视人类世界自罹浩劫；而中国累积数千年的文化精神，足可补救物质文明的缺陷者，亦将随浮薄浊乱的世风剧变而沉沦也。

　　然东西方的文化学术，百绪千端，整理已经为难，欲穷源溯往，力求正本而开展新机，谈何容易？况今日世界，新迷于科学文明的疯狂，久困于精神意境的贫病，东西文化学术，几已陷于思想瘫痪的境界，徒借平白之身，言不足以动听，名不足以惊众，思欲振聋发聩，挟泰山以超北海，适见其不知自量。虽然，学术文化，追根穷底，莫不基于人类的思想而来，而一般人思想的蔽锢，多由于物质欲望的蒙蔽，知识分子思想的停塞，多由于主观成见的阻碍；如能打通物质欲望的坎限，进向精神升华的领域，泯除主观的成见，窍开停塞的大道，万一有助于人类、世界、国家、民族者，亦足以告慰安心，庶几对于人类社会，薄有交代，便可长揖世间，身随物化而无遗憾于虚生矣。

然而文化学术，事非凭空虚构，心藉历史时代的潮流而运成其际会。自十九世纪以迄于今，西方文化学术的风潮，波澜壮阔，夹泥沙玉石滚滚而来。初则突破东方各国传统保守的藩篱，挹注西方学术的新思潮，促成历史文化的变乱；继之，由西方工商业革命与经济的影响，随同唯心哲学与唯物哲学的冲击，汇成各国政治思想的争变，扩而充之，形成国际间思想战的壁垒。基于唯心思想的宗教与哲学，以及人类社会应有的人伦道德，社会秩序，人生哲学，与今后自然科学发展结果的新趋向、新境界，既遭人类历史的大势所趋而破坏于前，又无新的思想学术，可与科学会师而整建于后。虽举世界皆知其弊病日深，而乏救时的良药；物质文明愈趋进步，精神思想愈加颓丧，方今人文思想，更无新的指标可以导致人类消弭乱源，几已至于真空状态。后起之秀的一代青年，统皆感受现实的困扰而陷于紧张、恐怖、冷酷、斗狠的境地，于是造成本世纪的末期，尽为镇定剂与麻醉药品的时代，前因后果，栗然可惧。

本刊创办，实欲借此园地，温故知新，集思广智，希望对此混沌世界，罅开人文思想的曙光，或者汇集涓滴的精思而益成智海，或者融通古今中外的精华而沛注慧学，皆有待于今后的精诚从事，与各界的不吝匡正。

（一九七一年五月，台北）

东西精华协会宗旨简介

——节录自《东西精华协会中华总会纪要》

我们要担起挽救狂澜的工作

今天的世界，普遍陷在迷惘中，是非缺乏标准，善恶没有界限。它的远因近果，实由于物质文明高度发达的反映，人们但知追求物欲而忽略了精神上的修养，于是变得没有理想，没有目标，浑浑噩噩，茫然而无所措、无所从。人心如此，国际如此，整个世界人类何尝不如此，危机重重，人类再不回头，终将走入没顶的深渊。

东西精华协会（East-West Essence Society）便是在这种情况下诞生的。实在说，这个协会的诞生，乃是基于现代的需要。中、美两国有心之士，发起这个组织的宗旨，正如本协会的名称所揭示的，要从东方文化中和西方文化中摘"精"取"华"，身体力行之，发扬光大之，挽救思想文化之狂澜于将倾，导引人类走向"老有所终，壮有所用，幼有所长"，和平安乐的大同境界。

也许有人以为本协会的陈义过高，可能流于口号，但以下所叙述的本会成立经过及今后的做法，可以说明我们深切了解"行远自迩，登高自卑"的道理，愿我们脚踏实地的努力，能得到大家的共鸣和支持。

东西精华协会发起的动机实是始于我国，而国际总会却最早成立于美国。发起这个组织的都是对东西文化有深切认识，而且普及于社会各阶层。公元一九六九年八月，总会在美国加利福尼亚州（California）成立时，会员只有十几人，可是不旋踵间，便得到社会各方的热烈反应，赞成的人数增加得很快。目前世界各地都有成立分会之议，中华总（分）会可说开其先驱。总（分）会的宗旨不营利，不分国界、种族、宗教，不牵涉政治，与国际总会的宗旨相同，而其着力点则在于发扬东方文化——亦即中华文化之所长，以济西方科学文明之不足，而为社会人类谋福祉。此点可说与中华文化复兴运动的宗旨殊途同归，百虑一致。

东西精华协会的做法将是实际的，譬如中华总会目前所致力的重点工作，便是辅导青少年问题的社会青年教育，及筹建可供养老的"安颐别业"，同时并将分别设立儒学中心（Confucian Center）、禅学中心（Ch'an〔Zen〕Center）、道学中心（Tao Center）、西洋哲学中心（Western Philosophies Center）、医学中心（Medical Center），渐次开办有关中华文化的各种进修班和研究班，借以振兴中国文化，进一步谋求东西文化之交流、融合。

东西精华协会中华总会的所有活动，都将采取绝对超然的立场予以贯彻，并且都将聘请受人敬仰的专家学者主持其事。献身于这项工作的人，都出之以热忱，但求心之所安，对于名利和毁誉是丝毫不计的。

我们要特别声明，这个协会的目的既不是复古，也不愿被人加上"创新"之名，我们只是平实地为人类寻找可行及可努力的道路，免得大家再迷失了本性，迷失了方向。

在中华总会成立的过程中，有许多人自愿加重本身的负担，出钱、出力参加工作；也有许多善心人士，毫无条件地捐地捐钱。其中特别值得首先一提的是赖宏基父子，他们捐献的大笔土地，大有助于本会今后的发展，我们在此要特别表示谢意。但是由于本会初期的工作方向为文化、出版等事业，无法兼顾土地、建设其他工程，因而又将原地奉还。

现在，本会一切尚在初创时期，要求开花结果，还须有识、有心之士共同来灌溉，切盼大家能认清时势所趋，和本会携手来努力以发扬东西文化精华的工作。

东西精华协会六问

一、东西精华协会的性质如何？

本会不分国籍、种族、宗教，不以营利，不牵涉政治为宗旨。以致力于东西文化的融会贯通为己任，同时并从事社会教育及福利事业。

二、何人发起此一组织？成立于何时何地？

本会系由对东西文化有深刻认识和研究的中美两国人士所发起，成立于一九六九年八月，在美国加州。

三、中华总会成立于何时何地？组织如何？

中华总会成立于一九七〇年三月，在台北市。本会以会员大会为最高权力机构。会员大会闭会期间，由理事会代行其职权，而以会长负实际推动会务之责任。

四、中华总会做些什么事？

在融会东西文化的大前提下，中华总会将举办各种进修班，如禅学班、西洋哲学班、国画班、国乐班、国医班、语文班等，均欢迎有志进修人士报名参加。

本会并将举办各种社会福利事业，如为养老而筹设的安颐别业，为导引问题青少年回归正路而筹办的青少年辅导院等。

本会并将设立出版事业委员会、编译事业委员会，出版编译各种有助于融会东西文化之书籍。

五、怎样可以加入为会员？

本会对会员的审查要求极端慎重，凡合于本会章程规定，获准加入为本会会员者，其在社会上的声誉，即应当获得极大的保证。

六、会员有哪些权利和义务？

本会章程虽规定会员有若干权利和义务，但希望大家能了解，本会是个服务社会教育及社会慈善福利团体，这是一项施舍的工作。

我们要做什么

为振兴东西文化的所长，促其交流、协调、融会，成为适合于全人类的新型文化的工作而努力。

今日的世界，由于西方文化的贡献，促进了物质文明的发达，如交通的便利，建筑的富丽，生活的舒适，这在表面上来看，可以说是历史上最幸福的时代。但是人们为了生存的竞争而忙碌，为了战争的毁灭而惶恐，为了欲海的难填而烦恼，这在精神上来看，也可说是历史上最痛苦的时代。在这物质文明发达和精神生活贫乏的尖锐对比下，人类正面临着一个新的危机。

这种危机正同患了癌症一样，外部显得很健康，而内部却溃烂不堪。今天我们过分迷信科学的万能，以为自己可以超迈古人，而任意推翻传统，杜塞了几千年来，无数圣哲们替我们开发出来的教化源泉。譬如中国，由尧、舜、禹、汤、文、武、周公、孔子等所揭发的诚意、正心、修身、齐家、治国、平天下的思想；印度由七佛、释迦牟尼(Śākyamuni)、龙树（Nāgārjuna）、马鸣（Aśvāghosa）、无著（Asanga）、天亲（Vasubandhu）等所开展的救世救人的大乘；西方由苏格拉底（Socrates）、柏拉图（Plato）、亚里士多德（Aristotle）、奥古斯丁（Augustine）、马丁·路德（Martin Luther）、康德（Kant）等所发挥的人文和宗教的求真求善精神。在这三大文化系统内所蕴积的无尽宝藏，我们都没有好好开拓、整理，发挥它们的精华，来充实我们的精神生命。西方文化在科学方面，虽然登陆月球，迈入了太空，而在人文文化方面，却等于留级而退学。都由于东西双方文化，不从根本处针砭，只求表面的妥协，非但不能达成人类世界的永久和平，反而徒增紊乱。

生在"前不见古人，后不见来者"的今天，我们将何以自处？我们虽失望，但不能绝望，因为要靠我们这一代，才能使古人长存，使来者继起。为了想挑起这承先启后的大梁，我们一方面要复兴东西方固有文化的精华，互相截长补短，作为今天的精神食粮；一方面更应谋东西方文化的交流与融会，以期消弭迫在眉睫的人类文化大劫。

当然，这是一个安定人类社会的大事，不是三言两语所能尽意，在这里，我们只是向大家表达这点感受和苦心，希望能引起共鸣，促使天下有心人士，为了这一目标，来共同努力。

东西精华协会中华总会的任务

近一二百年间，人类历史的进展，由于交通工具的发展，在空间领域上，融天下为一家；由于电信知识的传播，在种族观念上，使四海之内皆兄弟。虽然如此，但肝胆楚越，世界各国的战火未已；兄弟阋墙，人类社会的动乱频仍。无论东方或西方，都有数千年文化的蕴积，都极尽宗教、哲学、科学、教育之能事。但仍然不能消弭战火，安定社会，使人类得到梦寐以求的和平与幸福，实为有识人士所扼腕而长叹不已。

回顾人类的历史，因果相仍，循环不已。在中世以前，东西方社会，都能顺时听天，安居乡土。自中世以后，知识随科学的发明而开展，欲望也随海洋的交通而澎湃。工业革命制造了代替人力的机械，也促进了物质的文明。但物欲驱心，军国主义的侵略火把，燃起了漫天的战火。科学与物质文明贡献于人类生活的利便，反成为人类文化的障碍，世界浩劫的助力。直到今天，领空观念，随太空科学而扩张，人类是否能为了对另一世界的征服与追求，而放弃了在地球上的争夺，这当然还有待于天心运会，人事因缘的互变，未便言之过早。

虽然，鉴古可以证今，观今可以知来。欲知明日的天下，先须认清今日之世界。今天人与人间的仇杀，国与国间的争夺，暂且不谈。就拿现代人自诩为经济、政治、教育的高度文化来说，也没有一样不是百孔千疮，问题严重。以雄踞世界首席，自命执西方文明牛耳的美国来论，内不足以安己，外不足以和协万邦，束手徬徨，举棋不定。而以东方古国的中、印来说，又复局促于自然科学的落后和物质文明的穷困，虽有救世的苦心，救时的良药，但巧妇难为无米之炊，奈何心有余而力不足了。

然而长夜漫漫，鸡鸣不已，举世皆醉，岂无独醒之人。今由中、美双方有识人士的倡导，首先在美国创立了国际性的东西精华协会，以不营利，不牵涉任何地区的政治，谋求东西文化的交流为宗旨；发扬东方文化的所长，补救西方科学文明的不足为原则；而达成为人类社会求幸福的极致目的。由于这一意义的重大，世界各地都纷纷设立分会，而我中华总（分）会，正是首先创立的先驱。这也是为了响应中华文化的复兴运动，为救国救世，利己利人的工作而努力。

东西精华协会，首先在中国设立总会，其主要精神有三：

一、唤醒近世东方各国，使他们恢复自信，不再舍弃固有文化的宝藏，而一味盲目地全盘西化。

二、重新振兴中国人文思想的精神，以纠正西方物质文明的偏差。

三、沟通东西文化，以谋人类的和平与幸福。

本会基于这种理想，首先为社会福利及教育两大目标，展开最基本的工作如下：

壹、社会福利方面：本着孔子所谓"老者安之，少者怀之"的大同理想，筹建安颐别业。

筹建安颐别业的愿望

中国传统文化，在社会而言，始终讲究"养生送死而无憾"。所以《礼运·大同篇》特别强调："使老有所终，壮有所用，幼有所长，矜寡孤独废疾者，皆有所养。"

孔子集上古文化的大成，以孝为一切德行的根本。他的学生曾子，在《大学》上，便以修身、齐家，为内圣外王的枢纽。他的孙子子思，也把明诚之教，归本于孝悌之行。从此拓展出了中国以孝义治天下的特殊文化。

这种文化正像一个十字架，以自己为中心，上孝父母而及于天，下爱子女以垂万世；两旁以兄弟、姊妹、夫妇而及于朋友；这个十字架不是宗教的，而是伦理的，它是中国社会的缩影，是中国文化的象征。

西方文化却不然，虽然他们秉承希腊文化的传统，主张自由，固有其特殊的贡献。但他们完全以个人自由为出发点，对上既不能孝父母，直通天道，两旁又忽视兄弟姊妹的手足之情，而朋友之交更是唯利相接。至于对子女，虽然认为是自己天赋的责任，却尽量逃避。所以西方的文化，正如自毁十字架的精神，实无伦理关系可言。

中国文化自十九世纪以来，受西方文化的冲击，使固有完美的十字架，也被冲得东倒西歪。随着工业社会的发展，小家庭制度的普遍，孝悌之道也就逐渐地被人所淡忘。老年人的孤露飘零，淹留一息于凄凉的晚景，成为时代的必然趋势。

本会有鉴于此，为了发扬中国文化以孝义立国的传统道德，本着"老吾老以及人之老"的"大孝于天下"的精神，而筹建安颐别业。

（一）安颐别业的基本原则

（1）不限国籍与种族（但合于本会安颐规章）。

（2）不拘宗教信仰。

（3）不限男女同居或男女各别分居，乃至不限制老年男女之结婚。

（二）安颐别业之理想

（1）设立各大宗教的教堂与专修之所。

（2）设立适合于老年正当娱乐等场所。

（3）设立适合于老年轻便工业或手工业场所。

（4）设立宝智学术研究所（老乃国之宝，需要薪传他的经验与智慧启迪后人，故设立宝智研究所为传习学问之所）。

（5）设立医院与老人医疗所，及养生、保健等中心。

（6）设立归息乐园。

贰、社会教育方面：本着孔子所谓"志于道，据于德，依于仁，游于艺"的旨趣，筹建青少年辅导院，以辅助政教的不足。

筹建青少年辅导院的主旨

人性是善是恶，这是几千年来，宗教、哲学上争论不决的问题，我们暂且不谈。就以教育的立场来说，人自有生命开始，由婴儿、孩提、幼年、少年，以至于成年，随时随地，都需要教育的培养，所以有胎教、家庭教育、学校教育、社会教育等一系列的教育。而在这一系列的教育中，每个国家，由于他们历史文化背景的不同，因此在教育思想及方法上，都各有其特殊的精神。

西方的文化，在十八世纪以前，由于宗教教育的时时提醒，尚能非常平稳地发展。可是在工业革命之后，由于科学的创制，带来了高度的物质文明，使人心竞逐于物欲，理性迷醉于现实，固有的宗教、哲学，已收拾不住这一将倒的狂澜。举世疯狂，有谁独醒？十九世纪中叶，曾有丹麦医生契尔伽德（Kierkegard）研究神学及哲学，认为要由机械文明所造成举世疯狂的病态中，解救人类，而提倡存在主义（Existentialism）。本想医世医人，岂料他自己也无法自医，未及中年，便死于忧郁之症。可是这种尚未成熟的存在主义，却因时代之刺激，普遍于欧陆，风行于美国。附会曲解，乃至于饮鸩止渴。如妄用治疗精神病的药品，来麻醉人心；或剽窃中国道教的糟粕，附会佛家小乘的顽空思想，形成类似印度上古时代的倮形、涂灰等外道来迷惑人心。使无知的青年，以蓬头垢面为适性，以残杀盗淫为自由，而邪风鼓煽，不胫而走传遍全世界。这也足见今日宗教的式微，哲学的没落和教育的破产。在这时代传染病的侵蚀下，最先遭受毒害的是欠缺抵抗力的青年。而青年的中毒，也等于扼杀了下一代的生机。因此今天我们要解救这一危机，应从青少年的德艺教育，作为励志的辅导，希望能本着"幼吾幼以及人之幼"的古训，使迷惘的这一代不再迷惘，而能走上光明的坦途。

创办国际文哲学院之目的

文化学术，关系世界人类的命运，国家社会的兴衰，至深且巨。在历史上，无论东方或西方，任何一个国家社会的演变，以及战争的原因，常被视为是政治、经济的动乱。其实，这个动乱的根本，还是在于文化学术。

自十五世纪以来，欧洲文艺复兴运动，促成了科学的发展，为西方社会带来了物质的文明。接着而有工业革命，使西方的文化、学术、思想迈入了一个新的里程。直到十九世纪，东方国家如中国、日本，开始接触西方文化。由于震惊声光电化之奇，船坚炮利之威，而动摇了对固有文化的信念，于是急起直追，由盲目学习西方的科学，遂有全盘西化的趋势。

正在东方国家犹忙于急起直追的当时，西方社会却因物质文明的发展，孵育成唯物思想的暗流，侵蚀了人心，腐化了社会。就拿代表现代西方文化的美国来说，如宗教信仰的贬值，人文哲学的衰落，教育思想的舍本逐末，与国际领导的举措不定，在在都使得智者虑，仁者忧。至于青年人的不满现实，陷于彷徨和盲动，老年人的无家可归，流于绝望之境，这些都给予科学文明以严重的讽刺。这不仅是西方推崇物质文明的自食苦果，而且也波及了东方各国，使人类数千年来所祈求的世界和平与幸福，濒于幻灭。

照理说，东方国家谈不上物质文明，应该不至于陷入这块泥沼。其实不然。一方面固然由于生存在现实的世界，弱肉强食，没有经济实力的国家，只有任人摆布；一方面也由于贪图物质上的享受，抛弃自家宝藏，迷途忘返，其可哀可虑，更有甚于西方国家。

鉴于此，美国有许多先见之士，都认为今后世界局势，能补救西方文化在科学文明发展上的缺点，并作为西方宗教、哲学振衰起弊之良药的，只有东方文化的复兴。国际性的东西精华协会便应乎这一要求而成立。

东方文化的结晶是儒、道、佛三家的思想。近年来，西方人研究东方思想，常归于禅学；最近，追索东方的科学精神，又趋向于儒、道两家同源的《易经》。事实上，佛家明心见性的智慧，道家全生保真的修养，与儒家立己立人，敦品励行，以及世界大同的理想，如能与西方文化交流融会，必能补救科学思想的不足，拯救物质文明的所失。因此东西精华协会，特别在台湾设立总（分）会以外，同时筹建国际文哲学院（International College of Cultural Philosophy），创办禅学中心（Ch'an〔Zen〕Center）、道学中心（Tao Center）、儒学中心（Confucian Center）、西洋哲学中心（Western Philosophies Center）及医学中心（Medical Center）。并与美国及世界各国的各大学学术研究机构合作，接受各国学生来华留学，研究东方文化；培养师资人才，待有相当成绩，再派遣分赴世界各地，阐扬东方文化，为东西文化交流而努力；并将陆续举办人文科学与自然科学等综合性的研究机构，以开风气之先，作为沟通东西文化交流的总站。

创设禅学进修班之愿望

禅乃佛法之心要，佛教之精华，不仅是中国文化之精粹，亦为东方文化人生修养之中心。

近年以来，禅风广被欧美，被誉为"东来之光明"。但因西方人士并未了解禅宗乃东方文化之精蕴，而至于徒托空言，毫无实义，或专拾牙慧，流于疏狂，甚至与嬉皮为伍，参杂今日西方文化之邪见。

本会有鉴于此，特于国际文哲学院，筹建禅学中心，并先行试办禅学进修班，借以造就禅学师资，俾能专心力学，真参实证，而探其玄阃。由此而敦正人心，改善人类社会之风规，达成自利利他之目的，尤所厚望焉。

开办西洋哲学进修班的因由

西方文化，向来以哲学（Philosophy）思想为主流，其宗教信仰也以哲学为依据，而科学研究更以哲学为其起站。即使宇宙本体之探索，形而上本身之认识，知识来源之确定，人生价值之建立，无一不以哲学为其归趣。

然西方人文文化，即以宗教为泉源，哲学为主流，故无论其为个人之人生，或社会之群治，皆循哲学思想为本位。尤其有关国家世运之兴衰成败，皆以哲学思想为主因。

自文艺复兴运动而至于现代，战争与和平之枢机，无不以哲学思想为其关键。时至今日，西方哲学虽渐呈衰象，而欧洲各国学校，尤其如德、法等国，在中学时代，哲学已列为必修之课程，其重视有如此者。故欲知西方文化，必须对其宗教信仰及哲学思想作深入之研究，方可窥其堂奥而撷其精华。

吾国自十九世纪末期而至今日，虽知哲学思潮之重要，高级学府亦有哲学科系之设立，而并未真知灼见而严加重视。至于目前，徒有其表而乏实义。在一般社会而言，有误认哲学为疯人之学之嫌；在一般学府而言，所有哲学内容，大多成为学院哲学形式。上焉者，停留在研究十八世纪之思潮；下焉者，徒事逻辑思辨之技巧而已。至于今日世界实在缺乏哲学之中心思想，而人文思想之进退失据，乃至唯心、唯物、非心非物，毕竟如何？皆不知所云，茫无准则，处处显见对哲学思想认识之贫乏。由此观之，冀求东西方思想之沟通，完成世界人类和平之福祉，戛戛乎难矣哉！

本会有鉴于此，特创办西方哲学进修班，以期有助于东西方文化之交流，为世界人类和平幸福之思想，作进一步之努力。

开办美术进修班的动机

生活与美术，不可或分。风清月白，云蒸霞蔚，山川展其视野，江海舒其壮阔，此为大自然之美术；楼台栉比，村舍纵横，花鸟虫鱼，点缀风尘，建筑刻画，饰其庭宇，此为人间世之美术；衣裳尽裁剪之能事，视听极怡悦之安排，此为身心享受之美术。育而乐之，一饮一啄之间，授以文教而化之，无一不与美术攸关。西方文化，如古之希腊、罗马，近世之法、意等国，视美术为澡雪精神之阆苑，充沛生命之营卫，良有以也。今者，时易世变，美术之境界，亦随世运而异。云月如故，而意境之今昔各别。抽象与影像交罗，粗犷与文明并杂，是非未定，情智亦随之而杂陈。

唯我中华美术，于世界文化中，早在千余年前，吸收印度文化精神而一变，交融禅与道之意境而别树一帜，经历久远，自成风格。但每有过重神似而失其真情，挥洒自如而失于透视与比例，古不如新，适为识者所讥。然精心杰作，超神入化而美不胜收者，无论从东西各方不同文化之角度而观，咸有猗欤盛哉之感。

然美术境界，毕竟为精神生命之结晶，当此人竞物欲，生活困于现实之时代，凡昔日独乐徜徉于晓风残月之意趣，行将随机械文明湮没于轮旋而无遗。况际此东西之情调异趣，欲求交互融浑之创作，而图复兴一代民族文化之美术精神，进为人类社会建立新型文化美术之贡献，若不众志一心，承先启后，精心悉力以赴，恐将随时代之轮堕，而愧对于后世。本会有鉴于此，特开办美术进修班，期以有助复兴中华文化之愿望，达成生活与美术之福祉，以符育乐之效果。

创办国乐进修班之目的

中国文化，自古以来，首重礼、乐。但自春秋以后，礼失于时宜，乐亡于通俗。仲尼删订，长悬日月之心。秦、汉更张，犹存古制之意。唐、宋、明、清以还，迭遭世变而时有兴衰，虽非传统，允有可观也矣。及至今世，礼、乐文化之衰颓，莫此为甚。今秉"礼失而求诸野"之义，创建国乐师资之进修，实为响应中华文化复兴运动之用心，以期礼乐教化之兴复，从此有期于成也。

开办语文进修班的希望

文字语言，为表达人类意志与感情之唯一工具，大至万象杂陈，小至无形可觅，无不赖语言文字之功。穷文字技巧之极而入于艺术之境，可通神明之德而类万物之情，透过语意之表而得意忘象，即可不落言诠而超于天地形骸之外。故曰"文以载道""语可通神"。

今日世界，交通发达，沟通各国文字语言不同之民族感情，使其文化交流，不再隔膜，必须先求语文之了解，实为当务之急。然习语文者每皆视其为沟通国际人士交往之工具，偏于技巧而忽于文化精华之交互传播，良有憾也。

本会试办语文班之目的，实欲借此语文之阶梯，进而祈求东西文化之交流，俾使世界文化各大系，交互融会而成为新时代之新型文化思想，为全人类社会谋得真正和平之福祉，诚所望也。

试办国医进修班的主旨

近世科学促进了机械工业的发达，为人类带来了高度的物质文明，可是维护人类生存安全与生活幸福的技能与学术，却未能随科学的进步而并驾齐驱。如救世救人的医学发展，远不如科学武器残害人类的快速与急烈。尤其在中国，自本世纪开始，受欧风美雨的袭击，本来造福东方人类社会达三千年之久的中国医学，因国人由心理的自卑而失去其自信，对它产生了怀疑，因此使其内蕴的精华，为西方医学所掩夺，至于一蹶不振。

其实东西方医学，各有长短，只是中国医学缺乏科学精神和科学方法的整理，抱残守缺，师心自用，以致形成家传祖秘的绝学，而无法宏扬为公开而普遍的济世学术，未能促使随时革新的医学。

在今天，无论哪一种学术知识，都须破除门户之见，而互集众长，才能对人类的幸福有崭新的贡献。就拿中西医学来说，由于文化背景的不同，也各互有短长，如：

（一）中医的理论基础，以中国哲学为出发点，强调精神胜过物质，偏于唯心的路线。

西医的理论基础，以科学实验为出发点，认为物质胜过精神，偏于唯物的路线。

（二）中医注重养生，如饮食的摄生，寒、温、暑、湿的保养。

西医注重卫生，如注重环境的卫生，预防传染病的流行。

（三）中医自两千年前，即有生理的解剖，但以活的人物为对象，只是没有如现代具备科学观念与科学工具的辅助，因此不能精益求精。

西医虽然重视生理的解剖，但以死的人体或一般生物为对象，而人非一般生物，生机更非死理可比，借此类推证明，确有不少弊漏。所以西医解剖的结论，还须再求进步，有重新研究、精益求精的必要。

（四）中医特重气脉与气机的原理，以生命的活动功能为重心，一切药物治疗和养生的观念，都由此而发。例如一砭、二针、三灸、四汤药的步骤，即由此而来，这种特色，西医尚有缺欠之处。

西医特重躯体腑脏的组织与保护，所以对血液营养的调整，维他命与荷尔蒙的补充，则有独到的贡献。

（五）中药以取于天然为主，所用药物治疗，直接营养，便以服食生物为主；间接营养，是以摄受植物为主。虽然自有充分的理由，但终嫌过于原始，不合于现代的科学方法。

西药以流注人体以后，与生理的组织调配为主，因此无论直接和间接的治疗，多半注重矿物及生物的化学性药物，但终嫌视人如物，且有许多副作用，反而有碍人体生命的真元。

由以上各点大致看来，中西医学，彼此各有长短，不可偏于本位之见。本会有鉴于此，为了发扬中国医学的优点，融会对于东西方医学的专长，拟先试办国医进修班，希望能由此而促进中、西医学的交流，对于人类生存的幸福有更新的贡献。

（公元一九七八年十月，台北）

与哈门教授谈全球性前提计划

按：威理斯·哈门先生（Willis W. Harman）是史丹福国际研究所（SRI International）的资深社会科学家，史丹福大学总体工程经济系统系教授，理性科学研究所（Institute of Noetic Sciences）所长。他更潜心于形而上学，心灵中意识奥秘部分的专研，近来已有所得，曾以《改变人格的关键》（*Transforming Affirmation as a Key to Personal Change*）一文，寄南怀瑾教授请益，已译成中文，刊于《知见》第十四至十五期。并认为世界人类的和平，须有"全球性前提计划"的正确思想。这便是南教授对哈门教授"全球性前提计划"的回信全文。

哈门教授　席右：久仰

高贤，素所佩钦。前蒙来信征询意见，并赐宏文，尤为感谢，已转译刊载《知见》矣。无奈俗务繁忙，作复迟迟，尚请见谅。

今因李慈雄返校之便，匆匆作答如次：有关全球性前提的计划，立意至善。但须从人类文化前因，如何演变为现有世界现象的后果，寻找出其症结所在，方知究竟。譬如医师用药，必须诊得病源所自，演变如何，才能处方治疗。

（一）人类文化的大系，大概言之，可以东方与西方文化两大系统概括之。

西方文化的有今日欧、美文明，其源流系别虽多，在政治、社会方面，要皆以今日美国式的民主、自由，作为文明的荣耀；在现实生活方面，要皆以精密科技与工商业经济为决定性的指标。但皆迷失西方文化统欧、美三千年来，精神文明的性灵中心。因此而形成今日的世界，物质文明似乎予人类生活带来更多的方便，但在精神心灵上愈来愈呈空虚。换言之，物质文明的发达，给予人类生活上许多方便，精神文明，愈形相对的堕落。

东方文化虽概括有埃及、阿拉伯等系统，但无可讳言，唯有中国文化为东方文化的大系，其影响亚洲之巨，历时三千余年，地区概括东南亚、东北亚、中东一部分。然而以三千年来以农为主而立国的文化，极端重视人道、人文、人生的安康，重视自然而轻视唯物唯利的思想，深根固植已久。但在近今百余年来，一受西方文化的刺激，仓皇失措，无法自守藩篱。于是要改弦更张，即无如欧、美自十七世纪至十九世纪以来产业革命性的基础，终而形成不东不西、不今不古的败坏之局。倘欲维护固有文明，岂能拒西方文化中后期合理的人文思想与物质享受的尖锐声光。故至进退失据，形成今日祸乱不息的东方，甚之，波及全球的不安。

更有甚者，近代与现代欧、美高明之士，固真有心救世者，并无一人真正透彻了解东方文化。徒持皮毛之见，以讹传讹，以偏概全。因此，西方谋国救世之士，凡所举措，一施之东方，无不错误百出，图好反坏，施福得祸，终为人所诟病怨愤，敢怒而未敢言。

而在东方各国，师承西方文化者，大多亦皆肤浅从事，仅图科技的实用，而不知欧、美今日的局面，自正病其如何缺乏精神文明安养的不安。

由此互相矛盾，由东至西，由西至东，如日月经天，虽无差别，但各地区之山川陵谷不同，所感之明暗阴晴，即各有不同的反应。倘使对全球综合性气象的无知，则将何以谋定全球性非污染，否定武力竞争之前途计划！

（二）西方文化感人影响的最深切而彰明者，当为法国大革命的先后时间，由孟德斯鸠、卢梭等先贤之学说，而有现在欧、美民主，自由，社会文明的出现。但在西方精神文化的中心，有同于东方文化的博爱思想者，却由工业革命后各国工商的发展，配合亚当·斯密的经济思想而演变为今日各家的经济学说，几乎无一而不从小我立场而图富强康乐，何曾有全盘了解全球性各地区民族文化背景的不同，而建立为全人类总体经济工程的大计。

从经济政治之观点而言，自十七世纪以后，西方文化思想谋求安定社会与解决人类问题，始终认为唯有从经济问题着手，方得解决政治问题。而经济问题，又与工商发展、物质文明的开发，毕竟不可分离。于是如治丝愈棼，仍然未得要领。

东方文化，自古及今的固有思想，始终认为解决社会与人类问题，必须从贤明的政治措施入手，方得安定社会与求得人类和平。而政治与文化思想，又息息相关而不可分。文化与经济，又彼此相乘而不可偏。于是主观各异，莫衷一是而未得融会贯通。

（三）目前世界局势，大部分的注意在于：A. 注重经济的复苏。B. 限制武器与军事的发展。C. 极力宣传抑制人口膨胀，提倡节制生育；尤其对东方的印度、中国，正在推波助澜而加强宣传。其实，凡此种种的作为，只是显见主谋国际和平者束手无策，更无对全球人类平等博爱的远见，而且仍基于国家或个别民族主义的狭隘私心所出发。即使并无小我私见的预谋，亦只是有限度，短时期有效的消极办法，并非为全球人类谋长程福利的良策。

全球性的总体经济问题，其利与弊，都由科技进展与工商开发问题而来，譬如因地而倒，必然因地而起。当此电脑、核子物理等科技的日新月异，生产工业已迈进于产业再革命时期。工业产品与财富，已非无产阶级与资本家间的人事贫富问题。应当有思想、有理论之指导，使其转向共同为全球人类平等谋福利，使人与人间，再无贫富分配不均，阶级差等斗争问题的存在。只有人能如何利用物理与天然的物质资源，转化为高度灵活的精神文明世界，此当为今日及即将来临的科技，必然可以到达总体经济工程所能领导的趋势。唯须如何建立其经济哲学的新理论、新观念，配合科技发展，作为新时代的指导而已。

人口膨胀问题的顾虑，同此理由，其基本出发点，仍旧在农业经济的粮食、居住等经济分配问题而来。有限节制生育，事实并非坏事。但认为人口膨胀，即为世界祸源之说，未免可笑。况且解决粮食、营养、居住等问题，在即来的科技发展，应可迎刃而解，亦只为总体经济工程计划即须待解的一环，并非绝难以处理的死结。

至于限武与裁军问题，必须从人性哲学上谋求解决，基本在人类群体情欲与理性问题。实难片言可毕其词。人类有两大欲求，无论过去、现在、未来，势所难免，除非有超越物外能力的圣哲。此皆基于人性需要饮食、男女两大原性出发，扩展而成为群体的痴肥症：一即支配财富与资本主义，一即富国强兵与霸权思想。我读大作 *Transforming Affirmation as a Key to Personal Change* 一文，已知先生自得启示良多。至于深入形而上与形而下关系的探讨，容待他日细论，恕忙不尽所言。现在仅就彼此已知问题，略抒积愫，借代面谈而已。

（公元一九八三年四月八日，台北）

《南氏族姓考存》前叙

　　蠢动含灵，形生有情世界，情之所钟，虽山川木石，盈溢生机，故游子思故乡，循源追祖泽，为人之常情所系，此亦人而有人文文化之所立基，其所谓异于禽兽者，岂非此乎？况生当衰世，运逢浩劫，元遗山所谓"百年世事兼身事，樽酒何人与细论"。于是，乃前有《南氏族姓考》之作，时在公元一九七八年也。书成铸版，不胫而走。大韩民国南氏大宗会总裁南𫗴祐先生，首寄《南氏追远志》，继寄《南氏大同谱》以赠，读其序，方知同为南字，而族姓血缘有别。三韩南氏，乃唐玄宗时使日大臣金忠，返国途中，遇台风而漂泊新罗，适当安禄山之乱，明皇幸蜀，韩王景德，以其籍汝南，故赐姓南。此为其一支。复有宁波金氏，漂海入其康津县，合姓氏南，此为其一支。如非𫗴祐先生《南氏大同谱》之寄赠，则无从稽考其原也。

　　旋有河北交河南汝鄂过访，方知有山东日照南子田、江苏宿迁南克发等多人，因见《南氏族姓考》而知全国各地羁旅台湾之宗族多人。经诸同宗之不辞劳瘁，不避艰辛，不计毁誉而得各自修其序穆，促开宗亲大会，乃有公元一九八一年辛酉上元举行南氏宗亲祭祖大典之举。嗣复频繁敦促，拟集修统谱，皆因怀瑾之不敏而迟疑未如所期。寻于公元一九八一年春，辗转得小舜及南宅前岸族兄常槎之助，遥寄怀瑾之家乘，及历代高祖之遗容与先君遗照，并昔所疑处而亟欲知问者，庆喜得偿宿愿，岂仅如杜工部所谓"家书抵万金"之可喻耶！故于前所作《族姓考》缺乐清南宅始祖名讳者，今补完备。又于端八、端十两祖之名次有误者，今补更正。至如逊清末造，吕纯阳真人降乩，嘱于殿后岸边，建石照屏以辉映东海，乩笔画狮子追球，并题诗以赠，盖皆有关身世之悬记，窒疑于胸臆者数十年，今并得读其全律及其名联，默觌仙灵，相视一笑，何怪寒山子厌丰干之饶舌哉！

去冬（公元一九八三年）获知舜铨等之孝思不匮，乃得常槎、麟书等诸君子之助，于杭州临平觅得先君劫后遗骸，于夏历癸亥十二月初十日迎归，安葬故里，稍能弥补骨肉流离之痛于万一。乃起而应宗人汝鄂等之请，即以家乘为主，而订正重印《南氏族姓考存》，以符诸羁旅者之所望，庶可告慰于先灵也。而增华其盛者，有赣南蔡策先生，字翼中，曾为旅外南氏联宗为文。潍县刘大镛先生及济南王凤峤先生分别署其封题。并志为永怀。是为叙。

（公元一九八四年，台北）

311

附：乐清县南宅殿后石照屏
乩笔题狮子踏球图

天遣灵狮下，追球过海东。身翻毛有色，目努力无穷。
声吼千山震，口呼一剑风。举头惊百兽，善化石屏中。

殿后石照屏乩笔联语：

云开日镜毯生色　水受风梭剑有声

《复翁吟草选集》前记

丙寅初夏，时当公元一九八六年五月之际，忽得味师哲嗣朱璋世兄惠寄先师诗卷于美京近畿寓庐，适值由天松阁迁入兰溪行馆，虽转徙事繁，然犹不忘审细恭读师之遗作，顿忆五十余载往事，反观七十年来岁月，依稀昨梦，若存若亡，而小楼侍读情景，历历如在目前，此所谓石火电光、梦幻空花之非实非虚也。

师之遗诗，集曰《复翁吟草》。复翁者，师之别号复戡上字之尊称也。《易》之复辞曰："无平不陂，无往不复。"余方读竟师集，即思此集油印抄写，久恐散佚，当为铸版，以期不殒，并存此师弟因缘，以昭垂来兹。

司马子长曰："君子疾没世而名不称焉。"读书而能下笔为文，作文而能臻于词章上艺，虽曰雕虫小技，安知雕之难而作之不易，其中艰辛成就，岂只大有可观而已。余尝语人云："文人学者之著作，陈列书架而能历数十百年仍受珍视者，实难多觏，故昔人有言'但得留传不在多者'，正为享没世之名而大不易也。"

且余幼承庭训，每诫文人学者呕心沥血之作为非易。故数十年来，每得前人孤本，无论其为学术或技艺之撰，必设法使之流传，延续作者慧命而不绝，亦为自得其乐之佳事。昔日有一师友，生前曾以身后遗作谆谆付托，孰知萧然长逝之后，所有翰墨因缘，咸毁于魔障，终至只字难觅而莫可如何！由此益知留传作而能称名于后世者，亦有幸与不幸。

味师幸有哲嗣能彰先人遗志，不远万里海外而寄师作于余，岂能不色然喜而毅然为之重梓而广其流传乎。于是，再寄此集于台北，嘱陈生世志负责印行，盖以美东尚无完备之中文印刷可任其事也。陈生世志，祖籍澎湖，长于高雄，卒业于台湾大学，今承余托而负老古文化出版重责，得余书后，迅即铸版完成，复函恭称为朱太老师之作而如何编排云云，称谓处置无不合礼，求之浇漓季世之士，洵为难能可贵也矣！

至若味师生平事迹行仪，大要已详于乡前辈黄仲荃先生之序，及同门朱铎民先生之传略，余尝欲补述从师受教诗学之因缘，终为俗事尘扰，未能遂作，深以为憾。仅以私记昔年师示所作《扫墓》一律，悲凉愤慨，感念殊深，虽时逾五十载，犹琅琅背诵，一字未忘，今借此以补此集之未收者，聊以志师道之不坠。且嘱以朱璋世兄寄示近作附焉，并以报友道之足珍也。是为之记。

（公元一九八六年仲夏，美京近畿）

重印《复翁诗集》赘言

自初唐进士取才，重视于诗，乃使周孔以还，学养着意于诗礼之旨，成为教化之首，一脉相承，上下竞习，虽无诗人之才，而亦必学习作诗之风，千秋以后，遗绪不坠，此诚中华文化之特色，故亦有称我国为诗人之国者，誉乎，毁乎，诚难言也。

余生当清末民初之世，科举虽废而科学未昌明较著，前朝遗老存者甚多，虽转而执教于新式学堂，而仍秉科举时代习气，涵泳于诗词歌赋，琴棋书画之遗风，炽然如故。风行草偃，虽村竖野牧，工农技艺之暇，当自究攻吟咏者，比比皆是。余所居之乡间，有剃头司务及木刻工艺者能诗，皆所目见亲炙其实者，今虽时隔一甲子，每忆昔日风规，犹为倾倒不已。由此可见，仲尼所谓温柔敦厚，诗之教也，其盛为如何矣！

唯余自溯平生，读书不成，习剑亦不成，学诗更无成，及今而谬随于学者之后，滥竽南郭，固有渐焉。然而能略辨平仄韵味，粗识诗学之藩篱者，允皆良师之德教，迥非吾才吾力之所及也。

然余性喜多门，好学旁骛，数十年间，文武师友，泛泛者数当百计。但于诗学而得启迪其蒙者，首当推重朱师味渊。而余从味师游，仅为一暑假，首尾计时，不及两阅月。而蒙其亲说诗教者，仅为一日。非一长日，实乃师为余亲写竹刻笔筒"波平两岸阔，风正一帆悬"一联，片刻而已。何以受其滋培影响而如此亲切者，此无他，即古所谓言教不如身教，又有谓一字之师者是也。

时余年十二，方毕业于高等小学，适值海匪洗劫我家，生计顿挫，因之辍学自修。翌年暑假，家严告以味师应王宅姨丈之聘，允任表兄世鹤等暑期家教，可往从之，余闻之雀跃，欣列名儒乡先生之门墙，是为庆幸也。同学七八人，年皆长余而学尤先进，师则每日讲解古文辞有关经史之文一篇，溽暑长夏，小楼一角，轻衫靸履，修髯清癯，把卷吟哦，声达户外。余方初喜读诗，如世俗习诵之《唐诗三百首》，早已耳熟能详，固不知其所谓名诗之好者，妙在何处！唯喜其音韵锵然，足以抒情朗诵，自畅幼怀而已。

一日，偶过师室，翻阅案头有清人吴梅村诗集，检其律诗之什而读之，爱不忍释，师见之，乘兴为余朗吟梅村《琴河感旧》四律，然后掩卷泊然，相与一笑而退。余即取清诗一卷，由梅村而遍读集中诸家之作，情怀磊落，较读唐诗而有胜得，因而心异人言诗须先习盛唐，宗法李杜，方为正规，如清初诸家，不可学也。为此而疑情顿起，横梗胸中二三十年。于是虽劳役四方，从事多途，行事所携，不离诗卷，迨其遍读历代诸名家之作，入乎其内而又出乎其外，会之于心，始得释然。所谓后后者未必不胜于前前也。

厥后每告诸新进后学，欲自探研国故，有一速成而实用之路，即先读近代之作，然后反溯其源而及于上古，诚为径之捷者。例如读史，先研清史再溯明元宋唐而上之，方知后果兴衰之迹，即前因成败之遗，从之鉴古证今，乃识来者之为如何也。

清初盛世百余年间，士怀前明胜国之思，华夏夷狄民族异同之辨，幽愤悱怨，而又不得形于言词。但处康乾承平之际，文治武功，郁郁乎似尤胜于汉唐往事，故情怀荡漾，心波起伏，所谓矛盾颠倒，实为前史所未有者。故发而为诗词文学，寄意遥深，托情典故，殊非唐初盛晚诸世旷达疏通所可及者，宜乎情之切近于衰乱哀思而尤擅其胜场也。

味师生当清室末造，历经民初鼎革而渐形变乱之局，高尚其志而家无余资，隐逸远蹈而世途戈矛，忧时伤世，感慨良深。故其所作，律宗杜法而出入于义山、元白之间，且于吴梅村、钱谦益之流韵，不无深切影响。

暑假期满，家馆方散之后，客有过余家者，即示师之近作《扫墓》一律，如"地下或留干净土，人间到处可怜生"，以及"老病日深难拜起，千愁诉尽觉身轻"。又如"人孰恶生祈死乐，天胡醉梦纵澜狂"等句。悲天悯人之思，溢于言表，读之凄然憬惧。盖余常闻人言诗谶之说，今读师作，疑似谶语，故为不安。旋又见师辘轳体五律，有"露白心肝寒日甚，满城风雨近重阳"之句，较之黄仲则"寒甚更无修竹倚，愁多思买白杨栽。全家尽在风声里，九月衣裳未翦裁"，凄婉尤有过之。讵知次年春间，师果登遐委蜕而逝。言为心声，诗从情发，文字之为谶也，虽为偶中而不可尽信，而亦非不可信而有其因者。此亦师之身言之教而影响余一生之巨者。

至若味师名作如《崖山吊古》一律，起句如"赵家三百年天下，卷入洪涛巨浪中"，倘混之杜集，应无逊色，此皆昔诸名贤，多所推许者。又如《讽人反游仙诗》有云"若使刘晨得贤妇，何缘成就入山身"，则隽永有味，典雅温柔，较之袁子才辈之丽句，似又敦厚有加。惟其生不逢时，限于名与位之不高，正如李商隐所谓"由来才命两相妨"已耳。千古才人，湮没草莱而声名不彰者，何可数计，亦幸与不幸而已，岂胜道哉！

上述余与味师师弟因缘，为时短暂，虽如昙花梦影，而花落韵遗，梦过影留，故余每言诗教，常忆师之音容风仪，犹如目前。今隔数十寒暑，余则风霜凋其短发，劫火燎其余生，行脚四方，不文不武，劳尘一世，非俗非僧，余若能诗善画，综此一生行迹，可为诗情画意者，何止千题。惜乎好学无成，终惭笔墨。

迨一九八五年间，余方漂泊美京，筱戡世兄寄赠味师诗选剩稿，忻喜无已，即转寄台北付印以行。实则，余生平不尽喜诗选之集，盖选者皆凭一己喜爱而集为一册，见仁见智，何好何恶，固难定论。欧阳修所谓"文章千古无凭据，但愿朱衣暗点头"者，即此意也。然而前人遗作，虽为残篇剩稿，亦足以传，聊胜于无矣。但事后方知，筱戡兄检赠师之全集旧印者仅存一册，因邮误迟到，故与之约必为印兹全集，方了余愿。旋而俗务纷繁，余又自北美往返欧亚之间，尘劳于役，一再延期，积为心垢。今将台北已铸之版，移转香港印出，因诺筱戡兄为作前记，不敢辞以不文，谨述其先后因缘如是，谨以报命耳。此为之记，且为诗志其缘曰：

家馆角楼原小友，七旬以外独言诗。
商量旧学悲前哲，鼓荡新潮看后知。
四海游龙空期许，三生梦影转成痴。
支离事业皈文佛，月在中天一笑迟。

（己巳仲秋公元一九八九年八月记于香江旅次）

《日本感事篇》序

己酉季秋中日文化访问团抵京都之日，即识彼邦学者木下彪先生于旅次。偕游八日，蔼然可亲，读其诗益见其忠君爱国之思涌于风月江山之表，屈赋贾文，情当如是。自注感事，见或各殊，然云月等同，邦家异域，盖亦思不出于其位者也。

时在东方文化座谈会席中，曾允携归再版，即显彼邦耆宿，长于汉诗之才，且欲借兹篇之纪事，使后之来者，览资殷鉴而斋戒自省已耳！

（公元一九七〇年季秋，台北）

致答日本朋友的一封公开信

　　十月十一日下午，中日文化访问团在东京参加东方文化座谈会，关于我要讲的"东西文化在时代中的趋向"一事，因为时间有限，为了珍惜中日两国难得的盛会与宝贵的时机，我自动停止讲话，希望两国与会人士，有较多的时间，可以互相商讨重要的议案。当我宣布这个意见以后，大和学园的负责人土屋米吉先生，便提出我讲演稿末后一段引用司马迁所说"载之空言，不如见之于行事之深切著明也"一句话，要我提出较为具体的意见。而且土屋先生很客气地说："要讲东方文化，中日两国原为兄弟之邦，中国是老大哥，所以希望贵国以兄长的立场，开诚布公有所指教。"同时他又问我此行对于日本的观感。

　　土屋先生彬彬有礼的质询，经过我方翻译人员的转述，以及当时观察土屋先生谦和而诚恳的态度，使我不得不作答复。但我有主要的两点声明：（一）因为时间不够，有许多可以贡献给大家的意见，无法详细说明。（二）这是我第一次到日本，先后匆匆七天，都在旅途播迁之中，由京都经伊势而到达那智山，再经过在日本文学上负有盛名的朝熊岳山而到达东京，车尘轮迹，赢得一身疲累，虽有不少的观感，但自认并不成熟，故暂时保留意见。然而散会以后，日方著名汉学家兼汉学诗人木下彪先生，以及我国访问团同行的几位朋友，都一致告诉我说：当时我说的话，翻译人员辞未达意，不能充分通译，而且遗漏了许多要紧的关键，非常遗憾。后来又有日方的几位与会人士通过翻译，要我

320

见之于文字而写出来，作为此次历史性与会的纪念。十二日中午返国以后，事务麋集，实在懒得执笔。但与木下彪先生有诗文之约，而且土屋米吉先生所提的询问，确甚重要，故匆匆写就本文，公开寄与土屋米吉及木下彪两位先生，并献给日本此次参加东方文化座谈会的诸位先生，作为此行备受殷勤招待的答礼。秀才人情，书生拙见，未必可登大雅之堂，但如野人献曝，各抒一得之见，山人野叟之言，聊备一格而已。但是这只是代表我私人的观点，并不代表中日文化访问团，或任何文化团体与我国人的意见，其中或有不妥当的观点，可以付之一笑，希望不要因此而引起争论，如果有此情形发生，须得事先声明，恕我愚拙而又冗忙，不拟再作答复。

现在我要再加申复我当日所说的话而稍加补充：

主席和各位先生：本来为了珍惜会议的时间，我要求不必说话，现在为了土屋先生指定要我答复问题，又只好开口讲话。但是这个问题牵涉很广，如果要将我所知的资料，贡献给贵国及本会议席，在短促的时间中，又势所不能尽毕其说，只好留待将来，有机会时再作补充。现在我要提起诸位注意的：据我所见，贵我两国今天与会中的许多人，可能都犯了一个容易错误的偏见，因为大家对于贵我两国，以及东方各国之间今天的文化思想与造成社会风气的败坏，国家前途的殷忧，工商业社会导致人心陷溺于现实的趋势，乃至青年心理的彷徨与颓废，教育的失败，等等，一律都归罪到西方文化的错误。大家不要忘记，我们今天开会会场的种种设置，便是现代化西方物质文明发展中的产品，甚之，与会人士的衣、食、住与交通工具等，大多数仍是西方文化自然科学发达以后，物质文明发展中的结晶。西方文化中的自然科学与物质文明的发达，它给予人类在生活上的便利，生存中的幸福，并无过错，而且只有好处。但是东方各国，在传统保守文化的情感中，认为人生伦理、社会秩序、道德观念、生活方式等一切突变中的乱象，都是受到西方文化影响的关系，所以厌恶甚而鄙弃西方文化。其实，这是东方人，或者说，贵我两国自己被西方文化物质文明的形态冲昏了头，自己放弃、忘却了东方固有文化的传统精神；换言之，也就是自己扬弃中国的传统文化，所以才有今天的窘态。以中国话来讲，我是一个土包子，而且是一个非常顽固的爱好中国文化的分子。因为我从来没有出洋去留过学，所以没有对西方文化偏爱的情感与嫌疑。而且我以山野之身可以公平地说一句，西方文化，自然科学发展成果中的物质文明，并没有带给东方人以太多的祸害。至于我们接受西方文明以后所发生的流弊与偏差，那只怪我们自己抛弃了东方固有文化的宝藏，而自毁其精神堡垒所得的应有惩罚。

其次，所谓西方文化，并不能以今天的美国文化而概括一切西方文化，由希腊时期而到今天的欧、美，它本身也自有三千年的历史。它的人文科学，在精神文化上的成就，由宗教而哲学，由哲学而科学的互相递嬗，也是有它的精神所在。不幸的是，今天欧、美的国家与社会，也正因为自然科学促进物质文明的长足进步，而使人文文化的精神堡垒濒临崩溃，而无所适从。它与我们东方所遭遇的困惑和烦恼，只有病情轻重的不同，而其同病相怜的情况，并无二致。因此，我们要放开胸襟，放大眼光来看，目前我们所面临的局势，是东西方人文文化将要同临崩溃，新的世界人类文化尚茫然无据，危机隐伏的时代。我们不仅是需要为复兴贵我两国的东方固有文化而努力，我们更应该为人类文化开创新的局面，肩负起拯救世界人类危机的责任；要发扬东方人文文化与固有的人生哲学，来补救因自然科学促进物质文明的发展，所造成的工商业社会之弊病。而且我还要郑重地希望贵我两国与会的高明人士，必须认清一个重要的关键，对于过去历史文化上的光荣，不能留恋，过去的历史，是无法挽回的，留恋往事，只是文学的情绪。至于时代的演进，是无法倒流的，悲伤时事，那是无补时艰的诗人情感。历史的排版，各有千秋的一页，时代的演进，是当前的大势所趋，我们要放开胸襟与眼光，如何振兴东方文化，来补救西方文化在世界时势中的不足，这才是我们的责任，也是对贵我两国前途有利的大目标。中国文化，素来秉承儒家的"民吾胞也，物吾与也"的精神，与佛家"众生平等"，"心、物、众生，三无差别"的明训，所以对于东方人或西方人，都认为"人同此心，心同此理"。我个人以山野之身，积十多年从事教育，以及教导西方各国友人学习中国文化的经验来说，深切体会到"诚以待人，无物不格"的古训。许多朋友认为我有许多外国学生，应该会有很多的收入，事实上，我为弘扬中国文化，为沟通东西文化而努力的工作，是做的蚀本生意。当西方学者要向我学习的时候，每每问到我要多少钟点费的问题，这时我便告诉他们，我只要求依礼来学，并不讲求代价。西方人从商业的观念，重视学问的代价与价值，所以把学问与知识，也变成商品，东方人素来认为道是天下之公道，只要执礼而来，中国文化便以学问知识作为应该交出的布施，并无代价，更不要求还报。因此，从我学习或交游的西方人，大多数都与我变成家人父兄的感情，渐渐进入东方文化的人生境界。他们有别我而去的，仍然保持充沛的感情，一如东方人的"礼尚往来"。例如一个美国学生，为了看到我吸烟太多而流泪，因为他怕吸烟而妨碍到我的健康。一个德国学生，临去时向我跪拜辞行，起来时泪眼婆娑，舍不得离去。最近一位美国的女学生对我说："当我付出代价去学习时，与在老师家里学习的心情完全不同，因为用代价换来的知识，那只有商业行为的感觉，并无感谢的心情。"又当美国前任总统肯尼迪遇刺的时候，以及美国对亚洲政策种种矛盾措施的过程中，我与另一位美籍有识之士，也是美国退休的将军，谈论到东西方文化与东西方观念的差别，我问过他对现在局势的感想，他告诉我说："我觉得美国的历史，倒退了一个世纪。"他也为美国的前途，以及东西方文化思想的矛盾，与人类文化前途而担忧，才发出这种内涵无限感喟的叹息。我现在提出这些极其微末的资料，只是为了提供我们今天要复兴东方文化的精神之工作，应当如何做法的一个参考。我们需要放开胸襟，放大眼光，了解今天的局面，不只是为复兴东方文化而工作，实在要为拯救世界人类在文化思想上的危机而努力。至于有许多重要而比较复杂的资料与意见，实在限于时间，一时讲不清楚，希望大家原谅。

以上是我当时在东京参加东方文化座谈会临时答复土屋米吉先生的一番话。现在追忆补述出来，只是为了日本朋友的要求，并弥补当时翻译人员未能把握重点的遗憾。

回国以后，国内一些朋友与美国留华的少数友人，关心此行与会的情形，及留心东方问题与日本问题的人，也如土屋米吉先生一样，要我说出此行对于日本的观点与感想，使我觉得有一言难尽、碍难答复之处。

为了提供给会后中日两国将来筹备东方文化复兴策进协会的参考，姑且综合我的一些观点，公开答复。但是，这仍然只属于我的一隅之见，未必甚然。老子说的"正言若反"，或者具有"他山之石，可以攻错"的作用，那都不是我预料所及了。

关于日本经济发展中工商业社会的观点。我们一行二十多人，抵达京都那一天的下午，便游览了旧的内庭与二条城（德川幕府时代的大本营）的外景。一路行来，朋友们的赞扬或批评，加深了我对历史哲学的感喟与惆怅。

第二天乘长途游览车直达那智山，虽然受到长日车途劳顿之苦，但很高兴能够走马观花地看到由明治维新而至第二次世界大战结束之后日本的农村，新近进入工商业发达和都市繁荣的日本现代化经济的外貌。既使人低徊联想固有东方农业社会的诗情画意，追忆安静宁谧的旧历史时代；同时又使人想到两三年前日本农村妇女的大游行，要求壮丁回到农村去的情景。从表面看来，第二次世界大战以后，日本的乡村建设与农业社会，极其快速地进入东方式现代化的阶段，非常值得钦佩与欣赏。但头脑过于哲学化的我，很快地就会因感触到十九世纪以来西方各种经济思想与工商业社会的发达，带给东方经济思想的影响而忧虑。经过四天的旅行，由丰桥乘高速夜车到了世界闻名的名都东京以后，看见最新型而合于国际水准的种种建筑与都市建设，有人问我作何感想？我只反问一句：这些都是第二次世界大战以后二十多年来的成果吧？他说是的。我说：那么，我想休息，不想再看了。当然，不但问话的人不会太满意我的答复，同车的日本朋友们，恐怕也不会了解我这句话的机锋。

总而言之，战后的日本，在精疲力竭之余，举国上下，经过二十多年的刻苦砥砺，一致努力于工商业的发展，能有今天的成果，的确值得兴奋与自豪，但是这种自豪与兴奋，并非日本之福，也不是东方文化应有的精神。一个国家与社会，如果忘记历史过去的教训，缺乏未来远大的眼光，困惑于现实而自豪，那是非常可虑的趋势。现在就我所感觉到的粗浅观念，提供日本过去与未来经济发展的参考。

（一）我所谓过去的日本，仅是指战后二十多年前的时期。在第二次世界大战结束以后，日本始终很幸运地在复兴。因为它碰到我们政府当时秉中国历史文化"兴灭国，继绝世"的精神，毅然决定"以德报怨"的政策，主张保存日本人传统历史文化的精神堡垒，而不废除天皇存在的制度，不要求赔偿，更没有分裂其土地与内政上的治权，因此战后的日本，才在非常幸运中重整国家，发展工商业，而有今天在经济上的成就。我在那智山与东方文化座谈会上，曾经亲自两次听到日本人大久保传藏先生对于此事的重复讲话，慷慨激昂地表示衷诚的感谢，并要求大家不要忘记历史的这一页。然而言者谆谆，听者藐藐，而且据我观察，除了中年以上少数高级知识分子，感觉到心情的沉重以外，一般社会与工商界的资本家们，尤其是后起之秀的日本人，早已对历史淡忘而漠不关心，甚之，还很可能对于大久保先生的论调，会嗤之以鼻。我说这些话，既不是要日本人感恩图报，也不是别有用心，因为中国文化，素来有"施恩不望报，受惠不能忘"的明训。我只是说明现代经济成长中日本幸运的前因，由此而说明以下第二点日本未来经济思想的可虑之处。同时也就是解释前因我之所以答不想看东京都市繁荣新建设的道理。因为在现代的经济思想与物质文明的时代中，一个国家如果没有战争，没有内忧外患，举国上下，能够同心协力，从事经济的发展与建设，那是任何国家都做得到的事情，既不足为奇，更不必叹为观止。

（二）未来的日本经济趋势，据我的观察，那是一个非常严重的问题。我们必须知道，世界上有两种工具，对人类的生存具有正反两面的作用：一是武力与武器，一是金钱与财富。防护国家的安全，必须有精良的战备；稳固国家的基础，必须有充沛的财政与健全的经济。然而战备强的国家，如果没有高度文化的政治哲学，往往会使得一个国家民族，生起唯我独尊的侵略野心。同样地，一个经济发展到实力充沛的国家，如果没有远大的经济哲学的思想，往往会踌躇满志，挟富而骄，而欺凌弱小。而且人类有天性的弱点，当他在强有力的时候，必定想要耀武扬威，控驭一切。如果在富有的阶段，必定会恃富而骄，凭陵孤寡。何况

致答日本朋友的一封公开信

东方民族中的日本，素来具有奋发雄飞、不甘寂寞的个性。它在今天的世界局势中，工商业的发达，已渐渐可以媲美国际水准，跃登世界第二位的宝座，经济的成长，也是力可左右落后地区，而扬威于先进地区。那么，日本现在的资本家与政治界的高级知识分子，如果缺乏在现代经济学上远大的思想，一有偏差的观念，恐将为他自己的国家与东方各国，带来新的危机。但我并没有充分了解现代的日本资本家以及他们的经济思想，只是凭泛泛观察所有的一得之见，先有杞人忧天的顾虑而已。虽然我对于近代与现代，西方或东方的经济思想，没有很深切的研究，但从哲学的观点来看，任何一种来自西方文化的经济思想，无论资本主义或社会主义，严格地说来，都只适用于某一个国家或某一类型的社会，并没有一种为谋求增进全世界人类的福祉，能够平等而统一地适应各地区的经济思想。假定是有，也会因某一种政治思想与政治方略而变质，更何况并未得见。就以今天雄长世界的美国而论，又何尝例外。因此，我希望今后的日本，要放开胸襟，放大眼光，要在东方文化思想"济弱扶贫"与大同思想的观念中，产生一种新的经济思想，用来指导工商业的发展，为全世界人类谋福祉，开创未来新的局面。这是一番千秋大业，今后的日本正好赶上时代，大有可为。否则，会走上想以现有经济上的成就，而变相地雄长亚洲，那就于人于己，都是大有可虑的新生之忧了。

关于文化思想的观点。我们此行的任务，主要是参与日本所举办的东方文化座谈会，以及参加日本全国师友大会二十周年的盛典。除了这两次的重要会议，冠盖云集，胜友如云以外，并无个人的接触，也没有与后起之秀的日本学人们交往。在全国师友大会席上，我们看到了日本剑道与吟诗（读汉诗）等东方固有文化的节目以外，同时也看到名闻国际的作曲家须摩洋朔，亲自

327

指挥演奏的节目。听了安冈正笃先生与有关人士们为日本文化及东方文化前途而担忧的讲演，同时也听到木下彪先生对日本文化与国家社会风气的隐忧与沉痛的说辞。我们看到京都宫殿上所绘中国十八名臣的壁画，也看过东京皇宫的气象。然而过去所知行到皇宫前面必须顶礼膜拜，或脱帽鞠躬的现象，已经成为无可追寻的往迹。我只看到日本青年男女的嬉皮，携手蹀躞在宫墙外的苍松绿草间，一派罗曼蒂克的画面，与一大群嬉皮在车站横七竖八的情景。我看到穿着和服男女们的彬彬有礼，也看到夜总会前面红男绿女们东西合璧的新面目与新潮派的作风。当然，我也看到在公共汽车上，女人抱着孩子，拿着东西，站在车厢里被挤，青年男女们公然堂皇就坐而不让位的东方式大丈夫的作风。同时也看到关闭了的大学门前的布告与封条。凡此种种，与我在国内所见所闻，大同小异，只是触目惊心，更加感觉到这是东西方文化，在现代工商业发展，物质文明膨胀浪潮中的大流弊。欧美的国家，已经开始自食恶果而图谋对策。它的传染影响，不幸地，竟会这样快速地到达日本社会，纵然有老年人的坐以论道，企图力挽颓风的感喟，恐怕将随暮年而消逝，而无补于新文化思想的一片漠然与空白。阳明之学，创造了明治维新一代的日本，但阳明之学也带给日本在事功上的苦果，这是学术思想上一个非常深奥的大问题，姑且置而不论。关于青年的嬉皮与学生闹事问题，带给教育界与学术界的苦恼，其中实有两种本质不同的问题存在，日本真具有领导权威者，应该加以注意。由美国存在主义演变中造成的嬉皮，在素质来讲，大多是中人之产以上的子弟，而且都是受过较高等教育的青年，因为不满世界的情势，而反对前辈在学术思想与政治思想上领导的偏差所引起。这是他们在教育上，习惯于注重批判，寻求自我一代的新生观念，结果又茫然无据而不知其所归向的必然现象。但是东方式与日本的嬉皮，却是西子捧心，东施效颦，在胡闹而已。这是过分曲解自由与民主，对优良传统的风气，矫枉过正的病态。总之，我拉杂列陈匆匆七八天内，在日本所见所闻的这些事实与现象，相信每一问题，都具有专题论述的价值，当然无法一一详说。一言以蔽之，日本在文化思想上的危机，的确是一件更为值得担忧的问题。他们更举办东方文化的座谈，以及中日两国，此次在会议中，双方共同要举办东方文化复兴运动的提案，实在是一件任重而道远的工作，我希望大家能够做好，但又怕不容易真做得好。现在为了答复土屋米吉先生的询问，我只提供有关日本文化思想方面的两个观念：

（1）所谓复兴东方文化的内涵。如果放开胸襟，开诚布公来讲，实际上便是复兴中国文化。当时所以造成明治维新的壮盛局面，无非是真能做到汉学为经、西学为纬所得的成果。除了汉学——中国文化以外，如果东方文化还有别种精华，那就非我所知了。过去一个世纪，日本在东方文化的地位，据我所知，它一直为中国接受西方文化的先河，一向成为东西文化的转运站，犹如今天日本在工商业上的成就一样，创造的不太多，吸收融会而改良的倒不少。东方人自有东方文化的历史背景与价值，正如西方人自有西方历史背景与价值相似，如要两者融会交流而创建新文化时代，为时尚早，起码还需要有半个世纪到一个世纪的努力。所以我们为了挽救东方在现实存在世界上的危机，必须要共同整理，重新振兴东方文化，为了日本所谓的汉学的精神作新注。我的大体观点，已经见之于十一月十一日的演讲词与前面一段话中，不必再说。

（2）值得注意日本文化学术界的优良作风。由于我此行两次参加日本有关文化学术界的会议，看到日本经济界的资本家们，能够与文化学术界密切合作，相互提携，这是值得钦佩的优良风气，也是日本学习到西方文化较好的一面。一个真正现代化讲自由经济与民主政治的国家，从事工商业的资本家们，他们和文化学术与政治，往往是不可或分的。除非教育水准不够的社会，学问知识的低落，不能洗涤个人满身金钱的俗气，以及长年沉醉在书卷中充满酸气的人们，不能了解时与势变的经世之道，于是便彼此扦格不入，分道扬镳，各行其是，小至对于个人，大至对于社会国家，都无真正的利益而反受其害。因此，此行参观后，对日本工商界的资本家与文化学术界合作的精神，是深为赞佩。至于今后努力的方向应当如何？那就要看东方文化复兴后的作为了。说句老实话，依我的浅见，日本在经济上的成就，尽管已使工商业跃登世界第二位的宝座，但是在学术思想上，还是非常贫乏的。工商业发达的社会，往往会造成文化思想上的空虚。因此欧洲人往往有个共同看法，那就是"日本只是专讲商业利益的国家"，对于这点，我希望日本当今踌躇满志之际能略加注意（因为此时希望日本察纳雅言，未免太难了）。

最后我要反复地声明，以上所述来去匆匆七八天中对于日本的观感，说句老实话，有许多地方，我们是有同病相怜的沉痛，这也正是今日世界东西方文化在激流交汇中所有矛盾的病态，尤其在东方各国为更甚。所以重整东方文化，融会东西古今中外的工作，真是刻不容缓的事。"国家兴亡，匹夫有责。"我想，中日两国的学人，今后面临的重任，当然有不胜重压之感。

（公元一九六九年十一月三十日，台北，"中央日报"副刊）

跋萧著《世界伟人成功秘诀之分析》

自我英雄意识与崇拜英雄观念，无论古今中外，在人类心理中都是普遍存在之共通现象。由此以观，推而广之，即如动物界中，凌弱畏强，亦等同存有人类崇拜英雄意识，此乃自然现象，原无足怪。唯人类秉有性灵知识，异于动物禽兽之本能，因而产生后天教育与人格道德等理性观念；复进而修整美化人生之规格，范围类别，因人而定智贤愚不肖之谓，而且美其特出之士，曰圣贤、曰豪杰，以示尊崇德业事功成就之不同。诚可谓饰智文行，极尽智巧思辩之能事。究其实，无非为人类普遍潜在之心理意识作祟，仍乃自我英雄意识与崇拜英雄观念之演变。"仁者见之谓之仁，智者见之谓之智。"乃各自适其理解之异同，各是其是而非其所非而已。

人们对英雄意识崇拜之心理，既如上述，以此研读历史，举古今中外历史人事之累积，勉强而说某时、某地、某人，为自由民主之思想，此并非落伍之崇拜英雄主义；要皆为文人学士，所谓知识分子等辈之舞文弄墨，强调薄视英雄思想为标榜，毕竟难以视为笃论。然则，所谓自由民主等美号，亦仅为人类生存界中，某时某地一种人群生活之方式，并非绝对之真理。盖真理之所以为真，尽举古今中外所有宗教哲学之思想言论，至今犹无定论。至真非理，至理无真。遇英雄之运用，即成其为英雄方式；遇圣贤之作为，即成其为圣贤之事业。所以时代无论新旧，范围无论大小，求其建功立业而卓然有所立于天地之间者，同为英雄心理，固为千古一辙也。

自十九世纪末至二十世纪，西风东渐，所谓新潮流之思想理论，蔚然成风，于是指英雄之称谓而讳其为旧意识，而代以伟人之称谓，作为新名词。旧瓶新酒，汤换药存，举世滔滔，多半在狙公之幻示下而高谈其暮四朝三之称谓，群诩谓伟人事业而非英雄思想，用相吹嘘。此一观念，即随自由民主之思潮而并进，于是几变传统儒家思想之人人可为圣贤一辞，将其易为人人可为伟人之意识。进而求其人之所以成其为伟者，不从德业事功之自立，唯事权巧方法之造作。故国人迻译西洋驭人秘诀等书，应运而出。以待人接物，而曰驭，曰牧；以处世治事，而曰管理，曰控制。不从温良恭俭让以得之，不从宽厚性情而处之，终至于人自疑猜，祸变不测者，此岂非事有必至，理有固然。

余友萧天石先生，英姿挺拔，才气纵横，早于二十余岁，即有鉴于此，乃著《世界伟人成功秘诀之分析》一书，以为讽世而寓雅诲。自此书问世以后，举国上下，竞读而研习之者，遍于朝野，而著者亦因是书之作，名满宇内。旋因东来海隅，复秉其二三十年之经验阅历，再加修整再版二十次之原书，完成此一巨作，即可想见其内容之丰富与体验之确切矣！所论进德修业之言，虽主儒家思想，亦多有出入于佛老之间，确为别有会心之处；其言人生修养与乎世道士风之高见，亦确为当代言青年修养诸书之冠。至于博论宏辞，尤多发见，不待再为宣论其价值。唯于感跋之余，谨补伟人成功秘诀之向上一语曰：苟欲为世界上真正之伟人，唯一秘诀，只是平实而已。此可谓成功之向上语，末后句，极高明而道中庸，非常者，即为平常之极致耳。以此质之高明，信必首肯。是为跋。

（公元一九五四年，台北）

景印《地理天机会元》序

　　堪舆之学，远绍于春秋，高推至上古，其原盖出于阴阳家言，后与杂家相混，故为缙绅先生所诟病。汉初司马迁著《史记·日者列传》，有堪舆家之称。《淮南子·天文训》谓"堪舆徐行，雄以音知雌"。许慎注曰："堪天道，舆地道。"而孟康则释"堪舆"为神名，与许说异焉。朱骏声又谓："堪为高处，舆为下处，天高地下之意也。"《汉书·艺文志》列有《堪舆金匮》十四卷，今称相地者曰"堪舆"，而汉以前书已佚，今未之见也。

　　世传晋人郭璞著《葬经》，凡言堪舆学者，靡不祖述，其书之真伪莫辨，但大有异于后世之著述。盖《葬经》以山川形势，论断于阴阳五行胜克之理，古朴可玩。中唐以后，其学益形驳杂，祖述宗派，各有所长，而形胜之说，尤重于冈峦之体势，是此非彼，习者难宗。迨乎两宋，理学大儒辈出，标仁术而重孝道，卜葬之说愈加兴盛。范仲淹、朱熹诸贤，靡不输诚其学，而邃于其述。古之养生送死而无憾者，至此已极其能事矣。如墨子复生，或王充再世，必更有甚其讽讥矣。

　　元、明以后，邵雍"卦气运会"之说大盛，凡涉阴阳术数之学，概如百岳朝宗，趋为至鹄。于是堪舆之说，亦以邵学为准，注重天心合运，竞为理气为归，效地法天之旨，证今引古，言之凿凿。故明、清以后，无论江右大家，浙、赣学派，皆采峦头理气之说，互争短长，综其所学，或宗"三元"以悬空打卦之理气为主，或主"三合"以天心正运之形胜为依。辨方择时，则有紫白之术；选吉择日，则有奇门遁甲之流。动辄有忌，讳莫如深。然《四库》编集，独推"三合"而鄙弃"三元"，谓无所据。实则"三元"之秘，隽非清儒所知，故蓬心自用，但崇师说而已。综此以观，堪舆演变之史迹，约概如斯。

时至今日，科学之说繁兴，言地者即有地理、地质、地球物质种种之学，言天者，复有天文、气象、历法、星象、太空等之盛。历古相传堪舆地理之说，生死人而肉白骨者，将皆嗤之以鼻，视之为妖；然佞于其道者，举世毁之而不加沮，犹笃信如神。无论穷乡僻壤之愚夫愚妇，或市朝冠盖之缙绅先生，面避迷信之迹，隐崇阴阳之宅，比比皆是。贵之如此，鄙之如彼，其为此道之学术者，固为是耶？非耶？诚为难决也。

余于传统国故之学，东方神秘之术，秉好奇求知之性，靡不探索玩习，初犹疑信参半，慎思难辨，及乎年事日长，涉猎既多，憬然而悟。所谓"堪舆"者，实为吾国上古质朴之科学研究，托迹于生死孝道之际，穷究其地质之妙，与道家五岳真形图之旨，皆为别具肺肠，揭示地球物理之心得也。其学是否足为定论，遽难下一断语，然两千余年，囿之于埋葬之说，加之于妖妄之言，诚为大过矣。若今之学者，能先尽自然科学之基础，融通人天哲学之理念，掘发古学之长，阐扬今学之妙，则堪舆之为说，亦大有可观也矣。惜余识陋智浅，事忙意乱，未能遂其所欲，深入而浅出，变古而之今，诚为一大憾事。

宋今人君，从事出版，历有年矣。前过吾寓，睹此《地理天机会元》一书，请予景印。余谓之曰：此必俟吾师黄陂胡玉书夫子一言为序，方可阐其内蕴。宋君恳之再三，余为请之胡师，时师已行年八十有三，倦于讲习，乃嘱余为之言。吾闻之先辈言风水者，有曰：一德、二命、三风水、四积阴功、五读书。

由此可知，迷信堪舆阴阳之说，足以转变人生命运者，可以瞿然醒悟矣。若取《史记·日者列传》与《龟策列传》详细绎读，则知古今迷信其术，徒为笑谈者夥矣。倘由此而开发新知，据以穷天人物理之妙，则温故知新，当无憾于斯学也，是为序。

（公元一九六九年季冬，台北）

萧著《大君统治学》序

易传有言："言行，君子之枢机。"故上古之世，行而后有言，三代之圣君贤相是也。世降递次，即知即行而著言名世者，如齐之管仲、鲁之孔子。有言而未果有行，有行而未必有言。前者如老、庄、申、韩，后者如郑之子产、楚之令尹子文。世代愈后，言行每分，故标榜立德、立功、立言为三不朽而垂为典范。然立言者益多而行弥远，是以陈同甫辈别倡事功有成即为德业，盖为有憾于徒托文言矣。然此犹为经常之道，未必可概权变之全。至若兵家谋略之智术，韬钤纵横之机用，言者不必有行，而言者何须多言。赵蕤述《长短》而隐遁终生，杜牧注《兵经》唯风流名世。而时无英雄徒使成名竖子者，岂尽皆豪杰之俦，何事于著书立言哉！若此或为才有所短而学有所长，抑或时运有所阨，命数有其然，诚可悬解而不可尽解也。然豪杰之士，生当衰乱之秋，虽欲无行而不可止，虽欲无言而不可息。有游戏风尘而嘻笑怒骂而故著为言者，有风颂兴比而文章华国者，一是皆为有心之士而未必尽为趋时。

抗战军兴，行役西迈，渝蓉两蜀，向称人才渊薮之区。余以禀性嗜游，每过名都乡曲，慕访奇才异能之辈，结识笃学守道之士，习以为常。居留蓉城之际，每闻朋辈有言，当今年少，喜以天取名而皆有文称誉当世者，凡有四人。萧君天石，实居其一。窃为奇而志之。旋即得读天石所著《世界伟人成功秘诀》一书，览竟而起曰：此殆欲以谋略名家，纵横于世局之间，抑或为稻粱是谋而苟全性命于乱世之人欤？乃访之于少城之蜀华街。时天石方卧疾林园，弱妹应门，贤妻操馈，俨如高士图中人物，亦足异也。自此之后，与天石过往莫逆，笃存友道逾三十年矣。其间或与访道而同游，或为议论而相诋，而相处晏然。余子以天名字者，皆已物化而淹没无闻矣。迨后天石出宰青城，即为揄扬于要津。余旋息迹名山，掩室峨嵋，互不通音问者数年。虽萍踪偶遇，或复一见，犹恐其宦情积习，不足复有扪蚤谈天下事之趣矣。孰知戊子、己丑之变，又复相逢于台北。虽年事皆长，无复当年英气；然劫后余生，故人相聚，情犹如昨。历此二十余年，天石则为学日益，为道日损，拙守抱朴，专志黄老之言弥笃。每相过往，常欲以其所注之《老子》巨著付梓为商。余意以方今之世，治老子之学者，汗牛充栋，各执一端，大多借题发挥，移己意而强作李耳之解，穿凿附会，已不胜扰。犹龙氏仅以五千言之作，赢得三年争端而未息，若使老子有知，必当大笑而走之。丈夫处世，立言之旨，何必尽傍他家门户。子昔所著之《世界伟人成功秘诀》，虽为游戏之作，一如子之平生好作戏语，但有补于衣养三十余年，亦足多矣。成功者未必皆为伟人，伟人岂皆为成功者。舍此以外，昔日子之所著《大君统治学》一书，蓝图构想，已足奋发今后代之民族精神，出奇制胜，此可当之。吾辈垂垂老矣，何必斤斤于学术之林，从事于寻章摘句之间哉！天石闻之曰："君之言善，乞为再版之序，亦以证数十年全交之缘也。"余以不文，唯故人之命，仅就其立言之旨，勉为其难而志其事已耳。

（公元一九七二年岁次壬子季秋，南怀瑾）

《侯璠教授诗词尝试稿》记

语称仲尼之圣，有"诲不倦，学不厌"之辞；书载传诫之殷，有"谦受益，满招损"之戒。绥远侯璠先生，字子兴。早岁卒业于京师大学，旋即从事教育者达四十余年，积其教诲之功，赞称门墙桃李遍海内外者，绝非虚誉。

沧桑世变之后，余与先生相识于避地海东。谨厚纯朴，从未见其有疾言厉色之辞。时先生执教于台湾师范大学，继又出任师大夜间部主任。一日，偶话人生情趣，余谓古之学者安排晚景，多以诗书自娱，超然物外者，其与垂暮投佛，或冀求生天者，迥然异趣，而其致又未尝不一也。先生闻之，自叹殊虚窃齿长，欲学诗词恐不易至。余则谓此道易学难工，何有老少之间隔哉！

于是先生即励志学诗，一如少年之勤奋，入室问难，执礼甚恭，每为之悚然动容。盖余于诗词，亦仅如野狐禅，岂足以规人于正哉？然先生择善固执，从不以鄙陋而轻薄视之，偶有随兴之作，无间风雨，辄驰送斟酌。当时，虽视为寻常游戏，孰知其积累成篇，迨今春退休之后，亦足蔚然可观矣。

今先生行将出国探亲，乃汇其习作之稿，嘱余以纪其事。谨为记曰：先生习诗之年，已届花甲高龄，兴至偶作，或数月一首，或经年数首，荏苒历十数寒暑，集成自己成帙。文字游戏，固无关于弘旨，而回首岁月，春梦婆娑，对此岂无惊喜之情哉！是为记。

（公元一九七二年仲夏，南怀瑾）

《李执中居士遗著》后记

余自卅八年仲春自京决计来台，途经沪、杭，遍访名宿，请介旅台学佛之士；灵峰寺住持巨赞法师独称李执中居士为学行相应，可资交游。自抵基隆，即访居士于要塞司令部之宿舍，从此风雨如晦，时相过从，清谈素履，忘情世务。

旋余迁居台北，居士亦退休林下，音问渐稀。一九六八年新正，山中禅席方散，余感风寒，卧疾蜗居，忽有电话告知，居士已病至弥留，忍死期待一面，乃冒风雨晦冥，力疾驱车以赴。时居士一息尚存，然不能作一语矣。唯俯其耳际，叮咛提撕，向上一着。余深夜方返台北。次晨，再接电话，居士已溘然寂化。复即抱病赴基，亲视委蜕。三生缘会，一别千秋，人间踪迹，云散风流，如斯而已。

居士知医、习卜、善书、能诗；持躬谨严如宿儒，律己淡泊如头陀。生平失之于拘，然终无惭于俭行，盖以拘谨而修善业者。处今之时，持德如君，足可风世。其夫人申补天优婆夷，系出名门，籍隶广西，曾在桂林佛教会为大护法。及随居士东渡，蛰居海天一角，含辛茹素，相依于贫困之中，恬如也。此皆得力于净业之力，方能不阿时尚，操持卓然。去岁过访寓居，谋辑居士遗著，余谓但得留传不在多，居士之志当不在此。夫人以补天之诚，守贫搏节以弥纶情天慧业，余当合掌赞叹，谨为之记。

（公元一九七四年孟夏，南怀瑾）

339

《李执中居士遗著集编》后记

　　人生际遇，缘会无常。余于民国卅七年冬至、卅八年新正，仆仆京沪道上，惶惶不可终日。因应方外友之邀，暂时歇脚杭州灵峰三天竺。斯时决计来台，不遑他顾。住持巨赞法师与余言，君赴台湾，当至基隆访李执中居士。其人为友足恭，且已先为函介。是年二月之杪，自沪抵台，行装颇卸，即驱车访居士于其寓庐。后二十年，居士撒手归寂，即终是寝处也。迨世局剧变，每当风雨晦明，辄相过从。越五年，余移居台北，尘劳阻碍，谋面日稀，居士公余之暇，间或过访，云山水月，言不及俗。一九六八年正月，余与同参禅侣，方归自山中，即卧疾蒙眬，寒热剧升。十一日傍晚，忽接基隆电话，谓居士病势转剧，状近弥留，忍死待余一面。此情此际，义不容辞。即冒风雨力疾驱车，直抵其病榻。斯时也，居士四大将离，无言相向，余唯俯其顶际，坚嘱护念。默察情状，离缘之时，在子夜之后，余因高热，无力自持，乃与握别而返。次日强起再赴基隆，即已人天判隔，吊临委蜕已耳。

　　余与居士相交二十年，知之虽深而不尽详其身世。其人节操冰雪，淡薄名利。微官服役，仅图温饱。不苟求也，不苟予也。平生笃志净行，信念如如。善书法，能诗文，且知医晓卜而少人知。卅八年仲夏，有友病黄疸风湿，医药阔效，诉苦于余。乃乞居士为之诊治，而居士切脉诊断，施以麻黄汤剂。余执方而疑，与之理论问难，其剖析病理用药之妙，迥异于人。乃依方投药，三服而愈。至于卜筮之术，偶或相与戏论，用之射覆屡中，然其韬晦不欲人知，类如是也。

夫人申补天居士，籍隶桂林，系出名门，昔日曾为广西佛教会之大护法。皈依道安法师。法师之莅台，实由居士夫妇奔走申请之力。此事余皆亲证其因缘者。夫人自归执中居士之后，粗衣蔬食，涤尽繁华习气，为循吏妻，为居士侣，恬如也；复为友爱抚孤，执鞭教职，晏如也。今距居士身后八年，虑君子之没世而名不称焉，含辛茹苦，奔走搜求其遗作而汇为一集。嘱志数言以附。余目睹其行，肃然恻然！合掌为言也：应以贤善优婆夷身而得度者，即现贤善优婆夷身而为说法。即斯之谓矣。是为记。

（公元一九七五年乙卯仲春于台北，南怀瑾）

重印《西游真诠》前言

小说之作存于中国古籍记载者，由来已久。自班固撰《艺文志》后，历来皆据其说，视为："盖出于稗官，街谈巷语、道听途说者之所造也。"桓谭则谓："小说家合残丛小语，近取譬喻，以作短书，治身理家，有可观之辞。"或赞或毁，各自秉其成心而判别其是非，如此云云而已。

元明以来，说部大行，寓言神怪而内涵理趣者，首推《西游记》。其书以佛家玄奘法师《大唐西域记》为射影，以元代道家长春真人邱处机《西游记》为命名，中涉儒家人事纲常之说及治心之义，神而化之，扩而充之，大及修齐治平之理，小至修真养性之方，靡不会陈妙义。书中人物真幻并见，然皆各有所托，如以猴王孙悟空喻妄心狂想之意识，猪八戒喻情识之愚痴，沙僧寄俱生我执之无可无不可，以龙马喻色力气化之奔腾，以唐三藏喻八识心王未登圣境之凡位。中杂以阴阳五行八卦之互动，与乎身心性命互变之处，息息相关。所谓九九八十一难之魔障，统皆以人情物理障道因缘为寓言妙喻。洋洋洒洒，较之《庄子·秋水》之化，尤有过者。唯在读者之神会慧解，各自得其意趣，则可废书返白，一笑会心。

但近代学者之泥于考证者，对《西游记》著者之说与议评者之论，各有讼诤。目前一般公认本书之作者，则为吴承恩。是耶？否耶？严格来说，仍是悬案。古人读书不幸而无所成名，心有所感，既不以学术求名而托意小说，聊抒胸中块垒，托之小说，生恐被士林大雅之所笑，避名唯恐不晦，何劳后人考据。据历来不经之说，认为著《西游记》者，乃一道士，为融会儒释道修真之理，而特别为佛家捧场而作。又说，作者即邱长春真人之门人尹真人。然皆难求其实据。但因此而有一佛门和尚，故作投桃报李之举而作《封神榜》，以为道家捧场云云。然欤？否欤？不可知，亦但存其说之如是。

此书议评，自清代以来，已有多家，如山阴悟一子陈士斌之《西游真诠》（康熙丙子尤侗序），西河张书绅《西游正旨》（乾隆戊辰序），悟元道人刘一明《西游原旨》（嘉庆十五年序），或指为论学之书，或指为谈禅、讲道之作，各出心裁，独具手眼，亦都自成一家之言。唯其中能融通儒释道三家修心养性之理，并及摄生锻炼之要，则取悟一子陈士斌之评述，较能得其要旨，由此领会，而登真之初阶，可操左券。

今因宋今人先生觅得其善本重印之嘱，特乐为之介而戏论其大略如斯。书中所说西天真经，以白纸无文字者为上上乘，有此一说，徒添葛藤，罪过！罪过！

（公元一九七五年正月，南怀瑾记于台北市）

343

《醉古堂剑扫集》介辞

　　戊午中秋，有叩关者，乞为《剑扫集》作介辞，强谓之曰：凡采撷儒、释、道之精神，作人生修养格言者，盛行于晚明季世，亦为衰世治心者不得已之作也。如吕坤之《呻吟语》，洪自诚之《菜根谭》等皆是类也。

　　若此著作风格，大抵皆滥觞于《世说新语》，掺以《颜氏家训》之要旨，思益世风而陶冶心术，如炎夏啖冰，可销热恼。于奔竞争逐中，偶过清净兰若，乍闻木鱼青磬，稍息尘劳，且效解脱语以自适耶。

　　然昔人撰此，辄为名教中人呵为魔外之言，实由宋、元以后，士大夫标榜经世学术有以垄断之也。故虽笔之成书，犹多隐晦方外，不得彰明于仕途。如洪自诚之《菜根谭》，陆绍珩之《剑扫》，终被遗弃海外，流落东瀛。迨清末海禁初开，方由邦人留学于日本者，发现而回流本土。近七十余年，学术出版自由，始得大行其道，良可慨也。

　　《剑扫集》之作者，生平隐约而未详考。观诸书序，及其首列诸书目，与审读者诸人名，应为晚明名士，盖亦淡泊世途而游于羿彀之外者。书称承平之作，而其间类集多有微辞。然则，所谓生承平之世而无事可为而为之者，实置有心用世于无心之地之遁辞也。

　　本版书序，倡刻于嘉永。嘉永者，日本孝明天皇之年号，当是清咸丰二年间事，亦即为德川幕府之盛代。彼邦藩镇跋扈，士心愤悱，有感而刻行此书，固亦有《剑扫集》作者之情欤！然集中警语，每多金声玉振之辞，足为治乱之法药，堪为承平之鞭笞，岂可视同《离骚》而已乎！

余所知囿于孤陋，所见如是而已。考证因缘，子自为之，将有以启我所不及也。仅此之介。

（公元一九七八年中秋，南怀瑾叙于台北）

序《中国工艺美术大师叶润周先生作品》

　　人生能特立独行，自求有所成就者，必须天才与力学并具，方有成就。无论文事武功，百工技艺，要皆不外此例。往古文人，谦称个人作品，常以雕虫小技为喻，此皆秉古昔社会阶级观点而作此说。殊不知雕刻手工，人人皆可作可学，而由技巧臻于艺术之林，其中实有玄阃，非深邃于道者，固不能达也。

　　竹片木头，大地普存之微物。刀钻斤斧，人类常见之工具。然当运用斧斤刀钻于块木薄片之间，使之变化成形，写影如真，若生物动态，栩栩然状死如活，忆昔如今，使人视之，糅往古时间于现在，簇十方空间于目前；为之动情，为之遐思，为之唏嘘惊喜而噫然叹息者，岂易为哉！

　　习此业者，初则视木犹木，执刀固刀，模拟仿造，绳墨尺寸，绘图画影，然后动手运刀，镌入于木；但犹毫厘千里，刻虎类犬，雕人如鬼，岂仅形非，神尤不是。如此，则视为木头竹片则非，视为山水、人物更不像样，莫不块然漠然，心丧而神伤，乃至失我惭世，隳裂人性。

　　然善于此道者，由此而观其天才，导之使其知所遵循；诲其力学，诱之而使其不自馁。终而有成之时，则视木块竹片而非物，斧斤刀钻而非器，凡心之所念，目之所视，盈天地之间事物，莫非我刀钻斧斤所刻造之影像而已。技而臻此，则乐而忘我，神而外物，视天地万物如一刻雕，人我是非皆泯然无为矣。此则所谓技而进乎道者矣。

　　吾乡素以黄杨木刻驰名世界，童年亦喜与业此者游。每视其作品，有刻宋诗之"牧童归去横牛背，短笛无腔信口吹"者，岂但童态如生，神情毕肖，即牛之巨眼细尾，毫毛纤显，触受入目，自亦不觉意态中顿现绿杨青草，饱暖无忧，众生平等，物我皆如气象。相对把玩，神与之驰。先严见之，每训之曰："昔人有言，良田千顷，不如一技在身，汝苟喜此，何如从师习艺，乐此为业，则将不虑他时温饱矣。"余闻而初轻其易，继思其难，自知天才力学，两皆不适，唯废然兴叹而已。

　　然而乡塾学友有叶润周者，幼名岩清。其人聪慧秀朗，温文尔雅，犹如处子，勤学尤过余。其先翁为一乡之贤者，长厚可风，且为黄杨木刻名家，余素所欣羡而敬重之者。自余不甘牖下，未冠之年，即负笈游学于外。继而迭经世变，国家多故，虽曾于抗日战后返乡，但亦来去匆匆，未遑重聚。及今五十余年，未通音问。然于三四年前，余自美东转旅香江，闻家人来言，方知润周已成为当代工艺美术大师，欣喜羡慕，不可言喻。复蒙润周念旧情深，不但为先严手刻木像两尊，且为我做浮雕影像一具。丰泽厚谊，愧无以报。今因其梓印平生作品，书嘱为言，岂敢再惜不文，藏拙不言。而每自况润周，实我所勿及。如润周者，天才力学，无负此生。今则老更精神，望重艺林。绕膝儿孙，光耀邦国。所谓天之报施善人者，实为自求多福之果也。若我则萍梗浮尘，好学而无所成名。壮岁以还，屡经层波迭浪而难求泊系。垂暮如今，则如鸟入浮空，犹难息翼。检点平生，回忆童年，自不期然而低徊膜拜工艺大师叶润周矣。叙此即为之寿。

　　　　（壬申季春一九九二年四月中旬，南怀瑾寄于海外）

《阵痛的年代》序

　　近百年来，中国之历史故事，言其大者，要皆乱于文化教育之根本方针，由此推而至于教育政策，与乎学府体制，则其根本已乱，而徒责其枝繁叶茂者，岂可得乎！如但因人论事，是则为春秋责备贤者之义，则滔滔天下，历百余年之历史人物，贤者其谁？恐屈指以数，不易多得。故曰：因人论世易，因世论人难。此二者孰主孰宾，左之右之，诚不易为言也。

　　余君传韬，世第名门，志操耿介，所谓翩翩浊世之贤公子者。而秉耿介之操，处浊世乱流之中，欲求特立独行，而有所为于挽时救弊之举，势必不易为也。但因缘时会不幸出而从政，则其蹭蹬曲折，亦理所必至，事有固然。吾识其人，方其青春鼎盛之际。迨吾行役海外，遨游欧美以还，睽违十有余年。近今把晤，即以其所著见示，并嘱为言。吾老矣！世乱目迷，谨举上言以赠，非所以塞责也。

（公元一九九五年乙亥初冬，南怀瑾）

重刊乡贤南宋第一状元
王十朋《梅溪先生集》前言

　　乙亥（一九九五年）腊月，接《梅溪集》重刊委员会主任王晓泉先生函，嘱为《梅溪先生集》重刊作序。初感惊异，继觉惭愧，再思为难。自"文化大革命"以后，传统旧学，几已荡然，此时此世，公然有人倡刊前贤遗著，初为惊异不已。平生好学，涉猎虽多，但于文字辞章固有自知之明，实难为前贤增辉。况《梅溪先生文集》，在南宋初刻，已有晦庵朱熹先生为序。历元、明至清末七百年来，学者推崇朱夫子为儒学之大宗师，余小子，岂敢作添足续貂之举，殊觉未妥，且亦惭愧。如依古文辞先例，为人书序，势须撷其平生及全集之内涵精要，而《梅溪先生全集》，我实未窥其全。且从其平生之学问、德业、事功而言，则先生功名，已为南宋第一状元；而先生之德行政绩，概详于晦庵之文，复何所言！况处今之世，用古文辞表扬先生，则我于古文功力不深，而以今人观之，亦徒似古人残唾，无足重轻。倘用语体文出之，似乎对梅溪先生不足恭肃。故为难再三，不能下笔。

　　迨丙子（一九九六年）初春，又得王氏后裔王祝光先生来函，言及其事。前年，祝光先生曾与其女公子雪莉合著《王十朋传》寄示，读竟，唯建议其应改书名为《南宋第一状元》，更为恰当。今又为《梅溪全集》之事有所举措，公案学案相关，再三延宕，似又不妥。于是，乃强起捉笔，不自惭拙陋，改序文为前言，庶免塞责之难。

溯我中国历史之养士，自三代至周、秦之际，姑不具论。爰西汉以来，自武帝时期开始，初建贤良方正选举制度，以及设立五经博士，重视儒学人才，而储为国用。东汉后，复有太学之建立，使儒家学术囿于王权政治藩篱，奠定基础而牢不可拔。从此历经魏、晋、南北朝至隋唐之间，约七百年，范围天下士子之智识才气，奔走于生活衣食，竞逐于功名官职，舍此之外，别无他途。

继而李唐王朝初建，唐太宗综合隋朝经验，建立考试制度以取士，诩称使天下英雄尽入我彀中，虽似踌躇满志，而容有骄姿之妄，要亦并非虚语。唯初唐考试取士，旨在变革自两晋以来至南朝六代之间，辞章奢靡、言不及义之弊，但仍未完全脱离词赋文华之习。故中唐以后，势之所趋，而有韩愈、柳宗元辈提倡文学变革，注重文以载道，言以达理为宗，因此而形成唐、宋以后中国文言文之风尚。实则，所谓古文者，即等于唐代以来之语体，稍加文字理则之排列饰刻而已，并非矫揉造作，别有复古于周、秦以上之趣。故唐代士子因考试而取进士之畴者，固皆首重韵文之诗赋，形成有唐一代四百年来之诗律风气。文章体裁，大致皆步趋于韩、柳格式为尚。柳宗元推崇韩退之，后如苏轼誉愈，则有"文起八代之衰"，另如"一言足为天下法，匹夫而为百世师"之赞，亦非徒为虚颂而已。然由考试取士而一登进士之榜者，其一甲首名，唐人俗称为状头，即为后世所谓状元公之始。

从此唐末五代乱后而至于宋，考试取士之制，一如唐代而稍有损益。初在北宋时期，有十科取士之法，但随时复有变革。至宋仁宗时代，又有意废置明经学究等科，进士并罢诗赋、贴经、墨义，但各占治五经中之一经，兼以《论语》《孟子》，每试四场。初本经，次兼经并大义十道，次论一首，次时务策三道，其大略如此。又明诏建立诸州、府、军监以及县学，即以孔庙或县官屋宇为学校。仁宗临政四十一年，所擢贤良方正杰出之士多人，如富弼、张方平、苏轼（东坡）兄弟等，后来皆为一代名臣。然而遭逢时势，有幸与不幸，诚如苏轼所言："其志莫不欲举明主于三代之隆，其言莫不欲措天下于泰山之固。大则欲兴礼乐以范来世，小则欲操数术以驭四夷。然进有后先，名有隐显，命有穷达，时有重轻。""虽曰功名富贵所由之途，亦为毁誉得丧必争之地。名重则于实难副，论高则与世常疏。故虽绝异之资，犹有不任之惧。"

后至宋神宗时代，重用王安石，甚之，考试取士所用之经义，《论语》《孟子》等章句，都明令取用王安石之注解为是；一如元、明、清七百年间，四书之注解，尽以朱熹之说为准。幸而梅溪先生，生于王安石之后，卒于朱晦庵之先，其学主治《春秋》，以致君德为旨，以纯臣之道自处，故终其一生，并未卷入南北宋政治学术之党争，岂非得天独厚，大有幸欤！

我自束发受书，即嗜好史书，然每读两宋历史，既喜其文治之光华，而又憾其三百年来鼎折足之局面。壮岁抗日军兴，虽戎衣行役，而箧中犹未离史册书籍。当此之时，为时势所刺激，常取《宗泽集》、辛弃疾（稼轩）《九议》及其《美芹十论》读之，藉以了解南北宋国破家亡之故。即依孔子著《春秋》之义，大胆下一定论，认为南北宋三百年间之宋朝，并不足为中国之统一王朝，只能承认其为历史上之第二南北朝而已。尤其自康王赵构仓皇南渡，泛海到浙江，栖栖皇皇，反复趋避于定海、温州之间，最后，勉勉强强定都杭州而即位为帝，是为南宋高宗。

当高宗之初立，即如北宋时期赵宋先祖之量，不以规复中原、统一中国为职志，朝野皆以迎回徽宗、钦宗二圣为号召，尤使高宗心悚不安而难宣之于口，故在建炎之初，即起用秦桧为相，即已内定和议苟安之策。迨帝位政权稍安之后，即又改年号为绍兴。数年之间，民族忠臣李纲罢相，宗泽忧愤而死，曲端屈杀，韩世宗避隐西湖。又于绍兴十一年示意秦桧而公然冤杀岳飞，使敌国快意而置朝野痛哭于不顾。故梅溪先生有"斩奸盍请朱云剑，射敌宜弯李广弓"之句，或为此时之作。然高宗却师法其祖先真宗遗风，大力提倡文治，以安定人心，牢笼天下智士而杜其悠悠之口。即诏理学名儒程颐直龙图阁，复置贤良方正直言极谏，置博学宏词等科，再又恢复北宋时期元祐十科取士法制。又亲写六经，刻石于太学。其时，南宋之太学，并不同于汉代之太学，更不同于现代之大学，实为帝王朝廷直接领导之人才培养及研究机构。且太学学址，即用岳飞故宅，诚为历史上绝代之怪事。绍兴十三年初立太学，十五年冬，正当梅溪先生三十四岁之壮年，得赴补太学，应为极一时之荣幸，岂独乐清一邑或温州一郡之庆喜而已。但以人情遥测，恐梅溪先生当时心境，伤时感事，必有难以于言。后世学者读先进文史，应于此等处别具只眼，方不负梅溪先生之志学，不仅以状元之冠盖概先生之生平而为足也。例如，前人有咏南宋末期文天祥兄弟之诗，以大庾岭梅花为喻云："一树梅花有两般，南枝向暖北枝寒。笑他北去留承旨，也是南朝一状元。"

梅溪先生三十四岁自赴补太学以后，功名蹭蹬，并非一帆风顺，此尤为学子应所惕厉，当效法先贤，决不奢望年少即春风得意，躁进冒率而自负平生。先生赴试，赢得状元时期，已在高宗绍兴二十七年，先生之年，亦已四十有六。此为高宗亲自主持，策试进士朝廷之上，以示考试公正。先生当时对策万言，御策亲擢第一。高宗又诏：王十朋系朕亲擢第一人云云。即此已明白表示王十朋是我天子门生，状元第一。师生如父子，况且又是君臣，当然应深体尊长之心，不可随他人同流合污，主战而不主和议政策。后世治学读史，应从此等处一觑，看破高宗当时权术，只此一着，即使梅溪先生后来岁月，但能做一纯臣，为官清正，为民尽职治事，而难违背君师意旨，诤议国是，此其心志，当更有难忍能忍之隐矣！后来曾为孝宗尚在储位时讲学，俨然师傅，而自古身居宫廷政府高层决策之间，事关秘勿之机，尤其更难率真，先生当有如北宋名相晏殊之心声"无可奈何花落去，似曾相识燕归来"之慨乎！

迨绍兴三十一年，先生已任秘书省职，乃可正式参与朝廷大政，审度时势，举国臣工，久已习于宴安，绝口不言规复之计。适因高宗与朝臣个别轮流对话，先生即乘机提出，与金人和约决不可靠，力陈备战之要，且建议起用张浚、刘锜等将领，布置防御兵备。其时宫中府中，君臣师生如何对话，事关当时战略机密，其详已不可知，而高宗却因而感悟，一反以往作风，似有备战勇气。但先生即遭遇当局及同事官僚极力反对。古今中外，高层政治权力圈内，往往比仇敌战场更难应付，此即东坡所谓"琼楼玉宇，高处不胜寒"之叹。于是先生决心辞官去职，而高宗尚不批可。最后，勉强调职管理赵家皇族主官，即所谓大宗正丞，因此职位仍可随侍皇帝左右，便于咨询。而先生终不安于其位，再三求去，乃得主管台州崇道观，史载时在五月十八日去国，即此一重要公案。崇道观者，乃道教庙宇，宋代名臣退休，每每得管僧道庙宇，坐领养老退休薪俸，等于现代高级领导官员，退休出任某某公司董事长，同是一样作为闲散之人，是亦古今同例，未免哑然失笑。例如北宋苏东坡，即终老于成都玉局观，其余名贤，有不胜枚举者矣。

自先生去国之年冬季，金主完颜亮南侵，宋高宗拟亲征之岁。当是时也，完颜亮骄妄狂悖已极，视南宋可一举而亡，犹如今世抗日圣战，日本人初拟以三个月之期，即可亡中国，等同一例。完颜亮曾有诗曰："万里车书尽混同，江南岂有别疆封。提兵百万西湖上，立马吴山第一峰。"孰料金兵南下，即遭遇虞允文防御长江之战，而使金兵大败于采石，完颜亮趋走扬州，终因部下叛变而丧命。此即南宋高宗立国以来，历史上最有名之采石之战，也即是书生报国，虞允文永垂史册之公案。史载：战后，虞允文谒刘锜问疾，"锜执允文手曰：疾何必问！朝廷养兵三十年，一技不施。而大功乃出一儒生，我辈愧死矣！"我辈今读历史传记，仔细用心，即可知采石之捷，虞允文一书生而立功于千古，而忽略南宋第一状元王十朋，事先力劝高宗备战之预策，殊不知运筹帷幄与决胜千里之功，始终出于两书生之手，洵为奇迹。

采石捷后，即梅溪先生去国之第二年，亦即绍兴三十二年，高宗禅位于孝宗，号称太上皇而颐养天年，此亦历史上宗法社会王朝最有趣之故事。因南北宋三百年来之赵家天下，初由宋太祖赵匡胤与其弟赵匡义创建王朝，兄弟二人，秉赵母遗教，做皇帝应兄终弟继，永垂法式。但宋太宗赵匡义继其兄之后，即违背母嘱而传位于本系子孙，直到高宗无子，始以王位传授于太祖赵匡胤一系七世孙，是为孝宗。古人讲儒学，主信宗法社会之孝道者，视此非人力可强求，而难以思议之法则，固曰天命矣。然孝宗赵昚（本名伯琮）终身奉侍宗叔太上皇之高宗，极尽孝道，尤胜亲生，此史册谥号称孝宗之谓孝也。梅溪先生，曾于孝宗初立为王时，奉命传习诗书，故孝宗即位，即重召先生复起，嗣后历各职，均见于先生本传及年谱。是年，亦即史载山东人耿京起兵复东平，遣其将兼书记辛弃疾（稼轩）渡江来朝，朝廷并未起为重用，后来即永留在南宋，徒使一文武兼备之才，立志规复中原而终难遂愿，却以词人名世，永为后代文坛景仰，抑何可叹。

当孝宗继位初期，梅溪先生之再度出山，仍然反对和议，主张用兵而清复中原，且再荐张浚，但因有符离挫败之事，张浚被贬，先生亦自劾再度去国。以后虽亦有出任方面，大致已见国事之不可为，常示谦退，其遁世无闷之思，仍不忘情时事。由此以观，终梅溪先生一生之立身出处，所有抱负经纶之才，皆因高宗曰"此朕亲擢第一状元"之语，而被困于谨严恭肃之行，贞守于纯臣循吏之间，难展所志。先生世寿六十，可谓其操心也危，其虑患也深。而高宗则终以太上皇之身，得遂其优游岁月，无所用心，却迟于先生十四年而崩。生于帝王封建之时代，居人臣之位，诚非易为也。

以上因为重刊《梅溪先生集》而作此说，是欤？非欤？但述我之所见而已，不足为训。而生当梅溪先生时代，亦即南宋王朝在杭州建都之盛，因梅溪先生为第一状元，使人联想其同一时代在历史上各有千秋、各有成就之人，不胜枚举。理学名儒如朱熹、张栻（南轩），著作如吕祖谦（东莱）、杨万里，词章如范成大、辛弃疾（稼轩）等等。人才辈出，蔚为奇观，此亦两宋王朝特别注重文治，尊重文人之结果，实有可观。此外，如后于梅溪先生时代之诗人陆游（放翁），同于先生时期之女词人李清照，统如牡丹绿叶，互擅胜场。或如谚所云：世乱才多，固有所以然乎！后起之秀，研读先生文集，放眼当时人物，应别有理解之处。至于故乡父老相传，梅溪先生乃雁荡一高僧转世之后身，人或不信，我则疑肯其说。身前身后事茫茫，三世因果之理，智所难详，先生有知，亦但为之莞尔云耳！

（丙子一九九六年清明，后学南怀瑾叙）

医病家之身，更医病家之心
——序《悬壶看人间》

古人云："不为良相即为良医。"此为中华文化中之名言，良相良医并列，皆为济世救人的高行之士。

本书作者朱迺欣医师，原在美国行医，为脑神经内科专家，因研究卓有成效，蜚声国际。旋由台塑企业领导，坚邀再三，始以乡梓为重，于十几年前返台，主持长庚医学院脑神经内科重任。

迺欣医师，于数年前某日，偕同好友陈定国博士来访。初识其人，温文儒雅，谦恭好学，因其在西医领域中已颇有成就，即建议其对中医哲理加以探索，必能相互辉映，光耀杏林，造福苍生。未几获悉，其已前往厦门大学中医学院研究，其虚心好学精神，令人感佩。

尤有胜者，其人不但医学上乘，文艺修养更属一流，举凡说医说理，散文小品，皆温馨感人，清新可喜，读之令人心神畅然，在自然随意中欣赏而收益丰盈。

又因其人，除学术专业外，兼重心性之学，尤重个人之修养，近年更涉禅宗之学，种种因素，或就其高超品德，仁人爱物之风格，在医事日行中，岂但医病家之身，且更医病家之心，诚古人之谓良医也！

本书各篇，谈医则深入浅出，小品则隽永亲切，篇篇引人入胜，欣闻集印出版，故乐为之序焉！

（公元一九九七丁丑年秋于海外，南怀瑾）

《华夏人文地理杂志》献言

人文地理，乍看好像是一个新型的名词，其实，它是人类文化中久已被人忽略而遗忘的学识，尤其在中国的传统文化中，早在秦汉以前，已经特别重视。即如儒家传统经学所谓"群经之首"的《周易系传》里，便已提出"方以类聚，物以群分"人文地理的纲要。演绎言之：从地球物理的时空方位来讲，人文和生物，在不同的时空方位，便有不同的生态，然后才有一群一群不同种类的文化形成。因此，在地球上有南北东西，五大洲，山川海陆，配合经纬度寒温变化的各各差别，形成人类种性等生活习惯人文文化的异同。

其他如《山海经》《水经》《博物志》这些古书，只从单一角度去研究，好像都属于地理或生物的著作。其实，这些典籍中的内涵，早已具有人文与地理关系的精蕴，说明人杰地灵，或是地灵人杰等人文地理的缘故，只是被后世所轻易忽略，未能深入开发。

至如明末清初，顾祖禹所著的《读史方舆纪要》、顾亭林所著的《天下郡国利病书》两种，更是具有人文地理的内涵巨著，可惜一般人因为它是古籍，而且又缺乏现代社会科学以及生物学等珍贵图片，无法深入研究了解，反而等同故纸，实是糟蹋前贤的精神。

王苗与我相识多年，尤其是他的夫婿何迪，都是现代学术界的精英，平常他们伉俪和我过从，间或谈到人文文化衰落的问题，便有无限的感慨。而且我对王苗三十年来"行万里路"，针对"读万卷书"的珍贵图片，更为钦佩，经常怂恿她出版，以供学术界的研究参考。现在她果然不出我的期望，联合共同有志和有兴趣的同人，创办了《华夏人文地理杂志》，为当代学术界首作贡献，故不揣迂拙，略述所思，以应所嘱。

（公元二〇〇一年一月，南怀瑾）

《袁晓园的故事》序

　　袁晓园女士，生于二十世纪之初，八国联军侵华之后。因其祖上及外祖，皆为有科举功名之文士，晓园随之亦自幼喜爱诗文，并在学塾受业，接受传统文化之熏陶，诗书画均造诣不凡。

　　婚后曾经夫婿多年病缠而逝之痛苦，终能力争上游，发奋图强，而能在法国巴黎大学完成学业，并再次完成婚姻。

　　回国后，值抗战军兴，与夫婿叶南投身抗敌救亡活动，越数年，由外交部指派赴印度任外交官。

　　日本投降后，复员南京，与国民党元老吴稚晖并列当选为江苏武进国民大会代表，参加一九四八年国民政府制宪工作。后虽随夫婿叶南工作旅居英、法、美各国，但开始致力于中国文字之改革研究，廿年如一日，并在纽约联合国总部任职。

　　七十年代中，落叶归根，返回北京创办《汉字文化》杂志，积极投入文化及文字的研讨及推广，发起海峡两岸共同努力。在此同时被聘为全国政协委员。

　　晓园女士连续多年，发表有关文字改革及文化方面的文章。曾印行有《袁晓园文集》等，对唤起传统文化之觉醒，贡献颇巨。更提倡"识繁用简"，以求调和繁体字与简体字之间的矛盾。

　　晓园女士的书法，以米南宫为基础，而自成一体，潇洒有劲。晚年仍然悬肘而书，功力不凡，且有求必应，广结善缘。

　　综观晓园女士一生，因幼受传统文化之陶冶，而能"苟日新，日日新，又日新"，积极求进步，秉持忠厚之道，仁人爱物之胸怀，忠诚国家民族正气之心，此无他，盖皆受数千年传统文化熏陶之力也。

本书作者刘雨虹，才识并茂，其一生之学历经历，均甚奇特，且与晓园女士情兼姑娣，相知甚深，故能描述详尽而深入，读之有趣而感人。

值此特殊时代，人心不古，外加世界他方文化之冲击，发扬传统文化对国家民族之进步极为重要。如有更多如晓园女士之文化抱负者，共同努力，则中华幸甚，自不待言。

（公元二〇〇四年甲申十二月，南怀瑾序）

为《世间人》叙言

世间人、人间世、人世间，这是以三个个体中文文字构成的三个词句，从表面看来，似乎完全一样，但从中文文字学的逻辑来讲，它的主题与附属的涵义和境界，却又完全不相同。人间世界和人的世间，都是以人为主题，世间和世界，只是附属于主题的时空表态。至于世间人，则以时空环境为主题的境界，以人类的人事变迁活动为主题的中心，亦即中国传统文化所说的"天地人"谓之三才，是以人为天地间的轴心之人文意义。

但何谓世间？何谓世界？唯在佛学中特有演绎归纳的逻辑涵义，最为精到。佛说世间这一名词，它包涵有时间性的过去、现在、未来的三世间；同时又有"器世间、国土世间、众生世间"三个内涵，甚之又外加一个"圣贤世间"，共为四世间的定义。所谓"器世间"，是指物质的世界。"国土世间"，是指地球上的各个土地、人民、政权所建立分列的国际。"众生世间"，是指人类和物类的群体存在。至于"圣贤世间"，是另从人文意识，或哲学和宗教的观点，特别设施的一词，应该另当别论。

由此而知中国文艺中常用的词句，便有"林林统统，芸芸众生"的名言出现，实亦概括由繁而简的文艺美术用词，用这八个艺术的形容词来说明世间众生相的错综复杂，美和丑，长和短，大和小，一概归之于美学的范畴而已。

然欲在此上下五千年，纵横十万里的全球世界中，试用文字或绘画来记述，或说明"世间人"的演变经历，简明恰当，并非易事。我认识王苗女士夫妇多年，每于茶余饭后，面对这一双贤伉俪，闲话家常。王苗每常出其多年来行万里路，自行摄影的艺术照片，借以说明她曾亲自往返丝绸之路，以及康藏高原，乃至海内外等地的经历，对于古今中外"人间世"的演变感喟，足以发人深省，启迪遐思不已。是以在其创办《华夏人文地理杂志》，及出版《世间人》以飨学者和同好之际，即为叙其缘起如此云尔。

（公元二〇〇一年岁次辛巳初夏，南怀瑾）

《传家》小言

二〇〇九年初冬，国际知名建筑师姚仁喜偕夫人任祥到来，遇其同门登琨艳在座。登琨艳亦为享有国际盛名之建筑师，彼此适得其会，谈笑风生，讲说现代文明与建筑问题。正值此时，任祥取出她平日所作《传家》书稿，含蓄地说，请老师过目指示，且说明自己多年来光阴并未虚度，想为社会文明与中国文化作一点贡献。

我一边翻阅，一边颇为惊讶。目前大家都觉得社会风气大有问题，中国人的生活方式，亦正处于不古不今、不中不外的转变之中，大家莫衷一是。任祥是世家名媛，她的父母是我老友，皆为台湾当时政治、经济、文化界的名人。她关心世事，为保留传统文化、中国人生活起居部分习俗，以及启发后辈少年儿童鉴古知今、继往开来的知见，撰写此稿，甚为难得。她生长在二十世纪中期以后的台湾，亲受家庭影响，在时代的剧变中，因感受中西新旧文化的激荡而不安。

台湾号称宝岛，在我幼年时期的心目中，只知道它是海外名山，蓬莱仙岛，可望而不可即。推溯十七世纪中期，明末清初之际，郑成功率领全国各地豪杰及不愿做贰臣者，进驻台湾、澎湖，因此二百余年来，尚能保留中国传统文化与各地生活的习俗。及至二十世纪中期，中国的局势掀起空前未有的变量，导致全国各界人士及文化精英迁移台澎，这是又一次中国文化在台的汇流。由于历史上这两次的文化总汇，虽不尽能代表中国全体各民族的传统生活习俗，但也具体而微，足以代表中国文化于一隅，其中包括了客家文化、八闽文化、瓯粤文化等遗风，这些大致都脱胎于河洛文化的古风。

任祥生当此际，并不热衷追逐富贵荣华，而能做出一般人漠不关心，而却与中国人生活最为切要的大事，极为可钦可佩！故喜为之介。

（公元二〇〇九年十二月岁次己丑初冬，南怀瑾）

《吴山点点幽》前记

　　《吴山点点幽》由记述与摄影到编排，统自一人一手之作。换言之，乃个人业余公暇，寄情于山水风物之间，借以潇洒胸中块垒之抒情作品，大有可读可观之处。

　　余少时蛰居乡村书屋，心喜山水而身懒游乐，偶取《徐霞客游记》读之，旁观名家山水画本，疑假疑真，游心物外。虽家近雁荡，而终身未尝登临。古人有言："欲画龙湫难下笔，不游雁荡是虚生。"其然乎？其不然乎？

　　壮年因国难战祸，亦曾戎马倥偬，行脚名山大川，尤其如澜沧江、怒江、玉龙山等，以及蜀山剑水，尽日所见，多是"山从人面立，云向马头生"之境。处此情怀，遥想吴山浙水风光，如昔人所作"红似相思绿似愁""三生花草梦苏州""儿家门巷斜阳改，输与船娘住虎丘"艳句，俨如隔世。及之亲到苏吴，反而望望然顾而却步，深恐被此丘原山壑之幽雅，勘破梦思。

　　今自得观《吴山点点幽》之作，具有"云里烟村雾里山，看之容易作之难"，尤似亲临，岂非幸甚！何况其中有"神仙堕落为名士，菩萨慈悲念女身"之胜因，更为难能可贵，故乐为之记。

　　　　　　　　（公元二〇〇七年六月丁亥初夏，南怀瑾记于春申）

《鸿踪照影》前言

溽暑晚来，雷电风雨交至，老少同修于霓虹灯影中，闲话山谷诗："桃李春风一杯酒，江湖夜雨十年灯。"并及东坡《和子由渑池怀旧》诗："人生到处知何似，应似飞鸿踏雪泥。泥上偶然留指爪，鸿飞那复计东西。老僧已死成新塔，坏壁无由见旧题。往日崎岖还记否？路长人困蹇驴嘶。"以及其出郊寻春诗云："人似秋鸿来有信，事如春梦了无痕。"

时值《吴山点点幽》作者杜国玲到访，言请为《鸿踪照影》书序，即此现成公案点题，一切唯识，是为之记。

（二〇一一年辛卯长夏于太湖大学堂，九四顽童南怀瑾）

《休恋逝水》序

在历史潮流大时代中，常出现特殊的人物。他们个人的事迹行履，与社会牢不可分，相互影响。时代的磨难，突显了这些人的高尚情操，在混浊的社会洪流中，他们灵光独耀，这正是中华传统文化灿烂的一面。本书主人翁顾正秋女士，就是大时代中这类灵光独耀人物的代表。顾女士是京剧艺术界的顶尖人物，她数十年来对戏剧的奉献和成就，以及时空转变时代，她对戏剧的贡献和努力，早被剧艺界肯定并列入史料。

顾女士艺质天生，扮相华丽，嗓音净妙，童年入行，早岁即展露艺术家的不凡禀赋。来台后被誉为梅派青衣祭酒，多年来，实无出其右者。有关其艺术造诣，自有行家论述，而吾欲言者，乃从知其人到识其人的卅余载中，顾女士的可珍德范。

顾女士出身平实农村家庭，特殊因缘进入艺校，十几岁已声名远播，廿岁组团来台，正值非常时代，戏剧生涯光彩夺目。此后婚姻家庭遭受波折，乃有莫须有家难，夫婿系狱三载，惊心动魄，而顾女士于数年艰危中，志不改，情不移，实非"难能可贵"可足形容其品格之高超。后并与夫婿胼手胝足，共同奋斗，不走捷径，不改初衷，始终如一。放眼天下，才艺之士，兼具此美德者，实不多见。任先生弃世后，顾女士独立抚养儿女成人，并提携剧界后进，为艺术未尝稍懈。

顾女士的艺术生涯及成就，是戏剧界的重要资料，更是大时代中人与社会的历史章节；但顾女士的人文精神，坚忍不拔及忠孝节义的情操，更令人击节赞叹，质之古德，亦必云"吾道不孤"了。

本书内容，言剧艺则包罗万象，慨人生则感人落泪，其人其事，较之《锁麟囊》剧中主角的曲折遭遇，更有过之。人生即戏剧，戏剧即人生，佛说："应以何身得度者，即现何身而为说法。"顾女士迨亦佛乘中人也。读其书者，当有知音，是为之序。

（公元一九九七丁丑年秋于海外，南怀瑾）

《中国资本论》序

尝观芸芸众生，无不以食色为性，以达个体自我保存与种族繁殖的目的。而人类行为之所以不同其他动物者，则除具有较高的灵性外，还有复杂而强烈的名利动机。而人类的食色名利种种行为，无不与经济活动息息相关。远古人类经济活动的文献固不足征，但就中国史实来说，仰韶、龙山等文化遗址，即出土大量农业生产工具；相传为夏代历书的《夏小正》，更说明了当时已具有农业上观象授时的天文知识。从商代甲骨文中，更可看到许多祈年、求雨及商王督耕的记载，显示当时农业的发展情况。值得注意的是，从商代开始逐步发展起来真正的商业活动。很多史家即认为，古代从事商业活动的人之所以被称为"商人"，即与商代商人的擅长贸易有关。但明确实行重商政策的，应从周代算起。据《逸周书》记载，周文王所发布的"告四方游旅"，即提出许多促进商机的措施。到西周末年，郑国从西方向东迁移时，即有部分商人跟着离开关中，与郑人一齐辟土建国。从《诗经》中的"如贾三倍"，更反映出当时已有不属官府的独立商人。

到了春秋战国时期，各地农工特产与手工业产品，已随着商业的进展，而互相流通。如何发展商业更成为各国谋富图强的重要施政。除了币制的改革、道路的开拓外，各国还纷纷制定商业保护政策、对外贸易政策，以促进本国经济的发展，还建立了商税、市税、关税体制，并对盐铁等重要民生产品加以行政干预。这个时期也出现了专业性的自由商人阶层，如春秋时期的弦高、范蠡、子贡等，战国时期的白圭、郭纵、巴寡妇清等工商巨子。他们是商代以来，富与贵开始由合而分的典范，这时，政治地位已不再是经济地位的绝对保障。富者虽不一定具有较高的政治地位，但却可以具有较高的社会地位，而极受尊重。而在这时期兴起的所谓诸子百家之中，开始探讨经济与政治的关系，例如，孔子所说的"不患寡而患不均，不患贫而患不安"，孟子对于"井田"理想模式的描绘，荀子所提"节用裕民"的"足国之道"等等。当然，保存最为丰富的经济思想的，要推《管子》一书，现存七十六篇中，即有三分之二以上涉及经济思想，影响后世甚为深远。

在这时期，值得注意的是，从重商到重农抑商的转变。商周以来是实行重商政策的，在春秋时期，郑桓公还同商人订立正式的盟约。至于齐国，从姜尚立国以来，即以"通商工之业，便渔盐之利"而闻名；到了齐桓公任用管仲为相，更是大力推行重商政策，取得重大成果。但到战国时期，却逐渐失去重商的倾向，而以发展耕战为主，重农思想逐渐受到重视。首先魏国的李悝制定了"尽地利之教"和"平籴"政策，对农工商经济的发展加以控制。接着秦孝公任用商鞅实行变法，制定"耕战"政策，严格限制了商人的活动。这种以农为本，以商为末的思想，就体现在《吕氏春秋》《韩非子》等书中。

从秦汉统一中国以来，历代主管财经政策的，不外乎在重商或重农的沿革中，有所损益而已。不过，基本上还是重农抑商占优势，直到清末，知识分子才较有普遍的反省。例如，薛福成即指出《大学》"平天下"一章，半言财用，以及《易》所说"乾始能以美利利天下"，可见圣人不讳言利，因此而慨叹"后世儒者不明此义，凡一言利，不问其为公为私，概斥之为言利小人。于是利国利民之术，废而不讲矣"。郑观应也叹息国人士大夫"积习太深，不肯讲习技艺，总以工商为谋利之事，初不屑与之为伍。其不贪肥者，则遇事必遏抑之；唯利是图者，必借端而朘削之。于是但有困商之虐政，并无护商之良法。虽欲商务之兴，安可得哉"。其他如康有为、谭嗣同、严复、孙中山、章太炎等人，也同样呼吁回归到注重工商的政策。

而中国自结束清朝政权，历经诸多外侮内乱，终告底定，进而改革开放以来，已取得扶贫工程的初步成果，部分实现了孔子所说的"和无寡，安无倾"。至于如何做到"均无贫"，进而达到管子所说的"知礼节""知荣辱"，则正有赖凝聚全国上下的智慧与努力。

台湾经济学者魏萼教授，也正是本着这份中国传统知识分子"经邦济世"的心怀，多年来时过舍下，总以如何使中国经济发展得更茁壮为念。尝告以春秋战国时期，有若今日国际的缩影，其间如管仲等人的财经政策和学说，在贸易全球化的今天，殊须加以研究。至于司马迁的《平准书》《货殖列传》，以及自《汉书》以后各代史籍的《食货志》等文献，也都需留意，以"通古今之变"。并示以个人对中国未来政经文化发展的前景：中国文化的精神、社会主义的福利、共产主义的理想、资本主义的管理。而今魏君以所撰《中国资本论》书稿前来求序，难辞盛情之下，略抒所感。至于该书广征博引，从中外经济学说的演变，来分析近代中国所面临的政经处境，并旁征日本、犹太诸民族的经济发展经验，以寻求再造中国经济的"汉唐盛世"，可说立意宏远，足以发人深思，而其关切国家民族之情，更溢于言外。至于如何从中取精用宏，则有赖读者慧心，善加抉择了。

《心影留踪》序言

　　弘宗师原名体悟，是年轻出家的尼法师。十六岁即考入大学读本科，毕业后入世工作几年，而后毅然出家，精修律仪，参究禅观，多年不懈。

　　数月前，友朋们一起闲谈，说起研究佛经，首要从理解古文入手。而百年以后，白话文盛行，古文修养薄弱，开启古籍古文宝库之钥匙，几近丢弃。席间，弘宗师谈起自己披剃之前，无师自学时期，喜读古文，有感而记文章数篇。友朋们闻阅之余，纷纷赞成出版本书，作为青年人研读古文之参考与鼓励。故而结集付梓。

　　实为之记。

（九四顽童南怀瑾，辛卯孟冬
公元二〇一一年十一月于太湖大学堂）

《桑尼系列研究》总序

自从二次大战以来，世界上发生了太多的变化，国际间交往更趋频繁，相互竞争牵制。先是犹太人战后在中东地区建立以色列国，后来发展成严重的中东问题。二战后，非洲的殖民地国家，都脱离了白人的统治，宣告独立自由了；只不过，自由却带给他们贫穷疾病和更多的问题。

欧洲在二战时受创极重，经济上困难尤甚，有远见者不久即开始研究整合欧洲及欧元的发行。由于美国参加作战，美国富有，美国出头了，语言文化也随之而来。好莱坞的电影、美式牛仔裤及快餐，逐渐风行全球。传统以法文为国际契约的习惯，也渐渐用美式英语取代了。

亚洲受美国影响更大，占领日本，改造日本，韩战越战，美国试图掌控全世界。

战后科学的进步和新发明，如电视、计算机的普遍化，民用航空的发展进步，使地球上的国家都成为近邻。医药的大幅改进，人口的增长，使竞争更加激列。加上人类登陆月球的壮举，核武器的发明，造成国际间的互动更为复杂。

不论世界如何发展和变化，关系人们存在和生活的，基本上仍然是文化经济问题。

中国在闭关二十多年后，终于开门面对世界。中国的发展改变了与其他各国的关系，国际的平衡也产生更多的变数。在自我奋斗和发展的过程中，中国遭逢的问题，较之其他国家更加复杂。她目睹了苏联共产制度解体，面对自身文化的何去何从，以及经济制度的方向等严重问题。

在各种严苛的挑战下，中华民族，像以往一样，总有许多知识分子，怀抱为祖国打拼的热情，运用智慧，研究问题，提出分析见解，扮演着智库的角色。

在这些知识分子之中，有一个名叫王小强的学者，多年来投身研究工作，发掘问题，提出解决方案。

在一九九三年春季，老友许鸣真先生自北京来香港相叙，同来携有王小强君，许老特意介绍，慎重托付，望予照顾指引云云。

我见小强，挺拔强项，大有不合流俗的器识，俨然一士谔谔的风格。但世俗中岂可或少这样一类特立独行的人物？当下便欣然接纳。

小强自一九七九年开始，投身中国改革的调查研究。一九八九年赴美，先后就读于克罗拉多州立大学经济研究所，以及匹兹堡大学公共管理及国际事务硕士研究班；以后再赴英国，在剑桥大学得到政治与经济系博士学位。

小强对经济问题有深入的研究。经济问题因各国文化背景不同，时代不同，实行起来各自有别。人们都知道美国自称为民主国家，但是，早有学者及有识之士指出，民主是一种救时之方剂，正如庄子所谓："仁义，先王之蓬庐也，止可以一宿，而不可久处。"一个国家的社会体制，只能适用于自己本国，输出到别国就会水土不服而变调。经济政策也是如此，各国只能依照自身的特点，调整适合自己的经济政策。

小强后在香港的大学机构继续研究工作，并成立桑尼研究公司。他全力以赴，孜孜不倦，他的文章和著作，发表于中外许多杂志和文献中，现在经过整理汇集，陆续印行出版，在出版的一系列书籍中，有《再造一个香港》《"文明冲突"的背后》《摸着石头过河》；还有其他人物不同角度的探索。

小强的文章言论每有意气。其实，一个有抱负的青年，有感而发，大多有这份习气。这正如宋儒辛稼轩所说："昔越王见怒蛙而式之，曰：是犹有气。盖人而有气，然后可论天下之事。"以此观之，亦可为之展颜了。

近年来，小强留港时间较久，对香港各方面都加深了认识，希望香港能更加进步，生活美好。尤为难能可贵者，王君自从由欧美归来，除政治经济问题外，也着力于中华历史文化方面的研讨，融合东西文化，视野广阔了。他锲而不舍地努力，提出所知所见，目的无他，企能引起更多学术讨论，共同为国家社会的进步贡献心力。

小强尝谓，学术非为一己之私，各家见解虽有不同，但经过论辩，必能激荡出完美的政策方向。

古人云："道并行而不悖。"见仁见智，互擅胜筹，汇合各方主观，相互容纳，即为集思广益。今值桑尼系列书籍出版之际，特为之序，有鼓励有鞭策，并致祝贺之忱。

（南怀瑾于香港，二○○四年八月）

东方出版社南怀瑾作品